지속가능한 미래를 위한

기후변화 데이터북

개정판

지속가능한 미래를 위한

기후변화 데이터북

2021년 12월 15일 초판 1쇄 펴냄
2024년 8월 29일 개정판 1쇄 펴냄

지은이 박훈
기획 기후변화행동연구소
펴낸이 윤철호
편집 김천희·한소영
표지·본문 디자인 김진운

펴낸곳 ㈜사회평론아카데미
등록번호 2013-000247(2013년 8월 23일)
전화 02-326-1545
팩스 02-326-1626
주소 03993 서울특별시 마포구 월드컵북로6길 56
이메일 academy@sapyoung.com
홈페이지 www.sapyoung.com

ISBN 979-11-6707-159-0 93300

본 연구는 2021년도 정부(교육부)의 재원으로 한국연구재단의 지원을 받아 수행된
기초연구사업임(NRF-2021R1A6A1A10045235).

* 본문 이미지: Pixabay, Unsplash
* 이 책은 지속가능한 미래를 위해 친환경 종이를 사용해 제작했습니다.
* 잘못 만들어진 책은 바꾸어 드립니다.

지속가능한 미래를 위한

기후변화 데이터북

박훈 지음 | **기후변화행동연구소** 기획

개정판

사회평론아카데미

개정판 서문

초판 출간 이후 2년 반 남짓 지났지만, 기후변화 상황은 여전히 암울합니다. 최신 연구 결과에 따르면, 2023년 전 세계 탄소 배출량이 409억 tCO_2에 달했습니다. 현재 배출 수준이 지속된다면 4년 이내에 파리협정의 1.5°C 목표는 사실상 달성이 어려워질 수 있습니다.

기후변화에 관한 정부 간 협의체(IPCC)의 과학자들에 대한 설문 조사 결과 또한 비관적입니다. 세계에서 가장 유능한 기후과학자 77%가 현재 대응 수준으로는 2100년까지 지구온난화가 최소 2.5°C를 넘어설 것으로 예상했고, 거의 절반은 3°C 이상 상승할 것으로 보았습니다.

이렇게 본다면 인류와 지구 생명체의 미래는 희망이 별로 없는 것 같습니다. 하지만 0.1°C만 덜 온난화해도 수백만 명의 생존 여부가 달라질 수 있고, 수십억 년 진화의 산물인 생물종이 살아남을 수 있습니다. 따라서 포기할 수 없습니다.

이 책의 제목에는 '데이터'라는 말만 들어가 있지만, 기후변화 대응에 있어 가장 중요한 것은 다른 생명체의 처지를 공감하는 역지사지(易地思之)의 자세입니다. 그래프나 표만으로는 모든 이의 이해를 끌어내기 어렵기 때문입니다. 정책과 제도가 기존과 같은 속도로 개선된다면 기후위기나 생물다양성 보전 같은 절박한 문제를 제때 해결하기 어렵다는 점에서, 새로운 접근이 필요함을 알 수 있습니다.

개정판이 기후위기 피해자나 기후취약 계층의 고통을 더욱 생각해 보고, 기후변화에 희생될 생물종을 상상하는 계기가 되길 바랍니다. 최신 과학지식을 바탕으로 이러한 고민에 튼튼한 근거를 제공하고자 노력했습니다. 제가 잘 모르는 지식을 풀어 주고 관련 자료를 찾도록 격려해 주신 기후변화행동연구소 가족 여러분 고맙습니다. 과학지식을 정리할 수 있는 연구 환경을 지원해 주신 오정리질리언스 연구원과 이우균 원장님께도 감사드립니다.

마지막으로, 데이터 디자인을 훨씬 보기 좋게 만드는 아이디어를 끊임없이 주신 기후변화행동연구소 이은선 연구원께 늘 송구하고 감사합니다.

2024년 7월
오정리질리언스연구원 연구실에서
박훈

책을 펴내며

이제는 기후변화의 심각성에 비해 대응할 수 있는 시간이 너무 짧은 '기후위기' 시대가 되었습니다. 전 세계가 기후변화의 몸살을 앓고 있습니다. 수십 년 뒤에나 일어날 것 같았던 극한 기상현상이 목전에서 벌어집니다. 2021년에는 상상을 초월한 극한기상 현상이 여러 번 발생했습니다. 6월에는 북아메리카 북서부의 폭염으로 800~1,400명이 사망하고 10억 마리 이상의 해양생물이 폐사했습니다. 7월에는 유럽에 예상치 못한 폭우가 내려 독일과 벨기에 등에서 140명이 넘게 사망했습니다. 같은 달에 중국 허난(河南)성 정저우(鄭州)시에는 한 시간에 200mm가 넘는 비가 왔습니다. 이 세 개의 이상기후는 모두 수학적으로 1,000년에 한 번 일어나는, 즉 재현기간(return period)이 1,000년인 현상입니다.

고온현상과 게릴라성 폭우는 지구온난화의 대표적인 징후입니다. 산업화 이전보다 전 지구 평균표면온도(GMST)가 1.2℃ 상승한 지금도 거주불가능한 지구(uninhabitable Earth)를 걱정하는 책의 제목들이 과장이 아니라고 느껴질 정도입니다. 이제는 환경운동가뿐만 아니라 국가 지도자들도 탄소중립을 이야기합니다.

2021년 11월 13일, 영국 글래스고에서 열린 유엔기후변화협약 제26차 당사국총회(UNFCCC COP26)가 마무리되었습니다. COP26에 맞추어 우리나라를 비롯하여 당사국들이 상향된 온실가스 감축 목표를 제출했습니다. 서로 다른 기관(국제에너지기구, 유엔환경계획, 기후행동추적, 클라이밋리소스)의 분석 결과를 종합하면, 모든 나라가 강화된 기후행동 약속을 실천하고 주요국이 추가 합의한 글로벌메탄서약 이행 효과까지 더하면 산업화 이전과 비교해서 지구표면온도 상승을 1.8℃에서 막을 수도 있다고 합니다.

그러나 이 모든 서약과 목표가 제때 달성될지는 불확실합니다. 이미 2020년까지 달성하겠다던 국가들의 약속은 거의 지켜지지 않았습니다. 그래서 기후변화에 관한 정부 간 협의체(IPCC) 제1실무그룹의 6차평가보고서(2021)를 쓴 과학자 중 60% 이상이 최소 3℃의 지구온난화를 우려합니다. 그리고 그 1.8°C도 전혀 안전하지 않습니다. 최근의 연구에 따르면, 돌이킬 수 없는 기후변화 연쇄작용을 일으키는 기후급변점들(climate tipping points) 중 일부는 지구온난화 1.6°C에 촉발될 수도 있습니다. 유엔환경계획이 제시하는 1.5°C 경로는 2050년 1인당 온실가스 배출량을 0.9tCO₂-eq(이산화탄소 상당량톤)으로 제한합니다. 2018년 우리나라 국민은 1인당 14.2tCO₂-eq을 배출했습니다. 기후급변점 촉발을 피하려면 지금보다 온실가스 배출량을 1/15 이내로 줄이는 삶의 방식을 한 세대 안에 말 그대로 생활화해야 합니다. 정부와 국제사회, 기업이 머뭇거린다면, 기후위기를 나 자신의 일, 내 후손의 일로 여기고 함께 행동에 나서는 시민에게 기대할 수밖에 없습니다. 그래서 시민의 목소리와 행동이 더욱 중요해졌습니다. (2018년 국민 1인당 0.9tCO₂-eq을 배출한 시에라리온 수준이 아니라) 풍성한 삶을 누리면서도 미래의 나 자신, 또는 후손에게 미안하지 않은 일상과 사회체계는 2030년이나 2050년에 갑자기 이뤄지지 않는데, 점진적이면서도 늦지 않은 변화는 우리의 적극적인 토론과 교육, 체계 있는 변혁 요구로, 사회급변행동(social tipping intervention)을 일으켜 달성할 수 있으리라 희망합니다.

이 책에는 기후변화에 관한 최신 과학의 평가, 기후변화를 이해하는 데 필수적인 생태계, 에너지, 경제 등에 관한 국내외의 통계자료, 국내외 정부·연구기관·국제기구의 보고서를 분석한 내용이 들어 있습니다. 독자를 비롯한 시민 모두가 사회급변행동에 나서고, 또 성공하는 데 기후변화행동연구소의 카드뉴스를 정리한 이 기후변화 데이터북이 도움이 되기 바랍니다.

이 책을 만드는 데 도움을 준 이은선 선임연구원, 아이디어를 공유한〈클리마〉편집위원회, 출판할 용기를 북돋워 준 기후변화행동연구소 관계자분들께 늘 감사하고 있다는 말씀을 전합니다. 끝으로 이 책을 출판한 ㈜사회평론아카데미와 편집팀에도 감사드립니다.

2021년 12월
오정리질리언스연구원 연구실에서
박훈

차례

▎기후위기 현황

II 온실가스 배출 현황: 국제

III 온실가스 배출 현황: 우리나라

IV 기후변화의 원인

V 전망과 시나리오

VI 기후행동과 그 효과

I

기후위기
현황

I. 기후위기 현황

지구는 정확히 얼마나 온난화됐나요?

● "지구 온도가 현재 1.1°C 증가한 게 맞나요?" 지구온난화를 산업화 이전 수준(1850~1900년 평균표면온도[GMST] 또는 평균표면기온[GSAT])보다 1.5°C 이내로 억제해야 한다고 하는데, 지금 얼마나 온난화됐는지에 대해서는 발표기관마다, 기사마다 조금씩 다릅니다. 헷갈리게 하는 이유는 크게 두 가지입니다.

● 첫째, 전 지구 평균온도(GMST 또는 GSAT; 단, GMST가 과거 값과 비교할 때 더 일관성이 있어서 조금 더 선호됨)가 '특정 연도 1년의 추정값'인지 '특정 연도 이전 10년의 추정값'인지에 따라 다릅니다. 기후는 대개 30년, 적어도 10년의 평균값을 보기 때문에, 기후변화 정도는 되도록 30년 평균값을 기준으로, '최신' 기후변화 정도는 10년 평균값을 기준으로 이야기하는 것이 더 바람직합니다.

● 둘째, 'IPCC 6차 평가보고서(AR6)의 제1실무그룹(Working Group I) 보고서의 추정값' 기준인지 아니면 그 이후에 발표된 '더 최근의 추정값' 기준인지에 따라 다릅니다. WGI의 보고서는 2021년에 발표됐고, 2011~2020년 평균온도(GMST 또는 GSAT)가 산업화 이전보다 1.09°C 높다(90% 불확실성 신뢰구간: [0.95–1.20°C])고 추정했습니다. 그러나 벌써 시간이 2~3년 지나서, 약간 오래된 데이터입니다.

Forster, P. M. et al. (2023). Indicators of Global Climate Change 2022: annual update of large-scale indicators of the state of the climate system and human influence. Earth System Science Data, 15(6), 2295–2327.
IPCC. (2021). Climate Change 2021: The Physical Science Basis. Contribution of Working Group I to the Sixth Assessment Report of the Intergovernmental Panel on Climate Change. Cambridge University Press.
Smith, C. et al. (2023). Indicators of Global Climate Change 2022 (v2023.10.11). Zenodo. DOI:10.5281/zenodo.8430424

지구는 정확히 얼마나 온난화됐나요? (1)

● 2023년이라면 2013~2022년 평균온도(GMST 또는 GSAT)가 산업화 이전 수준(1850~1900년 평균)보다 얼마나 상승했는가를 이해하는 것이 보편적이라고 할 수 있습니다. 대부분 IPCC에 참여하는 과학자들이 공개한 가장 최근의 연구 결과에 따르면, **2013~2022년 평균온도(GMST)는 산업화 이전(1850~1900년 평균값)보다 1.15 [1.00-1.25]°C 높습니다.** 2년 사이에 무려 0.06°C 추가 상승했습니다. 과학자들은 앞으로 웹사이트(igcc.earth)에서 기후변화 현황을 매년 업데이트할 예정입니다.

산업화 이전 대비 지구온난화 수준의 변화

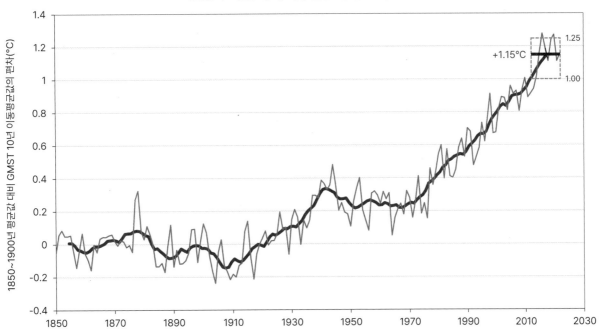

IPCC. (2021). Climate Change 2021: The Physical Science Basis. Contribution of Working Group I to the Sixth Assessment Report of the Intergovernmental Panel on Climate Change. Cambridge University Press.

Forster, P. M. et al. (2023). Indicators of Global Climate Change 2022: annual update of large-scale indicators of the state of the climate system and human influence. Earth System Science Data, 15(6), 2295–2327.

지구는 정확히 얼마나 온난화됐나요? (2)

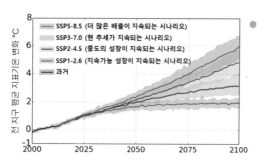

- '지구온난화를 산업화 전보다 1.5℃ 이내로 억제해야 한다'고 말하는데, 이해가 잘 안 되는 그림들이 있습니다. 한 예로, 왼쪽의 국립기상과학원 기후 예측 그림을 보겠습니다. 언뜻 그림을 보면 '지속가능 성장이 지속되는 시나리오'를 따르면 2100년에 온난화가 2℃로 억제될 것 같습니다. 그러나 이 온도 상승은 1995~2014년 평균과 비교한 변화입니다. 실제로는 그 지속가능 경로로 가도 거의 3℃ 상승합니다. 왜냐하면 1995~2014년 평균온도는 산업화 이전 (1850~1900년 평균) 수준보다 이미 0.85 ℃ 상승했기 때문입니다.

- 앞으로 다른 그림을 볼 때도 참고할 수 있도록, 국립기상과학원에서 '현재 기후'의 기준으로 삼는 1995~2014년 평균 외에도, 세계적으로 널리 기준 시기로 쓰이는 1961~1990년, 1986~2005년 평균온도도 실제로 산업화 이전 수준과 비교해서 얼마나 상승했는지, 세계기상기구의 기준 자료에서 정리했습니다.

산업화 이전(1850~1900)과 비교한 전 지구 평균표면온도 차이

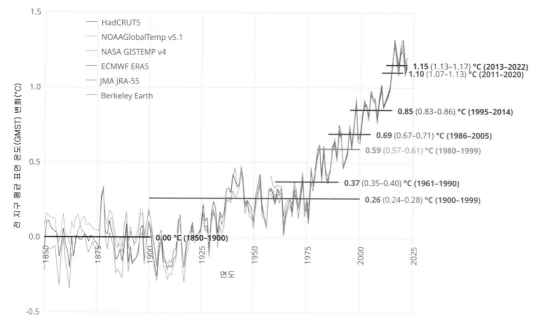

IPCC. (2021). Climate Change 2021: The Physical Science Basis. Contribution of Working Group I to the Intergovernmental Panel on Climate Change. Cambridge University Press.

Met Office. (2023). Global temperature. Climate Dashboard.

2023년 1월 1일 기준 잔여탄소예산은?

- IPCC 제1실무그룹(WGI)은 제6차 평가보고서에서 2020년 1월 1일 기준으로 지구온난화 1.5°C 이내 억제를 위한 잔여탄소예산이 4천억 tCO_2(목표달성확률 67%)~5천억 tCO_2(목표달성확률 50%)라고 추산했었습니다. 그런데 전 지구 탄소 프로젝트(GCP)에서 추산한 이산화탄소 배출량이 2020년 374억 tCO_2, 2021년 400억 tCO_2, 2022년 405억 tCO_2입니다. 단순히 계산하면 2020~2022년 사이에 1,179억 tCO_2이 소모되었으므로 2023년 1월 1일 기준 1.5°C 잔여탄소예산은 2,821억 tCO_2(목표달성확률 67%)~3,821억 tCO_2(목표달성확률 50%)가 되어야 합니다.

- 그런데 IPCC 제3실무그룹(WGIII)의 과학자들은 GCP에서 전 지구 탄소 수지 2022년판을 11월 10일에 발표하자마자 11월 11일에 잔여탄소예산에 대한 오해를 바로잡는 글을 『카본 브리프(Carbon Brief)』에 실었습니다. 기사에 따르면 IPCC WGI의 보고서가 2021년 8월에 나오고 나서 해를 넘겨서 4월에 WGIII의 보고서가 나오는 사이에, 과거 기후값에 대한 모형의 학습능력이 더 정교해졌고 비이산화탄소(non-CO_2) 기체의 배출이 기후에 미치는 영향에 대해서도 이해가 더 증진되었다고 합니다. 그래서 남아 있는 탄소예산이 대폭 감소했습니다.

- 목표달성확률 50%는 사실 성공과 실패 확률이 각각 반이라는 이야기입니다. 동전을 던지는 것과 별로 다르지 않습니다. 지구온난화를 1.5°C 이내로 억제하는 목표달성확률은 적어도 66%(혹은 67%), 2/3가 되어야 합니다. 제3실무그룹 기준으로 생각하면 잔여탄소예산으로 2년밖에 버티지 못합니다. 그러면 어떻게 해야 할까요? 매년 2022년 수준의 이산화탄소 배출을 계속한다는 가정을 버려야 합니다. 즉, 지금 당장 배출량을 급격히 감축해야 합니다. 그리고 장단기 흡수원도 최대한 확보해서 시간을 벌면서(Matthews et al., 2022) 점점 더 온실가스 감축 목표를 강화해야 합니다(Iyer et al., 2022). 쉬운 일이 아닙니다. 그러나 포기할 수도 없습니다.

Friedlingstein, P. et al. (2022). Global Carbon Budget 2021. Earth System Science Data, 14(4), 1917–2005.
IPCC. (2021). Climate Change 2021: The Physical Science Basis. Contribution of Working Group I to the Sixth Assessment Report of the Intergovernmental Panel on Climate Change. Cambridge University Press.
IPCC. (2022). Climate Change 2022: Mitigation of Climate Change. Contribution of Working Group III to the Sixth Assessment Report of the Intergovernmental Panel on Climate Change. Cambridge University Press.
Iyer, G. et al. (2022). Ratcheting of climate pledges needed to limit peak global warming. Nature Climate Change, 12(12), 1129–1135.
Matthews, H. D. et al. (2022). Temporary nature-based carbon removal can lower peak warming in a well-below 2 °C scenario. Communications Earth & Environment, 3(1), 65.

2023년 1월 1일 기준 잔여탄소예산은?

- 2023년 1월 1일 기준으로, 지구온난화를 산업화 이전 대비 1.5°C 이내로 억제할 수 있는 탄소예산은 500억 tCO_2(목표달성확률 66%)~2,500억 tCO_2(목표달성확률 50%), 2°C 이내로 억제할 수 있는 탄소예산은 9,500억 tCO_2(목표달성확률 66%)~1조2,000억 tCO_2(목표달성확률 50%) 남았습니다. 2022년의 전 지구 이산화탄소 배출량(407억 tCO_2)이 지속된다면, 1.5°C 잔여탄소예산은 1~6년 안에, 2°C 잔여탄소예산은 23~29년 후에 고갈됩니다.

지구온난화 억제 목표별 잔여탄소예산(Remaining Carbon Budget, RCB)

단위: 10억 tCO_2

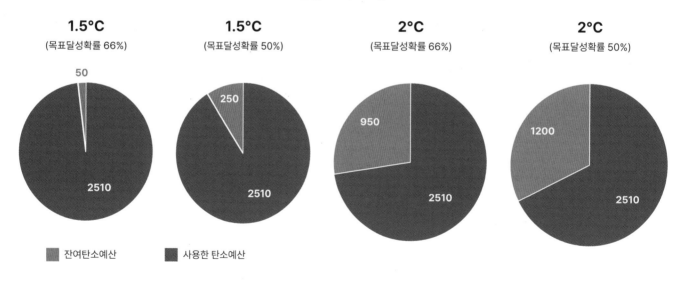

1.5°C
(목표달성확률 66%)

50

2510

1.5°C
(목표달성확률 50%)

250

2510

2°C
(목표달성확률 66%)

950

2510

2°C
(목표달성확률 50%)

1200

2510

■ 잔여탄소예산   ■ 사용한 탄소예산

CONSTRAIN. (2022). ZERO IN ON — The Critical Decade: Insights from the latest IPCC reports on the Paris Agreement, 1.5°C, and climate impacts. The CONSTRAIN Project Annual Report.

Forster, P., Rosen, D., Lamboll, R., & Rogelj, J. (2022, November 11). What the tiny remaining 1.5C carbon budget means for climate policy. Carbon Brief.

Friedlingstein, P. et al. (2023). Global Carbon Budget 2023. Earth System Science Data, 15(12), 5301–5369.

Lamboll, R. D., Nicholls, Z. R. J., Smith, C. J., Kikstra, J. S., Byers, E., & Rogelj, J. (2023). Assessing the size and uncertainty of remaining carbon budgets. Nature Climate Change, 13(12), 1360–1367.

03 우리나라 평균지표기온은 10년마다 0.2℃ 상승했습니다

● 전 지구에서 육지는 바다보다 빨리 뜨거워지고 있습니다.
우리나라는 그 속도가 더 빠릅니다.

우리나라 평균지표기온은 10년마다 0.2°C 상승했습니다

● 우리나라는 그 속도가 세계 평균지표기온 상승속도(0.14°C/10년)보다 더 빠릅니다. 최악의 시나리오(SSP5-8.5)에 따르면, **현재 15일인 서울시의 연간 폭염일 수가 2050년대에 54.7일로 증가**합니다.

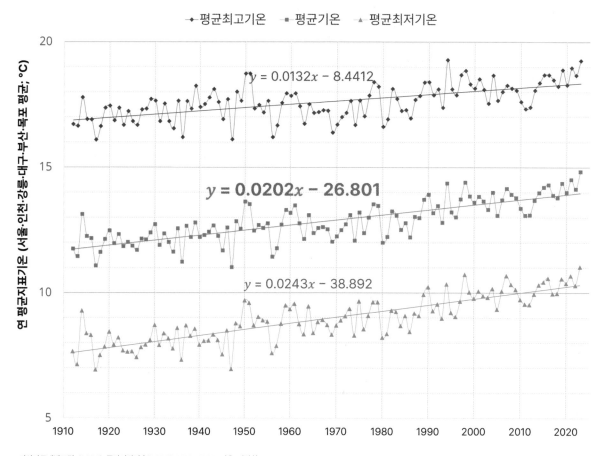

기상자료개방포털. (2024). 종관기상관측(ASOS): 1912~2023. 서울: 기상청.
기상청. (2020). 한국 기후변화 평가보고서 2020 — 기후변화 과학적 근거. 기상청.
기상청. (2022). 지역 기후변화 전망보고서: 17개 광역시·도. 기상청.

04 우리나라의 100여 년간 기후변화와 지구온난화 추이

● 우리나라의 기후변화와 지구온난화 추이를 비교해 봤습니다. 우리나라의 새 기후평년값에 따르면, 1991~2020년 평균기온은 13.7°C로 우리나라의 가장 오래 된 기후평년값(1912~1940년)보다 1.6°C 상승했습니다. 전 지구 평균표면온도(GMST)는 산업화 이전(1850~1900년 평균 약 13.5°C)보다 약 1.2°C 상승했습니다. 그런데 우리나라는 육지의 관측값 평균이므로, 같은 기준으로 비교하기 위해 전 지구 육지 평균표면기온(GLST)의 변화도 알아 봤습니다. 이에 따르면 육지의 평균온도는 산업화 이전(약 7.9°C)보다 약 1.8°C 상승했습니다.

● 육지는 1.8°C 상승했지만 전 지구 평균온도는 1.2°C 상승했다는 말은 바다 표면수온이 그만큼 덜 따뜻해졌다고 해석할 수 있습니다. 또한, 우리나라의 기후변화 정도는 전 세계의 기후변화와 큰 차이가 없다고도 이해할 수 있습니다. 전 세계가 함께 노력해야 기후위기를 돌파할 수 있으며, 우리나라도 노력하면 전 지구 기후변화 완화에 기여할 수 있습니다. 지구상의 사람과 생물은 공동운명체입니다.

Laffoley, D., & Baxter, J. M. (Eds.) (2019). Ocean deoxygenation: Everyone's problem—Causes, impacts, consequences and solutions. IUCN (International Union for Conservation of Nature and Natural Resources).

우리나라의 100여 년간 기후변화와 지구온난화 추이

우리나라의 장기 기후변화

구분	[1991~2020]-[1912~1940] (10년당 변화율)	구분	[1991~2020]-[1912~1940] (10년당 변화율)	구분	[1991~2020]-[1912~1940] (10년당 변화율)
평균기온 [12.1°C₁₉₁₂₋₁₉₄₀ → 13.7°C₁₉₉₁₋₁₉₂₀]	+1.6°C (+0.20°C)	최저기온	+1.9°C (+0.24°C)	강수량	+135.4mm (+17.71mm)
				강수일수	+21.2일 (−2.73일)
최고기온	+1.1°C (+0.13°C)	연 최저기온	+3.1°C (+0.36°C)	강수강도	+1.6mm/일 (+0.21mm/일)
				여름 강수량	+97.3mm (+15.55mm)
				겨울 강수량	−9.3mm (−0.65mm)
여름 계절길이	20일 길어짐	겨울 계절길이	22일 짧아짐	일 10mm 미만 강수량	−5.7mm (−0.70mm)
폭염일수	+1.0일 (+0.09일)	한파일수	−4.9일 (−0.61일)	일 80mm 이상 강수량	+77.6mm (+10.16mm)
열대야일수	+8.4일 (+1.06일)	결빙일수	−7.7일 (−0.88일)	호우일수	+0.6일 (+0.08일)
온난일	+1.7일 (+0.12일)	한랭일	−16.4일 (−1.91일)	1일 최다강수량	+14.3mm (+2.05mm)
온난야	+8.5일 (+1.12일)	한랭야	−21.3일 (−2.62일)	최대 무강수 지속기간	+0.1일 (변화없음)

기상청 기후과학국 기후변화감시과, & 국립기상과학원 미래기반연구부. (2021). 우리나라 109년(1912~2020년) 기후변화 분석 보고서. 기상청 & 국립기상과학원.

05 점점 건조해지는 우리나라

- IPCC 제6차 평가보고서에 따르면, 화재 기상(fire weather)은 기온, 토양수분, 습도, 풍속 등을 기준으로 평가합니다. 화재 기상의 기초가 된 산불기상지수(Forest fire Weather Index)는 캐나다의 산불 자료를 기준으로 고안되었는데, 오후 최저 상대습도, 오후 최고기온, 24시간 총 강수량, 최대평균풍속 등을 고려합니다. AR6 종합보고서는 지금의 추세가 유지되면 2100년에 전 지구 평균기온이 산업화 이전 수준보다 3.2°C [2.2~3.5°C] 상승한다고 경고했는데, 최근의 연구는 지구온난화 3°C 수준에서 화재 기상의 지속 시간 및 강도가 2배 증가한다고 예측합니다. 우리나라에 예상되는 기후변화 방향을 생각하면, 강수량이 증가하는 여름에는 크게 걱정하지 않아도 되겠지만, 다른 계절에는 습도가 감소하고 기온이 상승하기 때문에 화재 기상을 악화시킬 가능성이 있습니다.

IPCC. (2023). Climate Change 2023: Synthesis Report of the IPCC Sixth Assessment Report (AR6). The Intergovernmental Panel on Climate Change.
Quilcaille, Y., Batibeniz, F., Ribeiro, A. F. S., Padrón, R. S., & Seneviratne, S. I. (2023). Fire weather index data under historical and shared socioeconomic pathway projections in the 6th phase of the Coupled Model Intercomparison Project from 1850 to 2100. Earth System Science Data, 15(5), 2153–2177.

점점 건조해지는 우리나라 (1)

- 상대습도 감소는 전 세계적인 현상입니다. 상대습도가 하강하면 죽은 풀, 쓰러진 나무 및 나뭇잎에서 수분이 제거되면서 산불 위험이 증가합니다. 우리나라의 월 평균 상대습도가 30년 전의 평년값과 비교해서 전국적으로 낮아졌습니다. 상대습도가 더 낮고 연료가 될 식물체 등이 많은 지역은 특별히 겨울과 봄에 산불 위험이 증가할 수 있습니다.

월 평균 상대습도(1991~2020년 평균)

월	서울 (108)	부산 (159)	대구 (143)	인천 (112)	광주 (156)	대전 (133)	울산 (152)	세종 (천안232)	경기 (수원119)	강원 (강릉105)	충북 (청주131)	충남 (홍성/서산129)	전북 (전주/완산146)	전남 (목포165)	경북 (포항138)	경남 (창원/진주192)	제주 (제주184)
평균	61.9%	63.4%	59.6%	68.9%	68.2%	68.0%	63.7%	68.6%	68.5%	59.6%	64.2%	74.1%	68.9%	74.1%	63.0%	67.7%	68.9%
01월	56.4%	46.9%	51.8%	61.2%	65.8%	65.6%	48.8%	68.5%	63.3%	46.8%	63.6%	71.1%	67.4%	71.0%	49.1%	58.5%	64.2%
02월	54.7%	49.6%	49.9%	61.2%	61.8%	60.6%	50.6%	64.0%	62.3%	49.3%	58.9%	68.6%	63.7%	70.2%	51.0%	57.0%	63.4%
03월	54.6%	56.1%	50.8%	63.7%	60.4%	58.1%	56.3%	61.6%	62.3%	52.9%	55.8%	67.9%	61.6%	69.4%	55.6%	59.2%	63.4%
04월	54.8%	61.2%	51.3%	64.5%	60.2%	57.0%	59.2%	58.3%	62.2%	52.3%	53.5%	67.6%	60.1%	69.9%	57.1%	61.7%	64.8%
05월	59.7%	68.4%	56.0%	69.9%	64.6%	62.5%	64.7%	62.2%	66.1%	59.5%	57.7%	71.5%	64.0%	73.8%	64.2%	66.5%	68.5%
06월	65.9%	76.8%	63.7%	76.0%	72.1%	69.9%	73.6%	69.2%	71.4%	69.2%	64.6%	76.6%	71.7%	79.8%	74.0%	73.5%	77.9%
07월	76.3%	83.5%	72.2%	83.9%	79.9%	79.2%	78.6%	77.3%	80.1%	74.8%	74.2%	84.3%	79.0%	85.3%	78.4%	80.2%	78.4%
08월	73.6%	78.6%	72.1%	80.3%	78.1%	78.3%	77.8%	76.8%	77.8%	76.4%	73.2%	82.6%	77.7%	82.0%	78.6%	78.5%	76.3%
09월	66.5%	72.8%	70.4%	73.0%	73.6%	75.5%	75.9%	74.0%	73.3%	73.2%	70.8%	78.5%	74.6%	77.2%	75.3%	75.9%	73.7%
10월	61.8%	62.8%	63.9%	66.8%	67.7%	71.9%	67.2%	71.3%	70.1%	61.6%	67.1%	74.6%	70.7%	70.7%	65.2%	71.6%	66.4%
11월	60.5%	56.4%	59.4%	64.3%	67.0%	69.5%	60.2%	70.1%	68.1%	52.8%	65.7%	73.8%	68.3%	69.7%	57.5%	68.2%	65.0%
12월	57.9%	48.2%	54.1%	61.9%	67.0%	68.3%	51.1%	69.4%	64.7%	45.7%	65.0%	72.3%	67.6%	70.3%	50.1%	61.8%	64.2%

지난 기후평년값 대비 상대습도 변화([1991~2020 평년값] – [1961~1990 평년값])

월	서울 (108)	부산 (159)	대구 (143)	인천 (112)	광주 (156)	대전 (133)	울산 (152)	세종 (천안232)	경기 (수원119)	강원 (강릉105)	충북 (청주131)	충남 (홍성/서산129)	전북 (전주/완산146)	전남 (목포165)	경북 (포항138)	경남 (창원/진주192)	제주 (제주184)
평균	-6.7%	-3.2%	-6.6%	-2.8%	-5.3%	-4.9%	-6.2%	-8.7%	-5.5%	-5.9%	-9.1%	-2.8%	-4.4%	-1.6%	-3.3%	-5.1%	-5.3%
01월	-8.2%	-4.6%	-8.3%	-4.1%	-6.6%	-4.6%	-7.8%	-8.1%	-7.0%	-5.5%	-9.2%	-3.8%	-5.1%	-1.3%	-3.5%	-7.7%	-6.0%
02월	-9.0%	-4.9%	-10.2%	-4.4%	-9.0%	-7.7%	-8.9%	-10.5%	-7.2%	-8.4%	-11.0%	-5.0%	-8.1%	-2.6%	-4.8%	-8.2%	-7.0%
03월	-8.6%	-2.6%	-8.6%	-3.5%	-6.6%	-7.4%	-7.1%	-10.2%	-6.7%	-7.4%	-10.8%	-3.8%	-7.6%	-2.4%	-3.8%	-5.8%	-5.6%
04월	-6.6%	-5.5%	-9.2%	-4.2%	-7.6%	-6.9%	-9.6%	-10.8%	-5.5%	-8.8%	-10.5%	-3.3%	-7.2%	-4.3%	-6.4%	-6.4%	-8.2%
05월	-5.0%	-1.6%	-6.0%	-1.3%	-4.9%	-4.8%	-6.5%	-8.6%	-4.6%	-2.2%	-8.6%	-2.0%	-4.9%	-1.7%	-1.7%	-4.5%	-7.0%
06월	-6.5%	-2.1%	-5.4%	-2.2%	-3.5%	-4.1%	-4.7%	-8.2%	-4.3%	-6.1%	-8.0%	-2.0%	-2.6%	-1.3%	-1.5%	-3.9%	-2.4%
07월	-5.0%	-1.7%	-4.4%	0.0%	-2.0%	-2.6%	-3.9%	-7.2%	-2.4%	-5.7%	-6.0%	-1.1%	-0.1%	-0.5%	-1.3%	-3.5%	-3.6%
08월	-5.3%	-2.0%	-3.3%	-1.4%	-1.8%	-2.4%	-3.1%	-6.7%	-3.6%	-4.7%	-7.4%	-1.2%	-0.5%	0.1%	-0.6%	-3.2%	-4.1%
09월	-6.2%	-2.1%	-3.9%	-2.0%	-3.8%	-3.8%	-3.2%	-7.9%	-5.3%	-3.9%	-8.5%	-2.5%	-2.2%	-0.6%	-1.8%	-3.6%	-3.7%
10월	-5.7%	-2.8%	-5.0%	-3.1%	-4.9%	-3.0%	-5.4%	-7.7%	-6.0%	-5.6%	-9.1%	-2.3%	-3.0%	-1.2%	-4.0%	-3.3%	-5.7%
11월	-6.0%	-3.0%	-6.5%	-3.2%	-6.5%	-5.7%	-5.8%	-8.9%	-5.6%	-6.4%	-10.4%	-2.6%	-5.9%	-1.6%	-4.7%	-3.8%	-5.0%
12월	-8.2%	-5.6%	-8.9%	-4.3%	-6.2%	-5.6%	-8.1%	-9.4%	-7.6%	-6.4%	-10.2%	-3.9%	-6.2%	-1.8%	-5.6%	-7.8%	-5.4%

기상청. (2022). 기후통계분석. 국가기후데이터센터.

점점 건조해지는 우리나라 (2)

● 지난 45년의 전 지구 육지 상대습도 추이는 더 우려스럽습니다. 꾸준히 상대습도가 하락해왔을 뿐만 아니라, 그 감소 정도가 최근 들어 더 가팔라졌습니다.

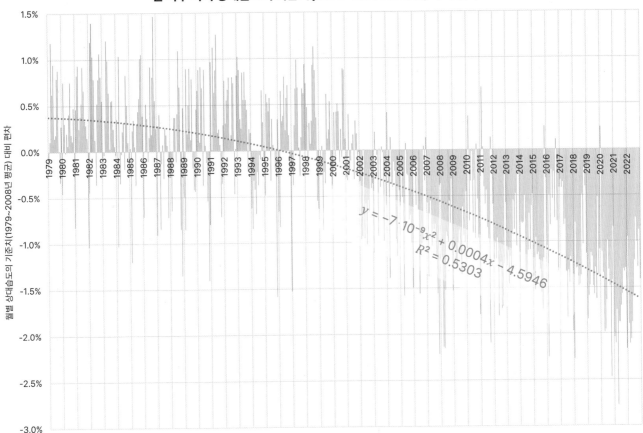

전 지구 육지 상대습도의 기준치(1979~2008년 평균) 대비 편차

$$y = -7 \cdot 10^{-9}x^2 + 0.0004x - 4.5946$$
$$R^2 = 0.5303$$

C3S/ECMWF. (2023). ERA5 climate reanalysis. https://climate.copernicus.eu/precipitation-relative-humidity-and-soil-moisture-february-2023

06 엘니뇨-남방진동(ENSO)과 전 지구 평균표면온도(GMST)

- 무역풍(동→서)의 강약 변화로 남태평양의 표층수온과 기압에 동서 방향 진동(Southern Oscillation; 남아메리카 페루/에콰도르↔동남아시아 인도네시아)이 생기고, 그에 따라 엘니뇨와 라니냐가 발생합니다. 평소에는 남동태평양의 고기압에서 서태평양의 저기압으로 무역풍이 불고 이에 따라 표층수도 이동하여 서태평양 표층에 따뜻한 바닷물이 모입니다.

- 엘니뇨가 발생하는 때는 무역풍이 약해져서 따뜻한 표층수가 반대 방향으로 이동, 남아메리카 해안 부근까지 범위를 넓히면서 그 지역을 포함하여 더 넓은 바다 위의 기온이 평소보다 상승합니다. 주로 12월(크리스마스 즈음)에 이 현상이 강해지기 때문에 아기 예수를 가리키는 엘니뇨(El Niño; 스페인어로 '소년')라고 불립니다.

- 엘니뇨와 반대의 현상을 가리키기 위해 '소녀'라는 뜻의 스페인어를 쓴 라니냐(La Niña)가 발생하면, 무역풍이 평소보다 강해져서 따뜻한 표층수가 서태평양으로 더욱더 밀려가서 좁은 지역으로 축소되고 대신 남동태평양에서는 서쪽으로 밀려간 바닷물의 자리에 심해의 차가운 바닷물이 올라옴에 따라 연안과 주변 바다 위의 기온이 하강합니다.

- 이러한 현상을 전체적으로는 남방진동과 더 두드러진 현상인 엘니뇨를 합해서 엘니뇨-남방진동(El Niño–Southern Oscillation, ENSO)이라고 부릅니다.

엘니뇨-남방진동(ENSO)과 전 지구 평균표면온도(GMST) (1)

- 엘니뇨-남방진동(ENSO)의 영향(아래 그림에서는 ONI로 강도 측정)은, 대기 중 온실가스 농도의 멈춤 없는 상승에 따라 지구온난화가 악화하는 중에도 일시적으로 전 지구 평균표면온도(GMST)가 더욱 상승하거나('97~'98, '15~'16 등), 일시적으로 덜 더워지는('99~'00, '07~'08, '10~'11 등) 현상을 설명해주는 한 인자입니다. GMST는 지구온난화 추이에 더하여, '관측 해상 표층수온 지표인 ONI가 한 단위 증감할 때마다' 약 0.09°C 상승·하락합니다.

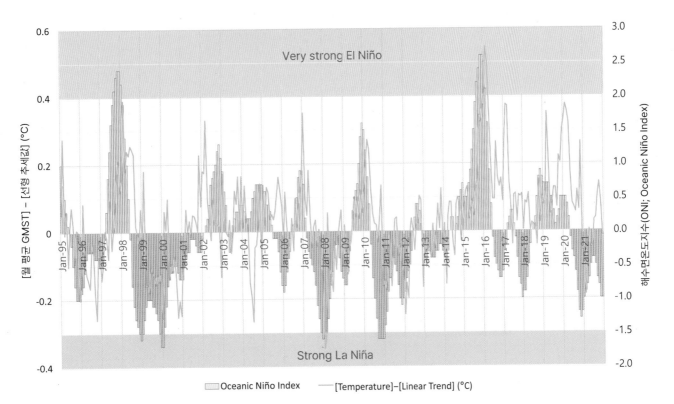

Oceanic Niño Index (ONI) = 관측 해상(남위 5°~북위5°, 서경 120°~170°) 표층수온(SST)의 3개월 이동평균.
[Monthly GMST]–[Linear Trend] = '월별 전 지구 평균표면온도(GMST)'와 'GMST 회귀모형의 월별 추정값'의 차이, 즉 잔차(residual).

Climate Prediction Center. (2022). Cold & Warm Episodes by Season. National Weather Service, NOAA.
Hadley Centre. (2022). HadCRUT.5.0.1.0 analysis. Met Office.
Hsu, C.-W., & Yin, J. (2019). How likely is an El Niño to break the global mean surface temperature record during the 21st century? Environmental Research Letters, 14(9), 094017.

엘니뇨-남방진동(ENSO)과 전 지구 평균표면온도(GMST) (2)

1950년 이래 엘니뇨가 가장 강하게 발생한 10번 겨울(11~1월)의 평균 표층수온: '평소보다 더 동쪽'에서 '평년값보다 따뜻한' 바닷물 영역의 확대

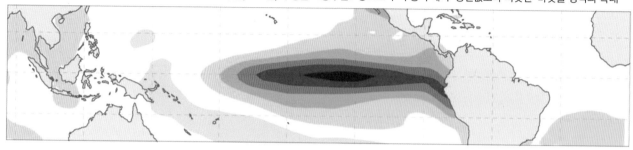

1950년 이래 라니냐가 가장 강하게 발생한 10번 겨울(11~1월)의 평균 표층수온: '평소보다 더 서쪽'에서 '평년값보다 차가운' 바닷물 영역의 확대

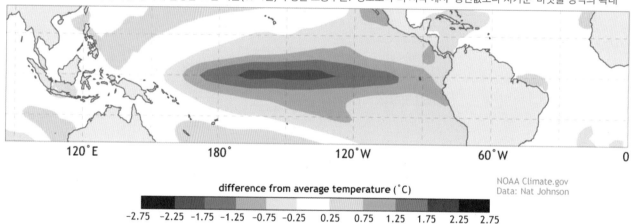

difference from average temperature (˚C)

-2.75 -2.25 -1.75 -1.25 -0.75 -0.25   0.25   0.75   1.25   1.75   2.25   2.75

NOAA Climate.gov
Data: Nat Johnson

Becker, E. (2021). October 2021 ENSO update: La Niña is here! NOAA (National Oceanic and Atmospheric Administration) Climate.gov

07 로스비파(Rossby waves)와 오메가 블록(omega block)

● 극지방이 다른 위도 지역보다 기온 상승 폭이 훨씬 크기 때문에 나타나는 현상 중 하나는 로스비파(Rossby waves)의 변화와 그에 동반된 제트기류의 변화입니다. 최근 들어 극지방의 기온 상승 폭이 더 커지면서 고위도와 저위도 간 차이가 작아짐에 따라 제트기류의 흐름이 늦춰졌습니다. 이로 인해 구불구불해진 제트기류의 북쪽과 남쪽에 있는 기압대들이 빠르게 이동하지 않고 한 지역에 오래 머물면 극단적인 기상현상이 나타납니다. 특히, 여름에 마침 우리나라 위에 건조하고 뜨거운 공기를 머금은 고기압이 오래도록 정체한다면, 그리고 이 고기압을 밀어내고 비를 뿌려줄 습한 저기압이 서쪽에서 오지 않으면, 우리는 엄청난 폭염을 장기간 겪어야 합니다(김남수[2020]를 풀어 씀).

참고자료

관계부처합동. (2019). 2018년 이상기후 보고서. 기상청.
김남수. (2020). 시베리아 폭염, 해양 폭염, 마른 홍수 또 폭염. 우리 곁에. Klima, 170, 22–26.
　　　http://climateaction.re.kr/index.php?mid=news04&document_srl=178282
이근영. (2021.6.27.). 지구 '풍맥경화'?...올 지각장마도 작년 최장장마도 '블로킹' 탓. 한겨레.
　　　https://www.hani.co.kr/arti/society/environment/1001038.html
Ardizzone, J., Partyka, G., & Pawson, S. (2021). A Dynamical View of the Record Heatwave of June 2021 in Western North America. National Aeronautics and Space Administration (NASA).
Berardelli, J. . (2021, June 28). Pacific Northwest bakes under once in a millennium heat dome. CBS News.
　　　https://www.cbsnews.com/news/heat-wave-dome-2021-seattle-portland-weather/
Herring, S. C. et al. (Eds.). (2021). Explaining Extreme Events of 2019 from a Climate Perspective. Bulletin of the American Meteorological Society, 102(1), S1–S112.
Kim, M.-K. et al. (2019). Possible impact of the diabatic heating over the Indian subcontinent on heat waves in South Korea. International Journal of Climatology, 39(3), 1166–1180.
Mitchell, D., Kornhuber, K., Huntingford, C., & Uhe, P. (2019). The day the 2003 European heatwave record was broken. The Lancet Planetary Health, 3(7), e290–e292.
Rohde, R. (2021). Global Temperature Report for 2020. http://berkeleyearth.org/global-temperature-report-for-2020

- 2018년 우리나라의 폭염은 관측 사상 최고기온(전국 및 서울) 기록을 깼습니다. **로스비파**가 일으킨 블로킹(**blocking**; 중위도 상층의 공기 흐름이 정체해 편서풍은 약해지고 남북으로 부는 바람이 강화되는 현상[이근영, 2021]) 때문입니다(Herring et al., 2021).

- 2019년 유럽을 강타한 유례없는 폭염도 로스비파로 인한 블로킹 때문입니다. 특히, 그 모양이 특이해서 **오메가(Ω) 블록**이라고 부릅니다(Mitchell et al., 2019).

- 2021년 (7~8월이 아닌) 6월에 미국 태평양 북서부 수십 개 도시의 연중 최고기온 기록을 경신한 이상기상현상도 이 로스비파가 만든 오메가 블록 때문입니다(CBSNews, 2021).

- 그리고 이 블로킹으로 인한 폭염은 **지구온난화**로 인해 그 강도가 점점 더 세지고 있습니다. 바다(2020년 현재 산업화 이전보다 약 0.8 °C 상승)보다 **육지**(산업화 이전보다 약 1.9 °C 상승)가 훨씬 더 뜨거워졌기 때문에(Rohde, 2021), 오메가 블록의 파괴력은 **육지**에서 더 강합니다(Mitchell et al., 2019).

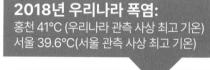

2018년 우리나라 폭염:
홍천 41°C (우리나라 관측 사상 최고 기온)
서울 39.6°C(서울 관측 사상 최고 기온)

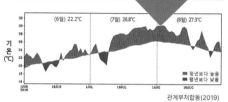

관계부처합동(2019)

2019년 6~7월 유럽 폭염:
파리 41°C

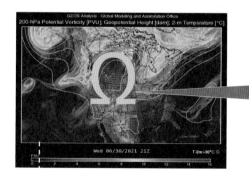

2021년 6월 미국
태평양 북서부 폭염:
오리건주 포틀랜드 44°C

08 전 세계 해수면은 매년 약 3.7mm 상승하는 중입니다

● 기상청 보고서는, 지금처럼 해수면이 계속 상승하면서 태풍으로 인한 폭풍해일(storm surge)이 발생하면 인천광역시는 만조 시 최대 26.6%(2030년)~33.6%(2100년)까지 바닷물에 잠길 수 있다고 경고합니다.

조광우 외. (2015). RCP 기후시나리오 기반 해안 영향평가 및 적응 전략 개발 연구. 서울: 기상청.

전 세계 해수면은 매년 약 3.7mm 상승하는 중입니다

● 2020년 현재 전 세계 해수면은 인공위성 측정을 시작한 1993년 이래 91.3mm 상승했습니다. 해수면 상승의 1/3은 바닷물의 열팽창, 2/3는 얼음(빙하 또는 빙상, ice sheets)이 녹아서 흘러 든 물 때문입니다. **모든 나라가 지금 약속한 기후정책을 시행해도(RCP4.5) 21세기 말(2081~2100년)까지 연평균 7mm, 별 노력을 기울이지 않으면(RCP8.5) 연평균 15mm 상승합니다.**

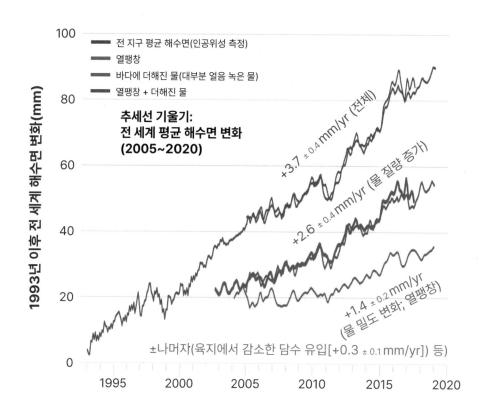

Blunden, J., & Boyer, T. (Eds.). (2021). State of the Climate in 2020. Bulletin of the American Meteorological Society, 102(8), Si–S475.
IPCC. (2019). IPCC Special Report on the Ocean and Cryosphere in a Changing Climate. Intergovernmental Panel on Climate Change (IPCC).
NOAA Climate.gov graphic. (2021). Climate Change: Global Sea Level. National Oceanic and Atmospheric Administration (NOAA).

● 우리의 막연한 느낌보다도 훨씬 더 심각하게, 바다는 산성화하고 점점 더 뜨거워지고 있습니다. 비유하자면, 바다에 사는 생물에게는 바닷물이 점점 더 염산처럼 되고, 물이 펄펄 끓어오르는 상황입니다. 그래서 『지구온난화 1.5°C 특별보고서』가 선정(IPCC 제2실무그룹의 6차 평가보고서에서 업데이트)한 '대표 주요 위험' (Representative Key Risks, RKRs) 중에서도 현재 처한 위험의 수준이 가장 높은 것들이 모두 바다와 관련(온대 해양 산호, 북극해 해빙, 소규모 저위도 수산업, 연안 침수)되어 있습니다.

지구온난화 때문에 바다도 많이 아파요

- IPCC 제1실무그룹의 6차평가보고서는 산업화 이후 지금까지 인류가 배출한 **이산화탄소의 24.8%를 바다가 흡수**했다고 추정합니다. 육지가 더 많이(33.6%) 흡수했지만, 나무와 풀이 자란 것이어서 육지는 피해가 크다고 하긴 힘듭니다. 그러나 바다는 이산화탄소를 흡수하면서 '탄산수'가 되고 있습니다. 점점 산성이 강해지고 있습니다.

- 무엇보다도, 바다는 온실가스 때문에 지구에 갇혀서 계속 누적되는 **순증가 에너지의 91%를 저장**하고 있습니다. 육지에 사는 사람이 잘 느끼지 못하는 사이에, 바다는 대기보다도 더 큰 변화를 겪고 있습니다. 게다가 가열속도가 점점 더 빨라지고 있습니다.

배출량 vs 흡수량	1750–2019 누적량(GtCO₂)	비율
배출량		
화석연료 연소 및 시멘트 생산	1,630 ± 73	65.0%
토지이용 순변화	879 ± 256	35.0%
총배출량	**2,510 ± 275**	
배출된 이산화탄소의 배분		
대기 중 CO₂ 증가	1,044 ± 18	41.6%
해양 흡수원	**623 ± 73**	**24.8%**
육지 흡수원	843 ± 220	33.6%

지구에 갇힌 열의 배분		1971–2018	
		에너지 증가(ZJ)	%
해양		**396.0** [285.7–506.2]	**91.0**
수심	0–700 m	241.6 [162.7–320.5]	55.6
	700–2000 m	123.3 [96.0–150.5]	28.3
	> 2000 m	31.0 [15.7–46.4]	7.1
육지		21.8 [18.6–25.0]	5.0
빙권 (cryosphere)		11.5 [9.0–14.0]	2.7
대기권 (atmosphere)		5.6 [4.6–6.7]	1.3
합계		**434.9** [324.5–545.5] ZJ	
가열 속도	1971–2018	0.57 [0.43–0.72] W/m²	
	1993–2018	0.72 [0.55–0.89] W/m²	
	2006–2018	0.79 [0.52–1.06] W/m²	

IPCC. (2021). Climate Change 2021: The Physical Science Basis. Contribution of Working Group I to the Sixth Assessment Report of the Intergovernmental Panel on Climate Change. Cambridge University Press.

10 전 지구 평균 표층 해수 pH 변화, 1985~2022

- 최신 기후모형들(CMIP6)은 전 지구가 현재 약속한 기후정책을 모두 이행해도(SSP2-4.5) 21세기 말까지 해수가 30% 정도 더 산성화한다고 전망합니다. 만약 나라와 지역이 서로 협력하지 않고 지금까지와 같은 개발경로를 따르면 표층 해수가 50%(SSP3-7.0)~60%(SSP5-8.5)까지도 더 산성화할 수 있다고 합니다.

- 바닷물의 산성이 강해지면 탄산칼슘이 잘 생성되지 않기 때문에 산호와 조류, 갑각류, 연체동물 등의 외골격과 껍질 형성이 어려워집니다. 그래서 예를 들어 온대수역 산호는 21세기가 다 가기 전에 멸종할 것으로 전망됩니다. 탄산칼슘 껍데기가 없는 물고기도 갓 부화했을 때는 산과 염기의 조절력이 약해서 생존하기 힘듭니다.

Kwiatkowski, L. et al. (2020). Twenty-first century ocean warming, acidification, deoxygenation, and upper-ocean nutrient and primary production decline from CMIP6 model projections. Biogeosciences, 17(13), 3439–3470.

전 지구 평균 표층 해수 pH 변화, 1985~2022

- **해수의 산성화**는 인간활동으로 대기 중으로 배출되는 **이산화탄소**의 약 1/4(26%)이 바닷물에 용해되면서 pH를 낮추는 것이 주 원인입니다.

- 산업화 이래 해수는 약 30%(ΔpH ≈ −0.1) 더 산성이 강해졌고, 최근에는 산성화 속도가 빨라져서 세계 바다의 **표층 해수가 10년마다 약 3.94%** (ΔpH/10yr ≈ −0.01680)만큼 산성이 강해지고 있습니다.

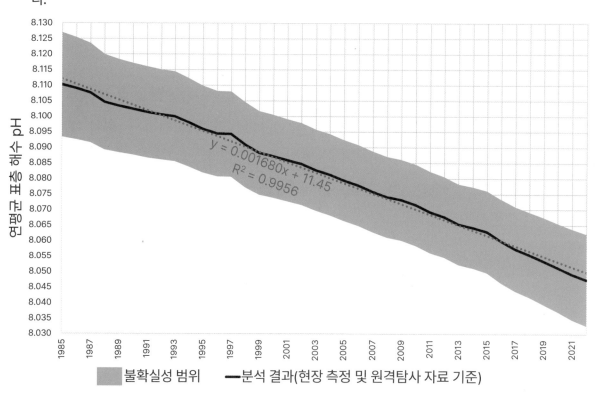

CMEMS. (2023). Global Ocean acidification - mean sea water pH time series and trend from Multi-Observations Reprocessing. Copernicus Marine Service (CMEMS).
EEA. (2023). Ocean acidification. European Environment Agency.
Friedlingstein, P. et al. (2023). Global Carbon Budget 2023. Earth System Science Data, 15(12), 5301–5369.
Hughes, T. P. et al. (2013). Living dangerously on borrowed time during slow, unrecognized regime shifts. Trends in Ecology & Evolution, 28(3), 149–155.

11

우리나라 주변해역 평균 해수면 온도는 10년마다 0.24°C 상승하는 중입니다

● 기후변화에 따른 우리나라 주변 바다의 '해수면 온도 상승'은 태풍의 파괴력을 강화할 가능성이 큽니다.

우리나라 주변해역 평균 해수면 온도는
10년마다 0.26°C 상승하는 중입니다

● 세계 평균 해수면 온도(0.09°C/10년)보다 3배 가까이 빠릅니다.
해수면 온도가 올라갈수록 태풍에 에너지를 더욱더 많이 공급합니다.

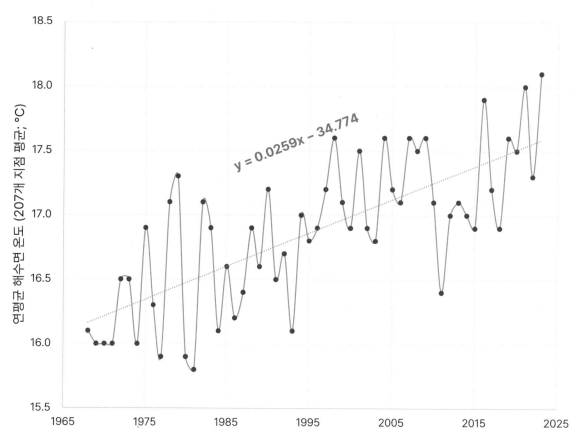

기상청. (2024). 종합 기후변화감시정보. 서울: 기상청.
Bulgin, C. E., Merchant, C. J., & Ferreira, D. (2020). Tendencies, variability and persistence of sea surface temperature
    anomalies. Scientific Reports, 10(1), 7986.

12 지난 50년간 아시아와 유럽의 10대 기상 재난

● 세계기상기구에서 공개한 아시아와 유럽의 10대 기상 재난 목록입니다. 인명 피해를 기준으로 보면, 아시아는 열대저기압(태풍, 사이클론 포함)이, 유럽은 이상 고온이 더 많은 비극을 일으킵니다. 우리나라(북태평양 서부의 상대적 고위도 지역)도 앞으로 더 강력한 태풍이 접근·상륙할 가능성이 크다고 합니다(Roberts et al., 2020). 이상 고온이 발생하면 국가별로 속수무책으로 수천, 수만 명의 인명피해를 보는 만큼, 점점 심화하는 온난화에 더 철저히 대비해야 하겠습니다.

Roberts, M. J. et al. (2020). Projected Future Changes in Tropical Cyclones Using the CMIP6 HighResMIP Multimodel Ensemble. Geophysical Research Letters, 47(14), e2020GL088662.

지난 50년간(1970~2019)
아시아와 유럽의 10대 기상 재난 (1)

'(a) 사망자 수' 및 '(b) 경제적 피해'에 따른 10대 재난: 아시아

(a)	재난 유형	연도	국가	사망자 수
1	폭풍(Bhola)	1970	방글라데시	300,000
2	폭풍(Gorky)	1991	방글라데시	138,866
3	폭풍(Nargis)	2008	미얀마	138,366
4	홍수	1974	방글라데시	28,700
5	홍수	1975	중국	20,000
6	폭풍(열대저기압)	1985	방글라데시	15,000
7	폭풍(열대저기압)	1977	인도	14,204
8	폭풍(05B [Odisha])	1999	인도	9,843
9	폭풍(열대저기압)	1971	인도	9,658
10	홍수	1980	중국	6,200
(b)	재난 유형	연도	국가	경제적 피해 (10억 달러)
1	홍수	1998	중국	47.02
2	홍수	2011	태국	44.45
3	홍수	1995	대한민국	25.17
4	극한 기온	2008	중국	25.06
5	가뭄	1994	중국	23.72
6	홍수	2016	중국	22.92
7	홍수	2010	중국	21.10
8	홍수	1996	중국	20.52
9	폭풍(Mireille)	1991	일본	18.76
10	홍수	2014	인도	16.90

WMO. (2021, July 23). Water-related hazards dominate disasters in the past 50 years. Press Release, 23072021. World Meteorological Organization (WMO).

지난 50년간(1970~2019)
아시아와 유럽의 10대 기상 재난 (2)

'(a) 사망자 수' 및 '(b) 경제적 피해'에 따른 10대 재난: 유럽

(a)	재난 유형	연도	국가	사망자 수
1	극한 기온	2010	러시아	55,736
2	극한 기온	2003	이탈리아	20,089
3	극한 기온	2003	프랑스	19,490
4	극한 기온	2003	스페인	15,090
5	극한 기온	2003	독일	9,355
6	극한 기온	2015	프랑스	3,275
7	극한 기온	2003	포르투갈	2,696
8	극한 기온	2006	프랑스	1,388
9	극한 기온	2003	벨기에	1,175
10	극한 기온	2003	스위스	1,039
(b)	재난 유형	연도	국가	경제적 피해 (10억 달러)
1	홍수	2002	독일	16.48
2	홍수	1994	이탈리아	16.03
3	홍수	2013	독일	13.86
4	폭풍	1999	프랑스	12.27
5	홍수	2000	이탈리아	11.87
6	홍수	1983	스페인	10.00
7	가뭄	1990	스페인	8.81
8	홍수	2000	영국	8.75
9	폭풍	2007	독일	6.78
10	폭풍	1990	영국	6.65

WMO. (2021, July 23). Water-related hazards dominate disasters in the past 50 years. Press Release, 23072021. World Meteorological Organization (WMO).

13 광역지자체별 새 기후평년값과 30년 전 기후값 비교

● 10년마다 갱신되는 우리나라 기후(30년 단위)의 최신 평년값(1991~2020년)이 공개됐습니다. 가장 최근 30년의 기후는 그 이전 30년의 기후와 얼마나 달라졌을까요?

● 두 통계치의 시간적 간격이 불과 30년(입력된 원자료 관측 기간은 60년[1961~2020년])이지만, 기후변화를 확인할 수 있습니다. 이번에는 17개 광역지방자치단체(도[道] 지역은 도청소재지 기준; 자료가 없을 때는 인근지역)의 새로 나온 자료를 이용해서 기후변화를 비교했습니다.

● 평균기온은 30년 전의 기후평균값과 비교해서 지역별로 약 0.3~1.5℃ 상승했습니다. 여름도 더 더워졌지만, 겨울은 훨씬 기온이 상승했습니다.

● 풍속은 대체로 감소했습니다. 겨울을 중심으로 더 감소하는 풍속은 대기정체를 악화해 고농도 미세먼지 발생이 더 잦아질 가능성이 큽니다. 일부 지역은 풍력발전에도 부정적인 영향이 우려됩니다.

광역지자체별 新 기후평년값(2021년 적용)과 30년 전 기후값 비교 (1)

[1991~2020 평년값] – [1961~1990 평년값] · [1991~2020 평년값] · [1961~1990 평년값]

서울(108)

[1991~2020 평년값] – [1961~1990 평년값]

월	평균기온 (℃)	최고기온 (℃)	최저기온 (℃)	평균풍속 (m/sec)	강수량 (mm)
1	1.5	1.3	1.6	-0.2	-6.1
2	1.8	1.8	1.6	-0.2	3.6
3	1.6	1.5	1.5	-0.2	-9.8
4	0.8	0.6	1.0	-0.3	-20.8
5	0.8	0.6	0.9	-0.1	11.6
6	1.2	1.0	1.3	-0.1	-4.3
7	0.7	0.5	0.7	-0.1	45.3
8	0.7	0.5	0.7	-0.1	54.3
9	1.0	0.7	1.2	-0.1	-27.4
10	0.7	0.5	1.1	0.0	2.8
11	0.9	0.7	0.9	-0.2	-2.0
12	0.6	0.5	0.6	-0.1	0.9
월별 평균 증감	1.0	0.9	1.1	-0.1	4.0

[1991~2020 평년값]

월	평균기온 (℃)	최고기온 (℃)	최저기온 (℃)	평균풍속 (m/sec)	강수량 (mm)
1	-1.9	2.1	-5.5	2.3	16.8
2	0.7	5.1	-3.2	2.5	28.2
3	6.1	11.0	1.9	2.7	36.9
4	12.6	17.9	8.0	2.7	72.9
5	18.2	23.6	13.5	2.5	103.6
6	22.7	27.6	18.7	2.2	129.5
7	25.3	29.0	22.3	2.2	414.4
8	26.1	30.0	22.9	2.1	348.2
9	21.6	26.2	17.7	1.9	141.5
10	15.0	20.2	10.6	2.0	52.2
11	7.5	11.9	3.5	2.2	51.1
12	0.2	4.2	-3.4	2.3	22.6

[1961~1990 평년값]

월	평균기온 (℃)	최고기온 (℃)	최저기온 (℃)	평균풍속 (m/sec)	강수량 (mm)
1	-3.4	0.8	-7.1	2.5	22.9
2	-1.1	3.3	-4.8	2.7	24.6
3	4.5	9.5	0.4	2.9	46.7
4	11.8	17.3	7.0	3.0	93.7
5	17.4	23.0	12.6	2.6	92.0
6	21.5	26.6	17.4	2.3	133.8
7	24.6	28.5	21.6	2.3	369.1
8	25.4	29.5	22.2	2.2	293.9
9	20.6	25.5	16.5	2.0	168.9
10	14.3	19.7	9.5	2.0	49.4
11	6.6	11.2	2.6	2.4	53.1
12	-0.4	3.7	-4.0	2.4	21.7

부산(159)

[1991~2020 평년값] – [1961~1990 평년값]

월	평균기온 (℃)	최고기온 (℃)	최저기온 (℃)	평균풍속 (m/sec)	강수량 (mm)
1	1.4	1.4	1.3	-1.0	2.7
2	1.7	1.8	1.5	-1.1	6.7
3	1.3	1.3	1.2	-0.8	10.5
4	0.9	1.1	0.7	-0.9	-7.5
5	0.6	0.6	0.6	-0.5	8.0
6	0.7	0.9	0.8	-0.6	-35.6
7	0.3	0.4	0.3	-0.7	69.9
8	0.2	0.2	0.4	-0.6	62.9
9	0.7	0.6	0.8	-0.6	-26.0
10	0.8	0.8	0.9	-0.7	17.4
11	0.9	0.9	1.0	-1.0	-14.5
12	0.8	0.7	0.7	-1.0	9.5
월별 평균 증감	0.9	0.9	0.9	-0.8	8.7

[1991~2020 평년값]

월	평균기온 (℃)	최고기온 (℃)	최저기온 (℃)	평균풍속 (m/sec)	강수량 (mm)
1	3.6	8.2	-0.1	3.5	34.5
2	5.4	10.2	1.5	3.5	49.6
3	9.1	13.8	5.3	3.8	89.7
4	13.8	18.2	10.1	3.8	140.9
5	17.9	22.0	14.6	3.5	155.9
6	21.0	24.6	18.3	3.2	188.4
7	24.4	27.5	22.1	3.7	326.8
8	26.1	29.5	23.7	3.6	266.5
9	22.6	26.4	19.8	3.4	160.6
10	17.9	22.5	14.5	3.1	79.6
11	11.9	16.6	8.3	3.1	50.4
12	5.8	10.4	2.0	3.3	33.8

[1961~1990 평년값]

월	평균기온 (℃)	최고기온 (℃)	최저기온 (℃)	평균풍속 (m/sec)	강수량 (mm)
1	2.2	6.8	-1.4	4.5	31.8
2	3.7	8.4	0.0	4.6	42.9
3	7.8	12.5	4.1	4.6	79.2
4	12.9	17.1	9.4	4.7	148.4
5	17.3	21.4	14.0	4.0	147.9
6	20.3	23.7	17.5	3.8	224.0
7	24.1	27.1	21.8	4.4	256.9
8	25.9	29.3	23.3	4.2	203.6
9	21.9	25.8	19.0	4.0	186.6
10	17.1	21.7	13.6	3.8	62.2
11	11.0	15.7	7.3	4.1	64.9
12	5.0	9.7	1.3	4.3	24.3

대구(143; 1991~2020 평년값은 대구/신암[860])

[1991~2020 평년값] – [1961~1990 평년값]

월	평균기온 (℃)	최고기온 (℃)	최저기온 (℃)	평균풍속 (m/sec)	강수량 (mm)
1	1.8	1.4	2.2	-1.0	-1.9
2	2.2	2.2	2.1	-1.0	-3.4
3	1.9	1.8	1.9	-1.0	-1.7
4	1.3	1.2	1.4	-1.0	-7.4
5	1.2	0.9	1.5	-0.9	2.7
6	1.2	0.9	1.4	-0.9	0.6
7	0.6	0.6	0.8	-0.8	-9.6
8	0.4	0.0	0.6	-0.7	52.3
9	1.1	0.7	1.3	-0.7	19.6
10	1.2	0.6	1.7	-0.6	2.0
11	1.3	1.0	1.6	-0.8	-7.6
12	1.2	0.5	1.5	-0.9	4.6
월별 평균 증감	1.3	1.0	1.5	-0.9	4.2

[1991~2020 평년값]

월	평균기온 (℃)	최고기온 (℃)	최저기온 (℃)	평균풍속 (m/sec)	강수량 (mm)
1	1.1	5.9	-2.9	2.4	18.6
2	3.5	8.8	-1.1	2.4	25.4
3	8.4	14.2	3.3	2.5	49.0
4	14.5	20.6	8.8	2.5	70.6
5	19.7	25.7	14.1	2.4	77.9
6	23.4	28.7	18.8	2.3	129.2
7	26.3	30.8	22.8	2.2	223.9
8	26.7	31.3	23.1	2.2	245.3
9	22.1	27.0	18.0	2.0	142.4
10	16.2	22.0	11.4	1.8	50.1
11	9.4	14.9	4.8	1.9	29.7
12	3.0	7.9	-1.2	2.2	18.7

[1961~1990 평년값]

월	평균기온 (℃)	최고기온 (℃)	최저기온 (℃)	평균풍속 (m/sec)	강수량 (mm)
1	-0.7	4.5	-5.1	3.4	20.5
2	1.3	6.6	-3.2	3.4	28.8
3	6.5	12.4	1.4	3.5	50.7
4	13.2	19.4	7.4	3.5	78.0
5	18.5	24.8	12.6	3.3	75.2
6	22.2	27.8	17.4	3.2	128.6
7	25.7	30.2	22.0	3.0	233.5
8	26.3	31.3	22.5	2.9	193.0
9	21.0	26.3	16.7	2.7	122.8
10	15.0	21.4	9.7	2.4	48.1
11	8.1	13.9	3.2	2.7	37.3
12	1.8	7.4	-2.7	3.1	14.1

기상자료개방포털. (2021). 新기후평년값('91~'20). 기상청 국가기후데이터센터.

광역지자체별 新 기후평년값(2021년 적용)과 30년 전 기후값 비교 (2)

[1991~2020 평년값] – [1961~1990 평년값] | [1991~2020 평년값] | [1961~1990 평년값]

인천(112)

[1991~2020 평년값] – [1961~1990 평년값]

월	평균기온(°C)	최고기온(°C)	최저기온(°C)	평균풍속(m/sec)	강수량(mm)
1	1.6	1.5	1.7	-1.0	-6.0
2	1.9	2.1	1.7	-0.9	2.3
3	1.7	2.0	1.5	-0.9	-6.3
4	1.0	1.2	1.1	-0.8	-23.4
5	0.9	1.2	0.8	-0.9	13.6
6	1.2	1.3	1.0	-0.6	-1.3
7	0.7	0.8	0.5	-0.7	52.5
8	0.7	0.8	0.7	-0.7	22.3
9	1.0	1.0	1.3	-0.7	-21.9
10	0.9	0.7	1.1	-0.6	3.0
11	0.9	0.8	0.9	-1.1	0.4
12	0.7	0.5	0.7	-0.8	2.1
월별 평균 증감	1.1	1.2	1.1	-0.8	3.1

[1991~2020 평년값]

월	평균기온(°C)	최고기온(°C)	최저기온(°C)	평균풍속(m/sec)	강수량(mm)
1	-1.5	2.2	-4.8	3.2	15.9
2	0.7	4.8	-2.8	3.4	25.1
3	5.6	10.1	2.1	3.6	33.8
4	11.5	16.2	7.9	3.4	63.5
5	16.8	21.6	13.1	2.8	96.3
6	21.3	25.6	18.0	2.4	106.0
7	24.4	27.8	21.8	2.6	337.7
8	25.6	29.2	22.9	2.4	274.6
9	21.5	25.8	18.1	2.1	130.3
10	15.3	19.9	11.4	2.4	51.1
11	7.9	12.0	4.3	2.9	50.8
12	0.7	4.5	-2.7	3.3	22.3

[1961~1990 평년값]

월	평균기온(°C)	최고기온(°C)	최저기온(°C)	평균풍속(m/sec)	강수량(mm)
1	-3.1	0.7	-6.5	4.2	21.9
2	-1.2	2.7	-4.5	4.3	22.8
3	3.9	8.1	0.6	4.5	40.1
4	10.5	15.0	6.8	4.2	86.9
5	15.9	20.4	12.3	3.7	82.7
6	20.1	24.3	17.0	3.0	107.3
7	23.7	27.0	21.3	3.3	285.2
8	24.9	28.4	22.2	3.1	252.3
9	20.5	24.8	16.8	2.8	152.2
10	14.4	19.2	10.3	3.0	48.1
11	7.0	11.2	3.4	4.0	50.4
12	0.0	4.0	-3.4	4.1	20.2

광주(156)

[1991~2020 평년값] – [1961~1990 평년값]

월	평균기온(°C)	최고기온(°C)	최저기온(°C)	평균풍속(m/sec)	강수량(mm)
1	1.2	1.4	1.2	-0.5	-6.0
2	1.6	2.1	1.1	-0.7	-3.0
3	1.5	1.7	1.3	-0.6	-0.1
4	0.7	1.2	0.4	-0.4	-23.7
5	0.9	1.0	0.9	-0.1	-10.0
6	1.0	1.0	1.3	-0.1	-30.0
7	0.5	0.6	0.5	0.2	10.9
8	0.3	0.1	0.5	0.1	90.5
9	0.9	0.6	1.0	0.1	-4.8
10	0.9	0.5	1.0	-0.3	-0.4
11	1.1	1.1	0.9	-0.5	-5.9
12	0.7	0.6	0.7	-0.4	6.3
월별 평균 증감	0.9	1.0	0.9	-0.3	2.0

[1991~2020 평년값]

월	평균기온(°C)	최고기온(°C)	최저기온(°C)	평균풍속(m/sec)	강수량(mm)
1	1.0	5.7	-2.7	1.9	32.6
2	2.9	8.3	-1.5	2.0	43.6
3	7.5	13.6	2.4	2.1	61.9
4	13.4	19.9	7.8	2.2	86.6
5	18.7	24.8	13.4	2.2	91.4
6	22.7	27.9	18.7	2.0	152.6
7	25.9	30.0	22.8	2.5	294.2
8	26.5	30.9	23.2	2.2	326.4
9	22.2	27.1	18.2	1.9	145.0
10	16.1	21.9	11.2	1.6	59.0
11	9.6	15.0	5.0	1.6	50.2
12	3.2	8.0	-0.8	1.8	37.1

[1961~1990 평년값]

월	평균기온(°C)	최고기온(°C)	최저기온(°C)	평균풍속(m/sec)	강수량(mm)
1	-0.2	4.3	-3.9	2.4	38.6
2	1.3	6.2	-2.6	2.7	46.6
3	6.0	11.9	1.1	2.7	62.0
4	12.7	18.7	7.4	2.6	110.3
5	17.8	23.8	12.5	2.3	101.4
6	21.7	26.9	17.4	2.1	182.6
7	25.4	29.4	22.3	2.3	283.3
8	26.2	30.8	22.7	2.1	235.9
9	21.3	26.5	17.2	1.8	149.8
10	15.2	21.4	10.2	1.9	59.4
11	8.5	13.9	4.1	2.1	56.1
12	2.5	7.4	-1.5	2.2	30.8

대전(133)

[1991~2020 평년값] – [1961~1990 평년값]

월	평균기온(°C)	최고기온(°C)	최저기온(°C)	평균풍속(m/sec)	강수량(mm)
1	1.4	1.3	1.2	0.1	-8.1
2	1.6	1.9	1.0	0.0	-3.6
3	1.7	1.8	1.3	-0.1	-6.8
4	0.8	0.7	0.8	-0.1	-15.3
5	1.0	0.8	1.1	0.0	-3.6
6	0.9	0.7	1.1	-0.1	13.7
7	0.5	0.2	0.6	0.1	-9.8
8	0.6	0.2	0.7	0.1	22.0
9	1.0	0.6	1.2	0.1	-2.0
10	1.0	0.6	1.3	0.1	6.3
11	1.2	1.3	1.2	0.1	-0.8
12	0.8	0.7	0.9	0.1	-0.7
월별 평균 증감	1.0	0.9	1.0	0.0	-0.7

[1991~2020 평년값]

월	평균기온(°C)	최고기온(°C)	최저기온(°C)	평균풍속(m/sec)	강수량(mm)
1	-1.0	4.1	-5.5	1.5	25.5
2	1.4	7.0	-3.6	1.7	37.2
3	6.6	12.7	1.1	2.0	51.6
4	13.0	19.4	6.9	2.2	81.6
5	18.5	24.5	12.8	2.1	91.8
6	22.7	27.9	18.1	1.8	167.3
7	25.5	29.6	22.2	1.9	306.9
8	26.0	30.3	22.5	1.8	299.8
9	21.2	26.3	17.0	1.6	152.5
10	14.6	20.8	9.4	1.4	59.3
11	7.7	13.5	2.8	1.4	48.0
12	1.0	6.2	-3.4	1.4	29.7

[1961~1990 평년값]

월	평균기온(°C)	최고기온(°C)	최저기온(°C)	평균풍속(m/sec)	강수량(mm)
1	-2.4	2.8	-6.7	1.4	33.6
2	-0.2	5.1	-4.6	1.7	40.8
3	4.9	10.9	-0.2	2.1	58.4
4	12.2	18.7	6.1	2.3	96.9
5	17.5	23.7	11.7	2.1	95.4
6	21.8	27.2	17.0	1.9	153.6
7	25.0	29.4	21.6	1.8	316.7
8	25.4	30.1	21.8	1.7	277.8
9	20.2	25.7	15.8	1.5	154.5
10	13.6	20.2	8.1	1.3	53.0
11	6.5	12.2	1.6	1.3	48.8
12	0.2	5.5	-4.3	1.3	30.4

기상자료개방포털. (2021). 新기후평년값('91~'20). 기상청 국가기후데이터센터.

광역지자체별 新 기후평년값(2021년 적용)과 30년 전 기후값 비교 (3)

[1991~2020 평년값] – [1961~1990 평년값] | **[1991~2020 평년값]** | **[1961~1990 평년값]**

울산(152)

월	평균기온(°C)	최고기온(°C)	최저기온(°C)	평균풍속(m/sec)	강수량(mm)
1	1.5	1.0	1.7	-0.7	5.8
2	1.7	1.7	1.6	-0.8	-3.1
3	1.5	1.2	1.6	-0.6	-0.3
4	1.1	1.2	1.2	-0.4	-20.9
5	0.8	0.6	1.3	-0.3	9.6
6	0.8	0.5	1.0	-0.2	-18.4
7	0.3	0.1	0.6	-0.1	16.1
8	0.1	-0.3	0.4	-0.1	36.3
9	0.7	0.4	1.0	-0.2	-10.0
10	0.9	0.4	1.4	-0.2	8.0
11	1.1	0.6	1.3	-0.4	-10.8
12	0.8	0.2	1.3	-0.6	7.9
월별 평균 증감	0.9	0.6	1.2	-0.4	1.7

월	평균기온(°C)	최고기온(°C)	최저기온(°C)	평균풍속(m/sec)	강수량(mm)
1	2.4	7.4	-1.8	2.3	38.6
2	4.3	9.6	-0.3	2.3	39.9
3	8.4	13.7	3.5	2.3	68.4
4	13.7	19.3	8.5	2.3	96.9
5	18.2	23.7	13.4	2.0	107.4
6	21.6	26.1	17.7	1.9	155.5
7	25.2	29.2	22.1	2.0	234.1
8	26.0	30.0	22.8	2.1	234.1
9	21.7	26.0	18.2	1.9	170.3
10	16.5	21.8	12.1	1.9	74.8
11	10.4	15.9	5.7	1.9	44.2
12	4.3	9.6	-0.1	2.1	28.4

월	평균기온(°C)	최고기온(°C)	최저기온(°C)	평균풍속(m/sec)	강수량(mm)
1	0.9	6.4	-3.5	3.0	32.8
2	2.6	7.9	-1.9	3.1	43.0
3	6.9	12.5	1.9	2.9	68.7
4	12.6	18.1	7.3	2.7	117.8
5	17.4	23.1	12.1	2.3	97.8
6	20.8	25.6	16.7	2.1	173.9
7	24.9	29.1	21.5	2.1	218.0
8	25.9	30.3	22.4	2.2	197.8
9	21.0	25.6	17.2	2.1	180.3
10	15.6	21.4	10.7	2.1	66.8
11	9.3	15.3	4.4	2.3	55.0
12	3.5	9.4	-1.4	2.7	20.5

세종(세종연서[611]; 1961~1990 평년값은 천안[232])

월	평균기온(°C)	최고기온(°C)	최저기온(°C)	평균풍속(m/sec)	강수량(mm)
1	0.7	2.0	0.4	-0.1	-5.0
2	0.9	2.7	0.5	-0.2	2.5
3	1.3	2.7	0.4	-0.1	-9.5
4	0.5	1.5	0.4	-0.2	-13.2
5	0.6	1.2	0.7	-0.2	3.6
6	0.4	0.9	0.5	-0.3	-12.0
7	0.0	0.0	0.2	-0.3	12.7
8	-0.2	0.0	0.3	-0.4	5.2
9	0.0	0.5	0.9	-0.3	13.3
10	-0.2	0.9	0.1	-0.3	4.8
11	0.1	1.3	-0.1	-0.2	-8.8
12	-0.3	0.7	-0.5	-0.1	-7.7
월별 평균 증감	0.3	1.2	0.3	-0.2	-1.2

월	평균기온(°C)	최고기온(°C)	최저기온(°C)	평균풍속(m/sec)	강수량(mm)
1	-2.7	3.8	-7.8	1.2	22.6
2	-0.1	6.9	-5.4	1.4	31.4
3	5.5	13.1	-0.8	1.7	42.4
4	11.7	19.6	5.1	1.8	76.6
5	17.4	24.6	11.2	1.5	86.5
6	21.7	28.0	16.7	1.2	132.5
7	24.7	29.4	21.0	1.2	284.9
8	24.9	30.1	21.1	1.1	260.3
9	19.8	26.2	15.4	1.0	141.2
10	13.0	20.8	7.3	1.0	58.4
11	6.1	13.2	0.8	1.1	45.3
12	-0.7	5.6	-5.6	1.1	22.8

월	평균기온(°C)	최고기온(°C)	최저기온(°C)	평균풍속(m/sec)	강수량(mm)
1	-3.4	1.8	-8.2	1.3	27.6
2	-1.0	4.2	-5.9	1.6	28.9
3	4.2	10.4	-1.2	1.8	51.9
4	11.2	18.1	4.7	2.0	89.8
5	16.8	23.4	10.5	1.7	82.9
6	21.3	27.1	16.2	1.5	144.5
7	24.7	29.4	20.8	1.5	272.2
8	25.1	30.1	20.8	1.5	255.1
9	19.8	25.7	14.5	1.3	127.9
10	13.2	19.9	7.2	1.3	53.6
11	6.0	11.9	0.9	1.3	54.1
12	-0.4	4.9	-5.1	1.2	30.5

경기(수원[119])

월	평균기온(°C)	최고기온(°C)	최저기온(°C)	평균풍속(m/sec)	강수량(mm)
1	1.8	1.3	2.2	0.0	-8.5
2	2.1	2.1	2.1	0.0	0.0
3	2.0	2.9	2.0	0.0	-8.4
4	1.1	0.9	1.5	0.1	-23.7
5	1.1	1.0	1.5	0.2	10.3
6	1.3	1.3	1.6	0.3	1.3
7	0.9	0.9	0.9	0.3	56.2
8	0.9	1.9	1.3	0.5	5.4
9	1.6	1.1	2.2	0.4	-14.9
10	1.6	0.8	2.3	0.2	-3.6
11	1.5	1.0	1.8	0.1	-5.8
12	1.3	0.8	1.7	0.2	5.0
월별 평균 증감	1.4	1.3	1.8	0.2	1.1

월	평균기온(°C)	최고기온(°C)	최저기온(°C)	평균풍속(m/sec)	강수량(mm)
1	-2.1	2.8	-6.6	1.6	18.1
2	0.3	5.6	-4.5	1.8	28.3
3	5.7	11.3	0.6	2.0	40.7
4	12.0	18.2	6.4	2.1	71.6
5	17.6	23.6	12.3	1.9	95.0
6	22.2	27.5	17.9	1.8	122.9
7	25.3	29.3	22.1	1.8	385.1
8	26.0	30.3	22.7	1.8	296.3
9	21.4	26.4	17.1	1.6	133.5
10	14.6	20.4	9.4	1.4	54.1
11	7.2	12.5	2.4	1.5	48.9
12	0.1	4.9	-4.2	1.6	25.8

월	평균기온(°C)	최고기온(°C)	최저기온(°C)	평균풍속(m/sec)	강수량(mm)
1	-3.9	1.5	-8.8	1.6	26.6
2	-1.8	3.5	-6.6	1.8	28.3
3	3.7	8.4	-1.4	2.0	49.1
4	10.9	17.3	4.9	2.0	95.3
5	16.5	22.6	10.8	1.7	84.7
6	20.9	26.2	16.3	1.5	121.6
7	24.4	28.4	21.2	1.5	328.9
8	25.1	28.4	21.4	1.3	290.9
9	19.8	25.3	14.9	1.2	148.4
10	13.0	19.6	7.1	1.2	57.7
11	5.7	11.5	0.6	1.4	54.7
12	-1.2	4.1	-5.9	1.4	20.8

기상자료개방포털. (2021). 新기후평년값('91~'20). 기상청 국가기후데이터센터.

광역지자체별 新 기후평년값(2021년 적용)과 30년 전 기후값 비교 (4)

[1991~2020 평년값] – [1961~1990 평년값]　　　**[1991~2020 평년값]**　　　**[1961~1990 평년값]**

강원(춘천[101])

[1991~2020 평년값] – [1961~1990 평년값]

월	평균기온(°C)	최고기온(°C)	최저기온(°C)	평균풍속(m/sec)	강수량(mm)
1	1.1	1.2	1.4	-0.3	-3.6
2	1.3	1.8	1.0	-0.5	1.2
3	1.2	1.5	0.7	-0.5	-11.4
4	0.4	0.4	0.2	-0.5	-3.1
5	0.6	0.5	0.8	-0.5	9.6
6	1.0	1.0	0.8	-0.3	-10.9
7	0.6	0.4	0.6	-0.2	50.9
8	0.6	0.5	0.7	-0.2	33.4
9	1.1	0.7	1.1	-0.2	-34.5
10	0.7	0.3	1.0	-0.3	3.2
11	0.7	0.7	0.6	-0.3	5.4
12	0.1	0.4	0.2	-0.4	4.9
월별 평균 증감	0.8	0.8	0.8	-0.4	3.8

[1991~2020 평년값]

월	평균기온(°C)	최고기온(°C)	최저기온(°C)	평균풍속(m/sec)	강수량(mm)
1	-4.1	1.9	-9.3	1.1	18.6
2	-1.0	5.4	-6.7	1.2	27.6
3	5.0	11.6	-1.1	1.5	33.5
4	11.7	18.9	4.7	1.6	71.5
5	17.6	24.3	11.3	1.4	99.4
6	22.2	28.1	17.0	1.2	122.9
7	24.9	29.3	21.3	1.2	398.2
8	25.0	29.9	21.3	1.2	319.9
9	19.8	25.6	15.3	1.1	128.1
10	12.7	19.6	7.5	1.0	49.3
11	5.3	11.2	0.4	1.1	48.3
12	-2.0	3.5	-6.6	1.0	24.2

[1961~1990 평년값]

월	평균기온(°C)	최고기온(°C)	최저기온(°C)	평균풍속(m/sec)	강수량(mm)
1	-5.2	0.7	-10.7	1.4	22.2
2	-2.3	3.6	-7.7	1.7	26.4
3	3.8	10.1	-1.8	2.0	44.9
4	11.3	18.5	4.5	2.1	74.6
5	17.0	23.8	10.5	1.9	89.8
6	21.2	27.1	16.2	1.6	133.8
7	24.3	28.9	20.7	1.4	347.3
8	24.4	29.4	20.6	1.4	286.5
9	18.7	24.9	14.2	1.3	162.6
10	12.0	19.3	6.5	1.3	46.1
11	4.6	10.5	-0.2	1.4	42.9
12	-2.1	3.1	-6.8	1.4	19.3

충청북도(청주[131])

[1991~2020 평년값] – [1961~1990 평년값]

월	평균기온(°C)	최고기온(°C)	최저기온(°C)	평균풍속(m/sec)	강수량(mm)
1	2.0	1.5	2.5	-0.1	-10.9
2	2.1	2.1	2.1	-0.4	-2.8
3	2.1	1.8	2.0	-0.4	-9.1
4	1.1	0.8	1.6	-0.4	-6.3
5	1.2	0.8	1.6	-0.3	-0.7
6	1.2	0.8	1.4	-0.2	-4.5
7	0.7	0.4	0.9	-0.1	15.6
8	0.9	0.3	1.1	-0.1	24.2
9	1.4	0.5	1.8	-0.1	3.2
10	1.7	0.6	2.4	-0.1	9.2
11	1.8	1.2	1.9	-0.3	-3.2
12	1.4	0.7	1.7	-0.2	1.7
월별 평균 증감	1.5	1.0	1.8	-0.2	1.4

[1991~2020 평년값]

월	평균기온(°C)	최고기온(°C)	최저기온(°C)	평균풍속(m/sec)	강수량(mm)
1	-1.5	3.4	-5.8	1.5	20.6
2	1.0	6.4	-3.8	1.6	29.0
3	6.5	12.5	1.0	1.9	42.9
4	13.0	19.6	7.0	2.0	75.5
5	18.7	24.8	13.1	1.9	82.8
6	23.0	28.2	18.4	1.7	140.0
7	25.8	30.0	22.4	1.8	293.8
8	26.2	30.6	22.6	1.7	274.2
9	21.3	26.4	17.0	1.5	142.3
10	14.6	20.7	9.4	1.4	58.0
11	7.5	13.0	2.6	1.3	46.6
12	0.6	5.4	-3.7	1.3	26.7

[1961~1990 평년값]

월	평균기온(°C)	최고기온(°C)	최저기온(°C)	평균풍속(m/sec)	강수량(mm)
1	-3.5	1.9	-8.3	1.6	31.5
2	-1.1	4.3	-5.9	2.0	31.8
3	4.4	10.7	-1.0	2.3	52.0
4	11.9	18.8	5.4	2.4	81.8
5	17.5	24.0	11.5	2.2	83.5
6	21.8	27.4	17.0	1.9	144.5
7	25.1	29.6	21.5	1.9	278.2
8	25.3	30.3	21.5	1.8	250.0
9	19.9	25.9	15.2	1.6	139.1
10	12.9	20.1	7.0	1.5	48.8
11	5.7	11.8	0.7	1.6	49.8
12	-0.8	4.7	-5.4	1.5	25.0

충청남도(홍성[서산/129 측정자료])

[1991~2020 평년값] – [1961~1990 평년값]

월	평균기온(°C)	최고기온(°C)	최저기온(°C)	평균풍속(m/sec)	강수량(mm)
1	0.7	0.8	0.1	0.0	-8.9
2	0.8	1.4	-0.1	-0.1	-0.4
3	0.9	1.1	0.1	0.2	-4.9
4	0.2	0.5	-0.1	0.1	-13.5
5	0.4	0.6	0.3	0.1	6.1
6	0.6	0.5	0.6	0.0	24.0
7	0.4	0.4	0.4	0.0	9.3
8	0.4	1.2	0.4	0.0	41.0
9	0.6	0.6	0.6	0.2	-2.1
10	0.3	0.4	0.2	0.1	-12.2
11	0.5	0.6	-0.3	0.0	-2.2
12	0.0	0.0	-0.5	0.0	1.6
월별 평균 증감	0.5	0.7	0.1	0.1	3.2

[1991~2020 평년값]

월	평균기온(°C)	최고기온(°C)	최저기온(°C)	평균풍속(m/sec)	강수량(mm)
1	-1.6	3.3	-6.2	2.2	23.5
2	0.1	5.6	-4.9	2.4	31.1
3	4.9	10.8	-0.7	2.8	41.5
4	10.9	17.3	5.0	2.9	74.7
5	16.6	22.5	11.4	2.7	101.1
6	21.3	26.4	17.0	2.2	138.2
7	24.5	28.5	21.5	2.2	274.6
8	25.3	29.7	21.7	2.2	283.5
9	20.7	26.1	16.1	2.0	144.4
10	14.1	20.5	8.6	1.9	53.0
11	7.4	13.0	2.2	2.1	54.1
12	0.8	5.7	-3.7	2.2	34.2

[1961~1990 평년값]

월	평균기온(°C)	최고기온(°C)	최저기온(°C)	평균풍속(m/sec)	강수량(mm)
1	-2.3	2.5	-6.3	2.2	32.4
2	-0.7	4.2	-4.8	2.5	31.5
3	4.0	9.7	-0.8	2.6	46.4
4	10.7	16.8	5.1	2.8	88.2
5	16.2	21.9	11.1	2.6	95.0
6	20.7	25.9	16.4	2.2	114.2
7	24.1	28.1	21.1	2.4	265.3
8	24.9	28.5	21.3	2.2	242.5
9	20.1	25.5	15.5	1.8	146.5
10	13.8	20.1	8.4	1.8	65.2
11	6.9	12.4	2.5	2.1	56.3
12	0.8	5.7	-3.2	2.2	32.6

기상자료개방포털. (2021). 新기후평년값('91~'20). 기상청 국가기후데이터센터.

광역지자체별 新 기후평년값(2021년 적용)과 30년 전 기후값 비교 (5)

[1991~2020 평년값] – [1961~1990 평년값]	[1991~2020 평년값]	[1961~1990 평년값]

전라북도(전주[146]; 1991~2020 평년값은 전주/완산[864])

월	평균기온(°C)	최고기온(°C)	최저기온(°C)	평균풍속(m/sec)	강수량(mm)	월	평균기온(°C)	최고기온(°C)	최저기온(°C)	평균풍속(m/sec)	강수량(mm)	월	평균기온(°C)	최고기온(°C)	최저기온(°C)	평균풍속(m/sec)	강수량(mm)
1	1.2	1.2	0.9	0.4	-8.8	1	0.0	4.8	-4.3	1.5	26.9	1	-1.2	3.6	-5.2	1.1	35.7
2	1.5	1.8	0.9	0.5	-4.6	2	2.0	7.5	-2.8	1.7	36.8	2	0.5	5.7	-3.7	1.2	41.4
3	1.4	1.5	1.0	0.4	-6.4	3	6.8	13.0	1.4	1.8	53.7	3	5.4	11.5	0.4	1.4	60.1
4	0.3	0.7	-0.1	0.3	-21.0	4	12.9	19.7	6.9	1.9	78.4	4	12.6	19.0	7.0	1.6	99.4
5	0.6	0.8	0.4	0.4	-14.4	5	18.5	25.0	12.7	1.8	82.8	5	17.9	24.2	12.3	1.4	97.2
6	0.8	1.0	0.8	0.4	12.3	6	22.8	28.4	18.2	1.7	159.0	6	22.0	27.4	17.4	1.3	146.7
7	0.5	0.6	0.3	0.4	24.3	7	26.2	30.6	22.7	1.8	302.8	7	25.7	30.0	22.4	1.4	278.5
8	0.2	0.3	0.3	0.4	45.1	8	26.5	31.3	22.9	1.7	289.6	8	26.3	31.0	22.6	1.3	244.5
9	0.8	0.9	0.7	0.4	-15.6	9	21.9	27.4	17.4	1.5	128.2	9	21.1	26.5	16.7	1.1	143.8
10	0.8	0.7	0.8	0.4	-2.9	10	15.4	21.7	10.1	1.4	57.3	10	14.6	21.0	9.3	1.0	60.2
11	1.0	1.0	0.7	0.5	-9.2	11	8.8	14.4	3.9	1.5	49.8	11	7.8	13.4	3.2	1.0	59.0
12	0.5	0.5	0.4	0.4	4.3	12	2.2	7.1	-2.1	1.5	34.0	12	1.7	6.6	-2.5	1.1	29.7
월별 평균 증감	0.8	0.9	0.6	0.4	0.3												

전라남도(목포[165])

월	평균기온(°C)	최고기온(°C)	최저기온(°C)	평균풍속(m/sec)	강수량(mm)	월	평균기온(°C)	최고기온(°C)	최저기온(°C)	평균풍속(m/sec)	강수량(mm)	월	평균기온(°C)	최고기온(°C)	최저기온(°C)	평균풍속(m/sec)	강수량(mm)
1	0.5	0.1	0.5	-0.7	-3.3	1	1.8	5.8	-1.3	4.3	31.8	1	1.3	5.7	-1.8	5.0	35.1
2	0.9	0.8	0.5	-0.9	-10.2	2	3.0	7.6	-0.6	4.4	36.8	2	2.1	6.8	-1.1	5.3	47.0
3	0.9	0.6	0.5	-0.8	10.3	3	6.9	11.9	2.9	4.3	64.9	3	6.0	11.3	2.4	5.1	54.6
4	0.3	0.2	0.0	-0.6	-15.4	4	12.4	17.5	8.2	3.8	80.3	4	12.1	17.3	8.2	4.4	95.7
5	0.4	0.2	0.2	-0.4	2.0	5	17.5	22.3	13.5	3.4	91.3	5	17.1	22.1	13.3	3.8	89.3
6	0.7	0.5	0.7	-0.7	-12.7	6	21.6	25.7	18.5	2.9	150.2	6	20.9	25.2	17.8	3.6	162.9
7	0.4	0.2	0.2	-0.9	10.8	7	25.1	28.4	22.7	3.3	220.7	7	24.7	28.2	22.2	4.2	209.9
8	0.1	-0.4	0.0	-0.6	53.8	8	26.3	30.0	23.5	3.1	209.0	8	26.2	30.4	23.5	3.7	155.2
9	0.3	-0.2	0.2	-0.6	7.4	9	22.3	26.5	19.0	3.0	137.7	9	22.0	26.7	18.8	3.6	130.3
10	0.0	-0.5	0.1	-0.4	6.3	10	16.6	21.5	12.7	3.5	58.9	10	16.6	21.5	12.6	3.9	52.6
11	0.3	-0.3	0.1	-0.6	-2.2	11	10.4	14.9	6.6	3.8	48.9	11	10.1	15.2	6.5	4.4	51.1
12	0.0	-0.6	-0.1	-0.3	9.4	12	4.2	8.3	0.7	4.1	37.2	12	4.2	8.9	0.8	4.4	27.8
월별 평균 증감	0.4	0.1	0.3	-0.6	4.7												

경상북도1(안동[영주/272 측정자료])

월	평균기온(°C)	최고기온(°C)	최저기온(°C)	평균풍속(m/sec)	강수량(mm)	월	평균기온(°C)	최고기온(°C)	최저기온(°C)	평균풍속(m/sec)	강수량(mm)	월	평균기온(°C)	최고기온(°C)	최저기온(°C)	평균풍속(m/sec)	강수량(mm)
1	1.6	0.5	2.1	1.0	-1.9	1	-2.2	2.7	-7.3	3.7	18.4	1	-3.8	2.2	-9.4	2.7	20.3
2	1.4	1.1	1.2	0.8	2.9	2	0.2	5.8	-5.4	3.4	30.2	2	-1.2	4.7	-6.6	2.6	27.3
3	1.1	0.7	1.1	0.8	1.7	3	5.4	11.5	-0.6	3.1	53.3	3	4.3	10.8	-1.7	2.3	51.6
4	0.4	0.1	0.6	0.8	-1.3	4	11.8	18.6	4.8	2.9	94.8	4	11.4	18.5	4.2	2.1	96.1
5	0.4	0.2	0.9	0.7	30.1	5	17.2	23.9	10.5	2.4	118.5	5	16.8	23.7	9.6	1.7	88.4
6	0.4	0.4	0.6	0.6	-6.2	6	21.3	27.4	15.8	1.8	158.5	6	20.9	27.0	15.2	1.2	164.7
7	0.1	0.1	0.3	0.6	36.9	7	24.0	28.9	20.1	1.5	298.8	7	23.9	28.8	19.8	0.9	261.9
8	-0.1	-0.3	0.4	0.4	61.0	8	24.2	29.6	20.2	1.4	283.7	8	24.3	29.9	19.8	1.0	222.7
9	0.5	0.2	0.8	0.6	27.7	9	19.3	25.5	14.2	1.6	154.1	9	18.8	25.3	13.4	1.0	126.4
10	0.6	0.1	0.8	0.7	14.4	10	12.9	20.0	6.7	2.1	58.2	10	12.3	19.9	5.9	1.4	43.8
11	1.0	0.4	-0.2	0.7	4.3	11	6.1	12.2	0.4	2.6	42.2	11	5.1	11.8	0.6	1.9	37.9
12	0.9	-0.2	1.4	1.0	6.1	12	-0.4	4.8	-5.4	3.4	23.3	12	-1.3	5.0	-6.8	2.4	17.2
월별 평균 증감	0.7	0.3	0.8	0.7	14.6												

기상자료개방포털. (2021). 新기후평년값('91~'20). 기상청 국가기후데이터센터.

광역지자체별 新 기후평년값(2021년 적용)과 30년 전 기후값 비교 (6)

[1991~2020 평년값] – [1961~1990 평년값] | **[1991~2020 평년값]** | **[1961~1990 평년값]**

경상북도2(울릉도[115])

월	평균기온(°C)	최고기온(°C)	최저기온(°C)	평균풍속(m/sec)	강수량(mm)
1	1.0	0.8	1.1	-0.8	-8.9
2	1.5	1.7	1.3	-0.8	7.9
3	1.1	1.4	0.9	-0.6	6.8
4	0.8	1.0	0.8	-1.0	16.1
5	0.4	0.6	0.4	-1.2	29.8
6	0.7	0.7	0.8	-0.8	16.7
7	0.4	0.2	0.5	-0.6	52.0
8	0.0	0.0	0.2	-0.8	43.3
9	0.4	0.4	0.5	-0.5	38.1
10	0.5	0.4	0.8	-0.5	13.6
11	0.6	0.6	0.7	-0.9	8.8
12	0.3	0.1	0.4	-0.9	28.3
월별 평균 증감	0.6	0.7	0.7	-0.8	21.0

월	평균기온(°C)	최고기온(°C)	최저기온(°C)	평균풍속(m/sec)	강수량(mm)
1	1.7	4.4	-0.5	3.5	117.4
2	2.5	5.6	0.0	3.7	91.3
3	5.8	9.6	2.9	4.1	76.4
4	11.1	15.1	7.8	4.3	97.8
5	15.8	19.7	12.5	3.9	108.5
6	19.1	22.5	16.5	3.1	116.8
7	22.7	25.5	20.5	3.6	175.0
8	23.8	26.9	21.7	3.3	176.7
9	20.0	23.2	17.7	3.3	173.6
10	15.4	18.8	13.0	3.5	100.9
11	9.9	13.2	7.4	3.6	116.9
12	4.3	7.2	1.9	3.4	129.3

월	평균기온(°C)	최고기온(°C)	최저기온(°C)	평균풍속(m/sec)	강수량(mm)
1	0.7	3.6	-1.6	4.3	126.3
2	1.0	3.9	-1.3	4.5	83.4
3	4.7	8.2	2.0	4.7	69.6
4	10.3	14.1	7.0	5.3	81.7
5	15.4	19.1	12.1	5.1	78.7
6	18.4	21.8	15.7	3.9	100.1
7	22.3	25.3	20.0	4.2	123.0
8	23.8	26.9	21.5	4.1	133.4
9	19.6	22.8	17.2	3.8	135.5
10	14.9	18.4	12.2	4.0	87.3
11	9.3	12.6	6.7	4.5	108.1
12	4.0	7.1	1.5	4.3	101.0

경상남도(창원[진주/192 측정자료])

월	평균기온(°C)	최고기온(°C)	최저기온(°C)	평균풍속(m/sec)	강수량(mm)
1	0.5	0.9	0.1	-0.4	-4.8
2	0.6	1.5	-0.3	-0.4	-3.7
3	0.8	1.3	0.1	-0.4	10.4
4	0.2	0.8	-0.4	-0.4	-26.4
5	0.5	0.8	0.1	-0.3	4.4
6	0.4	0.7	0.4	-0.2	-52.7
7	0.4	0.6	0.3	-0.2	5.7
8	0.2	0.3	0.4	-0.2	22.9
9	0.5	0.6	0.2	-0.1	6.2
10	0.2	0.6	0.0	-0.1	13.4
11	0.3	0.8	0.0	-0.3	-1.3
12	0.3	0.3	0.0	-0.3	5.7
월별 평균 증감	0.4	0.8	0.1	-0.3	-1.7

월	평균기온(°C)	최고기온(°C)	최저기온(°C)	평균풍속(m/sec)	강수량(mm)
1	0.3	7.2	-5.5	1.3	28.0
2	2.6	9.6	-3.7	1.5	45.6
3	7.3	14.2	0.6	1.6	77.6
4	12.9	19.9	6.0	1.6	126.4
5	18.0	24.6	11.6	1.5	137.3
6	21.8	26.4	17.2	1.4	174.3
7	25.3	29.6	21.9	1.6	312.2
8	25.9	30.6	22.2	1.4	296.8
9	21.4	26.9	16.7	1.2	180.7
10	15.0	22.3	8.9	1.1	68.3
11	8.2	15.6	2.0	1.1	44.7
12	2.1	9.2	-3.8	1.2	26.1

월	평균기온(°C)	최고기온(°C)	최저기온(°C)	평균풍속(m/sec)	강수량(mm)
1	-0.2	6.3	-5.6	1.7	32.8
2	2.0	8.1	-3.4	1.9	49.3
3	6.5	12.9	0.5	2.0	67.2
4	12.7	19.1	6.4	2.0	152.8
5	17.5	23.8	11.5	1.8	132.9
6	21.4	26.7	16.8	1.6	227.0
7	24.9	29.0	21.6	1.8	306.5
8	25.7	30.3	21.8	1.6	273.9
9	20.9	26.3	16.5	1.3	174.5
10	14.8	21.7	8.9	1.2	54.9
11	7.9	14.8	2.0	1.4	46.0
12	1.8	8.9	-3.8	1.5	20.4

제주(184)

월	평균기온(°C)	최고기온(°C)	최저기온(°C)	평균풍속(m/sec)	강수량(mm)
1	0.9	0.7	1.3	-1.5	5.2
2	1.2	1.4	1.4	-1.4	-12.5
3	1.3	1.3	1.7	-0.8	22.4
4	0.9	1.0	1.5	-0.8	-7.5
5	1.1	1.0	1.6	-0.4	6.8
6	0.8	0.4	1.3	-0.6	-12.5
7	0.6	0.4	0.9	-0.5	-20.0
8	0.6	0.3	1.2	-0.5	31.0
9	0.6	0.3	1.4	-0.6	48.4
10	0.9	0.6	1.6	-0.8	20.9
11	0.9	0.7	1.5	-1.1	-9.5
12	0.7	0.4	1.0	-1.0	6.0
월별 평균 증감	0.9	0.7	1.4	-0.8	6.6

월	평균기온(°C)	최고기온(°C)	최저기온(°C)	평균풍속(m/sec)	강수량(mm)
1	6.1	8.6	3.7	4.1	67.5
2	6.8	9.9	4.0	3.8	57.2
3	9.8	13.3	6.6	3.6	90.6
4	14.2	18.0	10.8	3.2	89.7
5	18.3	22.1	15.0	2.9	95.6
6	21.7	24.9	19.1	2.7	171.2
7	26.2	29.3	23.7	2.9	210.2
8	27.2	30.1	24.8	2.9	272.3
9	23.3	26.1	20.9	2.9	227.8
10	18.6	21.6	15.7	3.1	95.1
11	13.3	16.4	10.4	3.4	69.5
12	8.3	11.0	5.6	4.1	55.6

월	평균기온(°C)	최고기온(°C)	최저기온(°C)	평균풍속(m/sec)	강수량(mm)
1	5.2	7.9	2.4	5.6	62.3
2	5.6	8.5	2.6	5.2	69.7
3	8.5	12.0	4.9	4.4	68.2
4	13.3	17.0	9.3	4.0	97.2
5	17.2	21.1	13.4	3.3	88.8
6	20.9	24.5	17.8	3.3	183.7
7	25.6	28.9	22.8	3.4	230.2
8	26.6	29.8	23.6	3.4	241.3
9	22.7	25.8	19.5	3.5	179.4
10	17.7	21.0	14.1	3.9	74.2
11	12.4	15.7	8.9	4.5	79.0
12	7.6	10.6	4.6	5.1	49.6

기상자료개방포털. (2021). 新기후평년값('91~'20). 기상청 국가기후데이터센터.

14 도시(서울)의 지표오존 농도 상승과 기후변화

오존(O₃)은 수명이 짧지만, 그 원료가 되는 대기오염물질(질소산화물, 비 메탄 휘발성유기화합물, 일산화탄소 등)과 메탄이 끊임없이 일상공간에 배출되고 있어서 늘 우리의 건강을 위협합니다. 햇빛이 강해지는 여름에는 그 영향이 더 큽니다. 코로나바이러스나 초미세먼지와는 달리, 기체인 오존은 KF94(또는 N95) 마스크로도 막기 어렵습니다. 오존은 지금 당장 그 원인 물질의 배출을 멈추기만 해도 피해가 감소할 수 있습니다. 그러면 지구온난화가 완화되고 건강에도 도움이 됩니다.

성층권 오존(stratospheric ozone)은 자외선으로부터 사람과 자연생태계를 보호하지만, **질소산화물 (NOₓ)과 휘발성유기화합물(VOCs) 등의 대기오염물질로 인해 발생하는 지표오존(O_3; surface ozone 또는 ground ozone)**은 사람에게 호흡기·안과 질환을 일으킵니다. 지표오존이 식물의 광합성과 생장에 큰 피해를 주어, 식물의 탄소흡수 능력이 약화합니다. 또한 지표오존을 포함하는 대류권 오존(tropospheric ozone)은 지구온난화를 가중하는 주요 온실가스입니다. 국내에서 감소세를 보이는 미세먼지와는 달리, 우리나라의 대표적인 도시인 서울의 지표오존 농도는 NOx와 VOCs의 배출량이 감소하지 않고, 주요 전구물질인 메탄의 농도가 급상승하고, 화학반응을 돕는 기온 상승까지 더해져, 계속 악화 중입니다. 그래서 오존주의보도 더 자주 발령되고 있습니다.

월평균 오존농도(ppm)

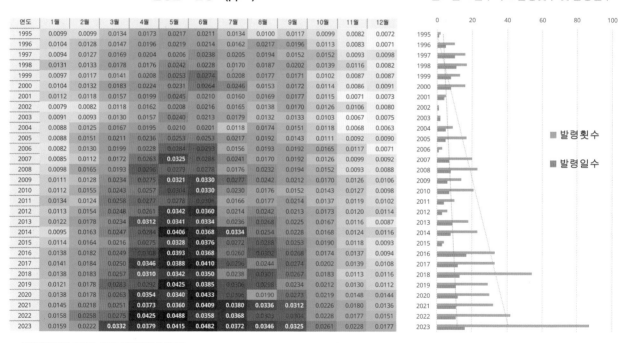

연도	1월	2월	3월	4월	5월	6월	7월	8월	9월	10월	11월	12월
1995	0.0099	0.0099	0.0134	0.0173	0.0217	0.0211	0.0134	0.0100	0.0117	0.0099	0.0082	0.0072
1996	0.0104	0.0128	0.0147	0.0196	0.0219	0.0214	0.0162	0.0217	0.0196	0.0113	0.0083	0.0071
1997	0.0094	0.0127	0.0169	0.0204	0.0206	0.0238	0.0205	0.0194	0.0152	0.0152	0.0093	0.0098
1998	0.0131	0.0133	0.0178	0.0176	0.0242	0.0228	0.0170	0.0187	0.0202	0.0139	0.0116	0.0082
1999	0.0097	0.0117	0.0141	0.0208	0.0253	0.0274	0.0208	0.0177	0.0171	0.0102	0.0087	0.0087
2000	0.0104	0.0132	0.0183	0.0224	0.0231	0.0264	0.0246	0.0153	0.0172	0.0114	0.0086	0.0091
2001	0.0112	0.0118	0.0157	0.0199	0.0245	0.0210	0.0160	0.0169	0.0177	0.0115	0.0071	0.0073
2002	0.0079	0.0082	0.0118	0.0162	0.0208	0.0216	0.0165	0.0138	0.0170	0.0126	0.0106	0.0080
2003	0.0091	0.0093	0.0130	0.0157	0.0240	0.0213	0.0179	0.0132	0.0133	0.0103	0.0067	0.0075
2004	0.0088	0.0125	0.0167	0.0195	0.0210	0.0201	0.0118	0.0174	0.0151	0.0118	0.0068	0.0063
2005	0.0088	0.0151	0.0211	0.0236	0.0253	0.0253	0.0217	0.0192	0.0143	0.0113	0.0092	0.0090
2006	0.0082	0.0130	0.0199	0.0228	0.0284	0.0293	0.0156	0.0193	0.0192	0.0165	0.0117	0.0071
2007	0.0085	0.0112	0.0172	0.0263	0.0325	0.0288	0.0241	0.0170	0.0192	0.0126	0.0099	0.0092
2008	0.0098	0.0165	0.0193	0.0296	0.0308	0.0278	0.0176	0.0232	0.0194	0.0152	0.0093	0.0088
2009	0.0111	0.0128	0.0234	0.0275	0.0321	0.0330	0.0277	0.0242	0.0212	0.0170	0.0126	0.0106
2010	0.0112	0.0155	0.0243	0.0257	0.0304	0.0330	0.0230	0.0176	0.0152	0.0143	0.0127	0.0098
2011	0.0134	0.0124	0.0258	0.0277	0.0278	0.0308	0.0166	0.0177	0.0214	0.0137	0.0119	0.0102
2012	0.0113	0.0154	0.0248	0.0261	0.0342	0.0360	0.0214	0.0242	0.0173	0.0120	0.0114
2012	0.0113	0.0154	0.0248	0.0261	0.0342	0.0360	0.0214	0.0242	0.0173	0.0120	0.0114
2013	0.0122	0.0178	0.0234	0.0312	0.0341	0.0334	0.0236	0.0268	0.0225	0.0167	0.0116	0.0087
2014	0.0095	0.0163	0.0247	0.0284	0.0406	0.0368	0.0334	0.0254	0.0228	0.0168	0.0124	0.0116
2015	0.0114	0.0164	0.0216	0.0275	0.0328	0.0376	0.0272	0.0288	0.0253	0.0190	0.0118	0.0093
2016	0.0138	0.0182	0.0249	0.0308	0.0393	0.0368	0.0260	0.0302	0.0268	0.0174	0.0137	0.0094
2017	0.0141	0.0184	0.0250	0.0346	0.0388	0.0410	0.0296	0.0244	0.0274	0.0202	0.0139	0.0108
2018	0.0138	0.0183	0.0257	0.0310	0.0342	0.0350	0.0238	0.0301	0.0267	0.0183	0.0113	0.0116
2019	0.0121	0.0178	0.0283	0.0292	0.0425	0.0385	0.0306	0.0298	0.0234	0.0212	0.0130	0.0112
2020	0.0138	0.0178	0.0263	0.0354	0.0340	0.0433	0.0306	0.0190	0.0273	0.0219	0.0148	0.0144
2021	0.0145	0.0218	0.0251	0.0373	0.0360	0.0409	0.0380	0.0336	0.0312	0.0226	0.0180	0.0136
2022	0.0158	0.0258	0.0275	0.0425	0.0488	0.0358	0.0368	0.0303	0.0304	0.0228	0.0177	0.0151
2023	0.0159	0.0222	0.0332	0.0379	0.0415	0.0482	0.0372	0.0346	0.0325	0.0261	0.0228	0.0177

연도별 오존주의보 발령횟수 및 발령일수

■ 발령횟수
■ 발령일수

국립기상과학원. (2021). 2020 지구대기감시 보고서.
에어코리아. (2023). 대기환경연보. 한국환경공단.
에어코리아. (2024). 최종확정자료. 한국환경공단.
Climate & Clean Air Coalition. (2019). Tropospheric ozone. https://www.ccacoalition.org/en/slcps/tropospheric-ozone
Emberson, L. D. et al. (2018). Ozone effects on crops and consideration in crop models. European Journal of Agronomy, 100, 19–34.

전 지구와 우리나라의 생물 종 수

● 우리나라는 국제 조약에 의해 국내의 생물다양성 보전에 관심을 가질 수 있었습니다. 첫째, 생물다양성협약(Convention on Biological Diversity, CBD)에 따른 「생물다양성 보전 및 이용에 관한 법률」(생물다양성법), 멸종위기에 처한 야생동식물종의 국제거래에 관한 협약(Convention on International Trade in Endangered Species of Wild Fauna and Flora, CITES)에 따른 「야생생물 보호 및 관리에 관한 법률」(야생생물법), 물새 서식처로서 국제적으로 중요한 습지에 관한 협약(Ramsar Convention on Wetlands of International Importance Especially as Waterfowl Habitat; 람사르협약)에 따른 「습지보전법」을 중심으로 생물다양성을 보전하는 정책을 펴왔습니다. 둘째, 유전자원의 접근 및 이익 공유에 관한 의정서(Nagoya Protocol on Access and Benefit-sharing; 나고야 의정서)에 따른 「유전자원의 접근·이용 및 이익 공유에 관한 법률」(유전자원법), 바이오안전성에 관한 생물다양성협약의 카르타헤나 의정서(Cartagena Protocol on Biosafety; 카르타헤나 의정서)에 따른 「유전자변형생물체의 국가간 이동 등에 관한 법률」(유전자변형생물체법)이 유전자 수준에서 생물다양성 보전을 돕습니다. 셋째, 국제 조약과 직접적인 관련성은 적지만 「자연환경보전법」, 「자연공원법」, 「산림자원의 조성 및 관리에 관한 법률」(산림자원법), 「수목원·정원의 조성 및 진흥에 관한 법률」(수목원정원법), 「백두대간 보호에 관한 법률」(백두대간법), 「해양생태계의 보전 및 관리에 관한 법률」(해양생태계법), 「독도 등 도서지역의 생태계 보전에 관한 특별법」(도서생태계법), 「수산자원관리법」, 「문화재보호법」(천연기념물 중 동물과 식물 보호)의 시행을 담당하는 부처들이 각각 해당 생물과 그 서식지를 보호하고 보전하기 위해 노력합니다.

● 그러나 법률이 많아도 시민의 관심이 없으면 정책은 효과를 보기 어렵습니다. 지금 전 세계 생물은 인간이 살기 전*보다 100~1,000배의 속도로 멸종하고 있는데, 관심을 덜 받는 생물일수록 보호도 덜 받습니다. 이름이 없는 식물의 77%, 관련 정보가 부족한 생물 종의 과반수가 멸종 위기라고 합니다. 우리나라는 학자들과 시민과학자들의 노력으로 웬만한 생물은 학명이 부여되어 있습니다. '길가의 이름 모를 잡초'도 스마트폰의 애플리케이션이나 인터넷 자료, 도감 등을 찾아보면 어렵지 않게 그 이름과 특징을 알 수 있습니다. 우선 우리나라에 60종밖에 안 남은 양서류·파충류부터 이름과 생김새에 더 관심을 가져보면 어떨까요?

---

* 현생인류(Homo sapiens)의 가장 오래된 화석은 약 30만 년 전의 것으로 추정됨(모로코 Jebel Irhoud에서 발굴).

Antonelli, A., Fry, C., Smith, R. J., Ede, J., Govaerts, … Zuntini, A. R. (2023). State of the World's Plants and Fungi 2023. Royal Botanic Gardens, Kew.
Borgelt, J., Dorber, M., Høiberg, M. A., & Verones, F. (2022). More than half of data deficient species predicted to be threatened by extinction. Communications Biology, 5(1), 679.
Díaz, S., & Malhi, Y. (2022). Biodiversity: Concepts, Patterns, Trends, and Perspectives. Annual Review of Environment and Resources, 47(1), 31–63.

전 지구와 우리나라의 생물 종 수 (1)

- 현재 전 지구에는 약 1,295만 종의 생물이 살고 있습니다. 우리에게 익숙한 생물은 주로 진핵생물 상계(Eukaryota superkingdom) 또는 진핵생물역(Eukaryota domain)에 속합니다. 동물계 중 척추동물과 식물계는 대부분 과학적으로 종이 분류되어(학명이 부여되어) 있습니다. 그러나 무척추동물(550만 종이 넘는 곤충 포함)은 20% 미만, 균계(곰팡이, 버섯 등)는 5~10% 미만의 종만 이름이 있습니다.
- IPBES*는 곤충의 10%, 곤충을 제외한 동물계·식물계 생물의 25%가 멸종 위기에 있다고 평가합니다. 즉, 아래 표 기준으로는 곤충 약 55만 종, 곤충을 제외한 동물계와 식물계의 생물 약 88만 종이 멸종 위기에 처했다고 볼 수 있습니다.

전 지구의 생물 종 수

상계 (上界, superkingdom)	진화 시기	계 (界, kingdom)		구조	추정 종 수	현재 과학적 기록 종 수
원핵생물 (Prokaryota)	30~40억 년 전부터	세균계 (Bacteria; 세균역[domain])		단세포	1,250,000 (0.8~1.7 million)	
	30~40억 년 전부터	고세균계 (Archaea; 고세균역[domain])		단세포	105,000 (70,000~140,000)	
원핵생물 합계					**1,355,000**	
진핵생물 (Eukaryota, 진핵생물역)	15억 년 전부터	원생동물계(Protozoa)		단세포	36,400	
	12억 년 전부터	유색조식물계(Chromista)		단세포	27,500	
	10억 년 전부터	균계(Fungi)		단세포/ 다세포	2,500,000	155,000
	7억 년 전부터	동물계(Animalia)	동물 소계		8,580,500	1,536,148
			척추동물	다세포	80,500	74,420
			무척추동물	다세포	8,500,000 (곤충: 최소 5,500,000)	1,461,728
	5억 년 전부터	식물계(Plantae) (선태식물[bryophytes] 및 조류[algae] 포함)		다세포	450,000	400,000
진핵생물 합계					**11,594,400**	**3,627,296**
전체 생물 합계					**12,949,400**	

*생물다양성 및 생태계서비스에 관한 정부 간 과학-정책 플랫폼(Intergovernmental Science-Policy Platform on Biodiversity and Ecosystem Services).

Antonelli, A., Fry, C., Smith, R. J., Ede, J., Govaerts, ... Zuntini, A. R. (2023). State of the World's Plants and Fungi 2023. Royal Botanic Gardens, Kew.
Díaz, S., & Malhi, Y. (2022). Biodiversity: Concepts, Patterns, Trends, and Perspectives. Annual Review of Environment and Resources, 47(1), 31–63.
Purvis, A. (2019). A million threatened species? Thirteen questions and answers. IPBES.
Stork, N. E. (2018). How Many Species of Insects and Other Terrestrial Arthropods Are There on Earth? Annual Review of Entomology, 63, 31–45.

전 지구와 우리나라의 생물 종 수 (2)

- 우리나라에 사는 생물 중에 과학적으로 기록된 것은 58,050종입니다. 무척추동물류가 약 3만 종(곤충류 2만 종 + 기타 무척추동물 1만 종)으로 절반이 넘습니다. 식물계 생물은 8,192종에 학명이 부여되었습니다. 한편, 파충류와 양서류는 우리나라에 서식하는 모든 생물을 합해도 60종밖에 되지 않습니다.
- 우리나라의 생물다양성을 다른 나라와 비교하면 어떨까요? 국가별 생물다양성을 비교할 때는 자료의 신뢰도 등을 고려하여 고등식물(주로 관속식물류)과 '어류를 제외한 척추동물'의 종다양성을 따집니다. 우리나라는 관속식물류가 4,609종, 어류를 제외한 척추동물이 735종입니다. 이에 비해 생물다양성 강국들(countries of megadiversity)은 고등식물이 15,000종이 넘고 어류를 제외한 척추동물도 1,500종이 넘습니다.

우리나라의 생물다양성(기록 종 수)

상계/역	계	구분		문	강	목	과	속	종
원핵생물	세균계 (세균역)	남조류		1	1	7	36	110	397
		세균류		14	33	90	223	1,023	4,285
	고세균계 (고세균역)	고세균류		2	5	7	9	20	24
진핵생물	동물계	척추 동물류	포유류	1	1	8	32	83	125
			조류	1	1	19	75	241	550
			파충류	1	1	2	11	24	32
			양서류	1	1	2	7	12	28
			어류 제외 소계	4	4	31	125	360	735
			어류	1	4	45	224	741	1,339
		미삭동물류		1	3	8	21	57	134
		무척추동물류(곤충류 제외)		22	61	251	1,565	4,629	10,459
		곤충류		1	4	34	599	7,228	20,274
	식물계	관속식물류		3	10	90	230	1,206	4,609
		선태류		3	10	22	106	328	1,073
		윤조류		1	4	6	11	45	997
		녹조류		1	4	16	71	214	846
		홍조류		1	4	25	56	222	667
	유색조 식물계	돌말류		1	4	45	86	251	2,263
		와편모조류		1	3	12	43	89	513
		대롱편모조류		1	6	23	47	123	406
		은편모조류		1	1	2	2	4	15
		착편모조류		1	1	4	5	8	13
		황적조류		1	1	1	1	1	4
	균계	균류		8	29	109	301	1,117	4,927
		지의류		1	4	26	89	270	1,189
	원생동물계	원생동물류		20	64	122	358	832	2,508
		유글레나조류		1	1	2	7	25	375
총계				91	261	978	4,215	18,903	58,050

생물다양성 강국

국가	고등식물 종 수 (대개 '관속식물류')	척추동물 종 수 (어류 제외)
브라질	50,000–56,000	3,131
콜롬비아	45,000–51,000	3,374
인도네시아	~37,000	2,827
중국	27,100–30,000	2,404
멕시코	18,000–30,000	2,501
남아프리카 공화국	23,420	1,415
에콰도르	17,600–21,100	2,606
페루	18,000–20,000	2,586
베네수엘라	15,000–21,070	2,145
파푸아뉴기니	15,000–21,000	1,509

국가생물다양성센터. (2023). 국가생물종목록(2023년 3월 6일 기준). 국가생물다양성 정보공유체계(CBD-CHM Korea).
Brazil. (1999). First national report for the Convention on Biological Diversity.

16 20개 아이치생물다양성 목표의 최종 평가 결과

● 유엔(UN) 생물다양성협약(CBD)에 따라 전 세계가 10년간 함께 달성하기로 합의한 아이치 생물다양성 목표(Aichi Biodiversity Targets, ABTs)의 이행기간(2011~2020)이 끝났습니다. CBD 사무국에서 ABTs의 최종 평가 결과를 발표했는데, 20개 목표 중 하나도 달성치 못했습니다.

● 유엔기후변화협약(UNFCCC)의 파리협정(Paris Agreement)에 따라 전 세계 190여 국가가 2030년까지 달성하기로 약속한 국가결정기여(Nationally Determined Contributions, NDCs)도, 아무리 그 목표들이 소극적이라 해도 10년 안에 달성하는 일이 만만치 않음을 간접적으로 보여 줍니다.

조광우 외. (2015). RCP 기후시나리오 기반 해안 영향평가 및 적응 전략 개발 연구. 서울: 기상청.

● 생물다양성전략계획(2011~2020) 기간 안에 달성한 목표는 없으며, 6개(ABTs 9, 11, 16, 17, 19, 20)만 부분적으로 달성

CBD. (2020). Global Biodiversity Outlook 5. Secretariat of the Convention on Biological Diversity (CBD).

17 IPCC와 IPBES의 일치된 견해(1~3)

- IPCC(Intergovernmental Panel on Climate Change; 기후변화에 관한 정부 간 협의체)와 IPBES (Intergovernmental Science-Policy Platform on Biodiversity and Ecosystem Services; 생물다양성 및 생태계서비스에 관한 정부 간 과학-정책 플랫폼[한국 정부 번역은 '생물다양성과학기구'])가 처음으로 공동보고서를 냈습니다.

- 이 보고서에서, 두 기구는 기후변화와 생물다양성의 관계를 다음과 같이 요약했습니다. 첫째, 육지/해양 관리를 통한 기후변화 완화/적응 정책이 생물다양성에 미치는 영향입니다. 둘째, 생물다양성 보전 정책이 기후변화 완화에 미치는 영향입니다. 셋째, 두 기구의 공동관점(혹은 일치된 견해; synopsis)이 41가지로 제시됐습니다.

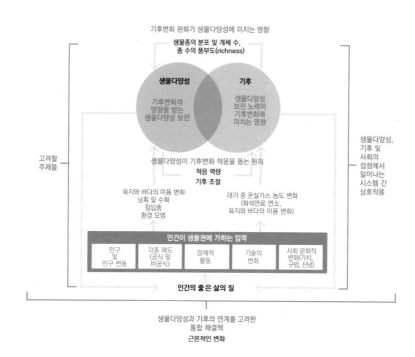

IPCC와 IPBES의 일치된 견해 (1a)

이 보고서에서, 두 기구는 기후변화와 생물다양성의 관계를 다음과 같이 요약했습니다. 첫째, **육지/해양 관리를 통한 기후변화 완화/적응 정책이 생물다양성에 미치는 영향**입니다.

 기후변화 완화 잠재력
 기후변화 적응 잠재력
 기후변화 적응 기여 가능
 생물다양성에 부정적 영향
 생물다양성에 긍정적 영향

기후변화 완화 조치	예상되는 영향 요약	기후변화 완화 잠재량	기후변화 적응 잠재 영향(기후변화에 더 회복탄력적이 될 수 있는 인구)	생물다양성에 끼치는 영향 정도*
육지 경관				
식량 생산성 향상		>13 GtCO$_2$-eq/yr	1억6천3백만 명 이상	크거나 작음
바이오에너지 및 BECCS(탄소 포집·저장 설비 바이오에너지)		0.4-11.3 GtCO$_2$-eq/yr	경작 가능 토지 및 수자원에 대한 경쟁으로, 대규모의 부정적 영향이 예상됨	부정적, 또는 약하게 긍정적
재조림 및 산림 복원		1.5-10.1 GtCO$_2$-eq/yr	> 2천5백만 명	큼
신규 조림		재조림 참고	불확실	부정적, 또는 약하게 긍정적
토양유기탄소 증가		0.4-8.6 GtCO$_2$-eq/yr	최대 32억 명	중간
자연화재(산불 등) 관리		0.48-8.1 GtCO$_2$-eq/yr	자연화재 피해 인구 580만 명 이상; 연기로 인한 사망자 매년 최대 50만 명	작음
토양에 바이오차 첨가		0.03-6.6 GtCO$_2$-eq/yr	최대 32억 명; 단, 바이오차의 원료 생산에 경작지가 쓰이면 부정적 영향 발생 가능	작음
산림 전용과 산림 황폐화 억제		0.4-5.8 GtCO$_2$-eq/yr	1백만~2천5백만 명	큼
산림농업(agroforestry)		0.1-5.7 GtCO$_2$-eq/yr	23억 명	큼
이산화탄소의 탄산염 광물화 (enhanced weathering of minerals)		0.5-4 GtCO$_2$-eq/yr	전 지구 수준의 추정값 없음	데이터 부족
연안습지의 복원 및 전용억제		0.3-3.1 GtCO$_2$-eq/yr	최대 9천3백만~3억1천만 명	큼
가축 관리 개선		0.2-2.4 GtCO$_2$-eq/yr	1백만~2천5백만 명	중간
경작지 관리 개선		1.4-2.3 GtCO$_2$-eq/yr	2천5백만 명 이상	중간
개선된 지속가능한 산림 관리		0.4-2.1 GtCO$_2$-eq/yr	2천5백만 명 이상	큼
이탄토의 회복 및 전용억제		0.6-2 GtCO$_2$-eq/yr	전 지구 수준의 추정값 없음	큼
개선된 방목지 관리		1.4-1.8 GtCO$_2$-eq/yr	1백만~2천5백만 명	중간
통합 물관리		0.1-0.72 GtCO$_2$-eq/yr	2억5천만 명	중간

* (별도의 설명이 없으면) 긍정적 영향

Pörtner, H. O. et al. (2021). IPBES-IPCC co-sponsored workshop report on biodiversity and climate change. IPBES and IPCC.

IPCC와 IPBES의 일치된 견해 (1b)

이 보고서에서, 두 기구는 기후변화와 생물다양성의 관계를 다음과 같이 요약했습니다. 첫째, **육지/해양 관리를 통한 기후변화 완화/적응 정책이 생물다양성에 미치는 영향**입니다.

기후변화 완화 잠재력
기후변화 적응 잠재력
기후변화 적응 기여 가능
생물다양성에 부정적 영향
생물다양성에 긍정적 영향

기후변화 완화 조치	예상되는 영향 요약	기후변화 완화 잠재량	기후변화 적응 잠재 영향(기후변화에 더 회복탄력적이 될 수 있는 인구)	생물다양성에 끼치는 영향 정도*
육지 경관(계속)				
초지의 경작지 전용 억제		0.03-0.7 $GtCO_2$-eq/yr	전 지구 수준의 추정값 없음	큼
토양 침식 억제		1.36-3.67 CO_2eq/yr의 배출원 또는 0.44-3.67 $GtCO_2$-eq/yr의 흡수원	최대 32억 명	작음
생물다양성 보전		0.9 $GtCO_2$-eq/year	수백만 명	큼
농업 다변화		> 0	2천5백만 명 이상	큼
외래침입종 및 수풀침입 (encroachment) 관리		전 지구 수준의 추정값 없음	전 지구 수준의 추정값 없음	큼
육상풍력		(화석연료) 대체수준에 따라 다름	전 지구 수준의 추정값 없음	작음
육상 태양광		(화석연료) 대체수준에 따라 다름	전 지구 수준의 추정값 없음	작음
[토지에 대한] 수요 변화				
섭취음식 개선		0.7 to 8 $GtCO_2$-eq/yr (육지)	전 지구 수준의 추정값 없음	큼
수확 이후의 손실량 저감		4.5 $GtCO_2$-eq/yr	3억2천만~4억 명	중간/큼
(소비자 또는 소매상의) 음식물쓰레기 저감		0.8 to 4.5 $GtCO_2$-eq/yr	전 지구 수준의 추정값 없음	중간/큼
공급사슬 관리		전 지구 수준의 추정값 없음	1억 명 이상	중간
도시 식량 시스템 개선		전 지구 수준의 추정값 없음	전 지구 수준의 추정값 없음	중간
해양 경관				
해양 재생에너지		0.76-5.4 $GtCO_2$-eq/yr	전 지구 수준의 추정값 없음	작음
해저 탄소 저장		0.5-2.0 $GtCO_2$-eq/yr	전 지구 수준의 추정값 없음	작음
수산업, 양식업, 섭취음식 변화		0.48-1.24 $GtCO_2$-eq/yr	전 지구 수준의 추정값 없음	중간/큼
연안 및 해양 생태계		0.5-1.38 $GtCO_2$-eq/yr	전 지구 수준의 추정값 없음	중간/큼

* (별도의 설명이 없으면) 긍정적 영향

Pörtner, H. O. et al. (2021). IPBES-IPCC co-sponsored workshop report on biodiversity and climate change. IPBES and IPCC.

IPCC와 IPBES의 일치된 견해 (2a)

둘째, **생물다양성 보전 정책이 기후변화 완화에 미치는 영향**입니다.

포스트-2020 생물다양성 프레임워크의 2030년 행동 목표	생물다양성 관련 조치	기후변화 완화에 미치는 영향
A. 생물다양성에 대한 위협 줄이기		
T1. 토지/해양 이용 변화에 대한 공간계획; 손상되지 않은 야생지역 유지, 황폐화된 자연지역 복원	내륙습지 복원	확인되지 않음, 증거 부족, 전체 시스템에 영향 받음, 상쇄효과 존재
	연안 복원	유의하게 긍정적이고 강력한 과학적 증거
	재조림 및 토양황폐화 방지	유의하게 긍정적이고 강력한 과학적 증거
	황폐화한 반건조 생태계 복원	잠재적으로 긍정적이지만, 불완전한 증거/정량화
	산림 전용 방지	유의하게 긍정적이고 강력한 과학적 증거
	생물다양성 상쇄 제도	확인되지 않음, 증거 부족, 전체 시스템에 영향 받음, 상쇄효과 존재
T2. 잘 연결되고 효과적인 '보호지역 시스템', 최소한 전 지구의 30%	보호지역과 그 연결성	유의하게 긍정적이고 강력한 과학적 증거
T3. 야생동물 및 야생식물의 종 보전 및 복원	대형 육상 포유동물을 써서 재야생화 (rewilding)	확인되지 않음, 증거 부족, 전체 시스템에 영향 받음, 상쇄효과 존재
	해양의 대형동물상 재구성(rebuilding)	잠재적으로 긍정적이지만, 불완전한 증거/정량화
T4. 합법적이고 지속가능한 수준의 야생 동식물 채집·거래·이용	지속가능한 수산업	잠재적으로 긍정적이지만, 불완전한 증거/정량화
T5. 침입 외래종 신규 도입 속도 감소, 침입 외래종의 통제·박멸		연관관계가 약하거나 없음
T6. 과도한 영양염류, 살생물제, 플라스틱 폐기물 등 모든 원인으로 인한 오염 저감	모든 원인으로 인한 오염 저감	잠재적으로 긍정적이지만, 불완전한 증거/정량화
T7. (자연기반해법을 통해) 기후변화 완화/적응, 재난 위험 감소에 이바지		연관관계가 약하거나 없음

Pörtner, H. O. et al. (2021). IPBES-IPCC co-sponsored workshop report on biodiversity and climate change. IPBES and IPCC.

IPCC와 IPBES의 일치된 견해 (2b)

포스트-2020 생물다양성 프레임워크의 2030년 행동 목표	생물다양성 관련 조치	기후변화 완화에 미치는 영향
B. 지속가능한 이용과 이익 공유로 사람의 필요를 채우기		
T8. 야생 생물을 지속가능하게 관리하여 편익(식량안보, 생계수단 향상, 건강, 복지 포함) 확보	T4와 T14 참고	잠재적으로 긍정적이지만, 불완전한 증거/정량화
	재생농업(regenerative agriculture)	잠재적으로 긍정적이지만, 불완전한 증거/정량화
T9. 농업 생태계 및 기타 관리 생태계를 보전하고 지속가능하게 이용하여 해당 생태계의 생산성, 지속가능성 및 회복탄력성 유지	집약적인(또는 덜 집약적인) 농업	확인되지 않음, 증거 부족, 전체 시스템에 영향 받음, 상쇄효과 존재
	나무(관목 등)의 수풀 침입(woody plant encroachment) 억제	부정적으로 강력한 과학적 증거
	변형된 생태계의 생물다양성 촉진	유의하게 긍정적이고 강력한 과학적 증거
	영구동토의 황폐화 방지	잠재적으로 긍정적이지만, 불완전한 증거/정량화
T10. 대기질, 위험, 극단 기상사례, 수질수량 관리에 이바지		확인되지 않음, 증거 부족, 전체 시스템에 영향 받음, 상쇄효과 존재
T11. 보건 및 복지에 대한 생물다양성과 녹지 및 푸른공간(강, 호수, 연못, 운하와 모든 내륙 수역)의 편익 증가	생물다양성 친화적인 도시 공간	잠재적으로 긍정적이지만, 불완전한 증거/정량화
T12. 유전자원 및 관련 전통지식 활용의 혜택을 공정하고 공평하게 공유		연관관계가 약하거나 없음
C. 이행 및 주류화를 위한 수단과 해법		
T13. 생물다양성 가치를 모든 부문에서 주류화하고 모든 단계의 정책, 규제, 계획, 개발, 빈곤 감소 및 계정에 통합	생물다양성의 주류화	잠재적으로 긍정적이지만, 불완전한 증거/정량화
T14. 지속가능한 생산 방식과 공급사슬을 통해 생물다양성에 미치는 부정적 영향 감소	식량의 지속가능한 생산·공급사슬	잠재적으로 긍정적이지만, 불완전한 증거/정량화
T15. 개인과 국가의 문화·사회·경제 환경을 고려하여, 지속가능하지 않은 소비 행태 추방	지속가능한 소비 행태	잠재적으로 긍정적이지만, 불완전한 증거/정량화
T16. 생명공학이 생물다양성과 보건에 미치는 잠재적 악영향을 방지·관리·통제		연관관계가 약하거나 없음
T17. 생물다양성에 해로운 인센티브 정책의 용도전환·목적변경·개혁·폐기 조치	생물다양성에 해로운 인센티브 폐기	잠재적으로 긍정적이지만, 불완전한 증거/정량화
T18. 재무적 자원을 확충하여 역량강화, 기술이전, 과학협력 시행		간접적으로 긍정적인 영향
T19. 인식 제고, 교육, 연구를 통한 생물다양성의 실효적인 관리를 위한 양질의 정보(전통 지식 포함) 제공		연관관계가 약하거나 없음
T20. 생물다양성 관련 의사결정에 공평하게 참여하고, 토착민, 지역공동체, 여성, 청소년에게는 관련된 자원에 대해 권리 부여		연관관계가 약하거나 없음

Pörtner, H. O. et al. (2021). IPBES-IPCC co-sponsored workshop report on biodiversity and climate change. IPBES and IPCC.

IPCC와 IPBES의 일치된 견해 (3a)

마지막으로, 두 기구의 공동관점(혹은 일치된 견해; synopsis)이
41가지로 제시됐습니다.

1. 지난 150년 동안 에너지 소비 증가, 천연자원 과잉 착취, 육지·담수·바다 경관의 전례가 없는 변화는 기술 발전과 동시에 많은 사람에게 더 나은 생활 수준을 지원했지만 **'기후변화'**와 **'급속한 전 세계적 생물다양성 감소'**를 불렀다. 이 두 변화는 '양질의 삶'의 여러 측면에 부정적인 영향을 미친다.

2. 기후변화와 생물다양성 손실의 상호 강화는, 한 문제를 만족스럽게 해결하려면 맞은편 문제를 고려해야 함을 의미한다.

3. 지금까지의 정책은 기후변화와 생물다양성 손실 문제를 독립적으로 다루었다. 생물다양성 손실과 기후변화를 완화를 동시에 해결하면서 사회적 영향도 고려하는 정책은 공편익을 극대화하고 모두를 위한 개발 열망을 충족할 기회를 제공한다.

4. 기후변화가 진행됨에 따라 유기체와 생태계의 **분포, 기능 및 상호작용**이 점점 더 변경된다.

5. 대부분의 생태계와 사회생태계의 적응 능력은 인위적인 기후변화로 인해 **초과(오버슛)**될 것이며, 야심 찬 온실가스 배출량 감축에도 잔존할 기후변화에 대처하기 위해서는 상당한 적응 능력이 요구될 것이다.

6. 기후변화의 영향을 점점 더 많이 받는 세계에서 생물다양성을 유지하는 것은 '강화되고 제대로 목표를 잡은 보전'에 달려 있다. 이러한 노력은 **강력한 적응 및 혁신**으로 조정되고 지원된다.

7. 보호 지역과 같은 **생물다양성 보전 방식**은 지금까지 성공을 위해 필수적이었지만, 종합적으로는 전 지구적인 생물다양성 손실을 막기에는 **불충분**했다.

8. 새로운 **보전 패러다임**은 거주가능한 기후, 자급자족하는 생물다양성, 모두를 위한 양질의 삶이라는 목표를 동시에 다룰 것이다.

9. 거주가능한 기후, 자급자족하는 생물다양성, 양질의 삶이라는 세 가지 목표를 충족하는 데 필요한 **'육지와 해양에서 손상되지 않고 효과적으로 보호되는 지역'**은 아직 잘 확립되지 않았다.

10. 기후변화 완화 및 적응과 같은 사회적 문제를 해결하는 자연·변경 생태계를 보호하고 지속가능하게 관리하며 복원하는 조치를 종종 **자연기반해법(NbS)**이라고 한다. 자연기반해법은 기후변화 완화에 중요한 역할을 할 수 있지만 그 정도는 논쟁의 여지가 있으며, **모든 인위적 온실가스 배출량을 야심차게 줄일 때만 효과적**이다. 자연기반해법은 장기 계획으로 시행할 때 가장 효과적일 수 있어서, 신속한 탄소 저장에 국한되지 않는다.

11. 자연기반해법을 구현하면, **기후변화 적응, 자연, '자연의 인간에 대한 기여'**를 위한 공편익도 창출된다.

Pörtner, H. O. et al. (2021). IPBES-IPCC co-sponsored workshop report on biodiversity and climate change. IPBES and IPCC.

IPCC와 IPBES의 일치된 견해 (3b)

12. 육지와 해양에서 **탄소와 종이 풍부한 생태계의 손실과 파괴를 방지하고 되돌리는 것은** 생물다양성 보호와 기후변화 완화 조치를 결합하여 대규모 적응 공편익을 얻는 데 가장 중요하다.

13. 육지와 해양에서 탄소와 종이 풍부한 생태계를 복원하는 것은 기후변화 완화와 생물다양성 모두에 매우 효과적이며, 적응 공편익도 크다.

14. 지속가능한 **농업 및 임업 관행**은 적응 능력을 개선하고, 생물다양성을 향상하고, 농지와 산림 토양 및 초목의 탄소 저장량을 늘리고 온실가스 배출량을 줄일 수 있다.

15. 도시의 **녹색 인프라 구축**은 기후변화 적응과 생물다양성 복원에 점점 더 많이 사용되면서 기후변화 완화 공편익도 가져다준다.

16. 육상 및 해양 시스템 모두에서 기후변화 완화 및 적응을 위한 **자연기반 및 기술기반 조치를 결합**하는 동시에 생물다양성에 이바지하는 선택지가 존재한다.

17. 바이오매스로 **생태계 탄소 흡수원**을 강화하고 바이오매스 에너지를 위해 넓은 지역에 산림을 조성하거나 작물을 심는 것과 같은, 기후변화 완화를 위해 바이오매스를 활용한 조치는 **기후 시스템에 다른 심각한 결과**를 일으킬 수 있다.

18. 바이오에너지 식물(나무, 여러해살이 풀 또는 한해살이 작물 포함)을 전체 토지의 매우 큰 부분에 **단일 재배(monoculture)**로 심는 것은 생태계에 해를 끼치고, 다른 많은 **자연의 인간에 대한 기여(NCPs)**를 감소시키며 수많은 **지속가능발전목표(SDGs)** 달성을 방해한다.

19. 역사적으로 산림이 아니었던 생태계에 나무를 심는 **신규조림**과, 특히 외래종을 이용한 단일 재배를 통한 **재식림**을 포함하는 조림은 기후변화 완화에 기여할 수 있지만, 종종 **생물다양성에 해롭고 적응에 대해 명확한 이점이 없다.**

20. 기후변화 완화에 효과적인 **기술기반 조치**는 생물다양성에 심각한 위협이 될 수 있다.

21. 기후 적응에만 좁게 초점을 맞춘 기술 및 기술 조치는 자연과 **'자연의 인간에 대한 기여(NCPs)'**에 부정적인 영향을 많이 미칠 수 있지만 **자연기반해법(NbS)**을 보완할 수도 있다.

22. 지속가능성의 다른 측면을 고려하지 않고 기후변화의 한 측면에 대한 적응을 쉽게 하는 조치는 실제로 **오적응(誤適應, maladaptation)**이 될 수 있으며 예상치 못한 해로운 결과를 초래할 수 있다.

Pörtner, H. O. et al. (2021). IPBES-IPCC co-sponsored workshop report on biodiversity and climate change. IPBES and IPCC.

# IPCC와 IPBES의 일치된 견해 (3c)

23. **자연기반해법**이 탄소 상쇄로 사용되는 경우, **엄격한 조건 및 제외 조건을 적용할 때 가장 효과적**이며, 다른 부문에서 완화 조치를 지연시키는 데 사용되면 안 된다.

24. **(육지와 해양의) 보호 지역**은 기후변화 완화 및 적응의 공편익과 함께 생물다양성 손실을 해결하는 중요한 도구다.

25. 산불 빈도를 변경하거나 주요 종을 재도입하는 것과 같은 **적극적인 보전 관리**는 생물다양성과 기후변화 완화 및 적응 모두에 이로울 수 있지만, **일부 상황에서는 부정적인 영향**을 일으킬 수 있다.

26. 생물다양성 보전, 생태계서비스 향상 및 기후변화 완화 간의 시너지 효과와 절충점을 달성하는 것은 생물군계, 생태계 사용, 부문별 상호작용 중 **어느 측면을 고려하느냐**에 크게 좌우된다.

27. **지역적으로 동기가 부여된 생물다양성 보전** 활동은 기후 편익과 같은 전 지구적 목적 및 목표에 따라 장려하고, 안내하고, 우선순위를 배정할 수 있다. 많은 소규모 지역의 생물다양성을 위한 조치의 이점은 전 세계적으로 누적되므로, **모든 지역의 이니셔티브**가 중요하다.

28. **1인당 소비의 변화**, **섭취음식의 변화**, **수확 후 폐기물 발생 감소**를 포함하여 천연자원의 지속가능한 개발을 향한 진전은 생물다양성 위기, 기후변화 완화 및 적응에 상당히 이바지할 수 있다.

29. 생물다양성에서 **'상쇄(offsets)의 개념'**과 '가능한 조치 사이의 **대체 가능성'**은, 엄격한 조건과 배제에 따라 적용되는 경우 지역적 규모에서 우선순위를 다투는 여러 가지 목표를 달성하는 데 필요한 **유연성**을 도입할 수 있다.

30. 정책 결정에서 생물다양성, 기후 및 사회 간의 상호작용에 대한 명시적인 고려는 사람과 자연에 대한 **공편익을 극대화**하고 **상충 관계와 서로에게 해로운 효과를 최소화**할 기회를 제공한다.

31. 생물다양성 손실과 기후변화의 영향으로 **중요한(반전하기 어렵거나 되돌릴 수 없는) 급변점(tipping points)**을 넘어섬으로써 사람과 자연에 심각한 결과를 초래할 수 있지만, 긍정적인 **사회급변행동(social tipping interventions)**은 바람직한 생물다양성-기후 상호작용을 달성하는 데 도움이 될 수 있다.

32. 생물다양성-기후-사회 상호작용을 고려할 때, 정책 결정과 결과 사이의 연관성이 시간이 지남에 따라 어떻게 전개되는지, 그리고 그것이 특정 공간적 맥락을 넘어서 어떻게 작용하는지 조사하는 것이 중요하다.

Pörtner, H. O. et al. (2021). IPBES-IPCC co-sponsored workshop report on biodiversity and climate change. IPBES and IPCC.

IPCC와 IPBES의 일치된 견해 (3d)

33. 기후변화 완화, 적응 및 생물다양성 보전 효과를 의도한 대로 달성하기 위해 **실행가능한 해법의 범위('해법 공간')**를 평가하고 동시에 사람들의 삶의 질에 긍정적으로 이바지하려면, 사회·생태적 맥락의 차이를 인식해야 한다.

34. 생물다양성-기후-사회 연계(nexus) 내에서 **강력하고 불가피한 상충효과(trade-offs)**가 존재하는 경우, 사회와 자연이 상호작용하는 방식을 수정하기 위한 **사회급변행동**을 장려하는 것은 실행 가능한 공동 해결책이 될 수 있다.

35. 지속가능발전과 빈곤층 및 취약 계층의 기본적 요구를 충족시키는 측면에서 공편익을 주는 **생물다양성-기후 연계를 위한 통합 해법**이 존재하지만, 이러한 연계 접근 방식을 관리하고 자금을 조달하는 것은 만만찮은 일이다.

36. 기후, 생물다양성 및 양질의 삶의 성공적인 통합 거버넌스의 핵심 결과는, **상충효과를 피하면서 최고의 공편익을 제공**하는 (인간의) 청지기로서의 직분에 대한 해법을 찾는 데 도움이 된다.

37. **목표 기반 거버넌스**는 이제 기후, 생물다양성 및 지속가능발전의 표준이 되었지만, 실행에 어려움을 일으킬 수 있다.

38. 이해당사자가 다양하고 다양한 공간적 범위를 아우르는**(multi-actor and multi-scale)** 거버넌스는 **다양한 규모의 다기능 경관(육지·담수·바다) 관리**에 대한 적절한 접근 방식이다.

39. 사회·생태적 시스템이 미래의 궤도를 바꾸는 **지렛점(leverage points)**을 사용하여 **변혁적 변화**가 발생할 수 있다.

40. 다분야 **시나리오 계획 및 모델링**을 위한 더 나은 도구는 중장기적으로 SDGs, 파리협정 및 포스트-2020 글로벌 생물다양성 프레임워크의 목표를 동시에 달성하기 위한 경로를 찾는 데 도움이 될 수 있다.

41. 유엔기후변화협약(UNFCCC) 및 생물다양성협약(CBD)의 목표와 지속가능한 개발 목표를 달성하는 데 필요한 변화의 규모와 범위를 달성하려면 **이전에 시도한 적이 없는 빠르고 광범위한 조치가** 필요하다.

Pörtner, H. O. et al. (2021). IPBES-IPCC co-sponsored workshop report on biodiversity and climate change. IPBES and IPCC.

18 기후변화로 악화하는 생물 멸종위기와 자연생태계 보호구역 현황

● 사회생물학자 에드워드 O. 윌슨(2016)은 재앙적인 대량 멸종을 피하려면 "지구 육지의 절반(Half Earth)"을 보호해야 한다고 주장합니다. 생태학을 학문으로 정립한 공로를 인정받는 오덤 형제(Odum & Odum, 1972), 보전생물학자들(Locke, 2013; Dinerstein et al., 2017; Jung et al., 2021)도 "지구 표면의 최소한 절반을 자연 서식지로 확보해야 한다(Nature Needs Half)"는 과학적 합의를 이루어 왔습니다.

● 기후변화 대응을 위한 전 세계의 합의는 2015년 유엔기후변화협약(UNFCCC)의 파리협정입니다. 2022년 12월 생물다양성협약(CBD) 제15차 당사국총회의 최종 결과물인 '쿤밍-몬트리올 글로벌 생물다양성 프레임워크(Kunming-Montreal Global Biodiversity Framework)'는 생물다양성과 생태계서비스 보전의 파리협정이라고 할 수 있습니다. 당사국들이 합의사항을 적극적으로 실천할 수 있도록 응원해야 하겠습니다.

CBD COP15. (2022). Kunming-Montreal Global Biodiversity Framework. (CBD/COP/DEC/15/4). Convention on Biological Diversity (CBD).
Dinerstein, E., et al. (2017). An Ecoregion-Based Approach to Protecting Half the Terrestrial Realm. BioScience, 67(6), 534–545.
Jung, M. et al. (2021). Areas of global importance for conserving terrestrial biodiversity, carbon and water. Nature Ecology & Evolution, 5(11), 1499–1509.
Locke, H. (2013). Nature Needs Half: A Necessary and Hopeful New Agenda for Protected Areas. Parks, 19(2), 9–18.
Odum, E. D., & Odum, H. T. (1972). Natural Areas as Necessary Components of Man's Total Environment. In Transactions of the North American Wildlife and Natural Resources Conference (pp. 178–189). Wildlife Management Institute.
Wilson, E. O. (2016). Half-Earth: Our Planet's Fight for Life. Liveright.

기후변화로 악화하는 생물 멸종위기와 자연생태계 보호구역 현황 (1)

● 생물다양성 및 생태계서비스에 관한 정부 간 과학-정책 플랫폼(Intergovernmental Science-Policy Platform on Biodiversity and Ecosystem Services, IPBES; [우리나라 정부의 번역은 '생물다양성과학기구'])은, 앞으로 2050년까지 종 풍부도(species richness) 등으로 대표되는 **생물다양성이 토지이용 같은 각종 개발사업보다 기후변화 때문에 훨씬 더 감소**한다고 예측합니다.

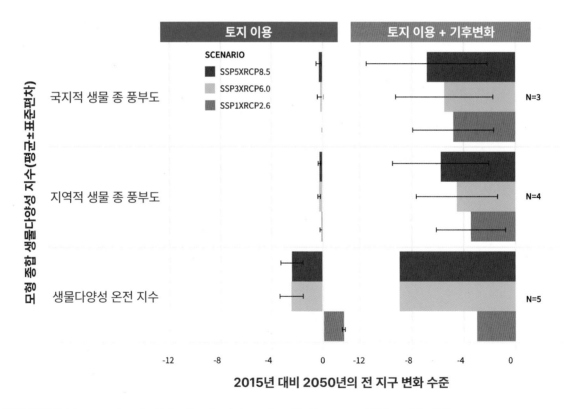

IPBES. (2019). Global assessment report on biodiversity and ecosystem services of the Intergovernmental Science–Policy Platform on Biodiversity and Ecosystem Services. IPBES Secretariat.

기후변화로 악화하는 생물 멸종위기와 자연생태계 보호구역 현황 (2)

- 그래서 유엔 생물다양성협약(CBD)은 2022년 12월 8일 캐나다 몬트리올에서 열린 제15차 당사국총회 (COP15)에서 합의한 '쿤밍-몬트리올 글로벌 생물다양성 프레임워크'(Kunming-Montreal Global Biodiversity Framework)에 **2030년까지 육지와 바다의 각 30% 면적을 보호구역으로 지정**하는 실천 목표(Target 3)가 포함되었습니다.
- 아래 그림은 OECD 회원국의 육지 자연보호구역 현황입니다. 30%에 미치지 못하는 나라가 대부분이며, 특히 우리나라는 육지 보호구역 비율이 하위권에 있습니다.

지정 유형별 **육지** 보호구역 비율(2021년 현재)

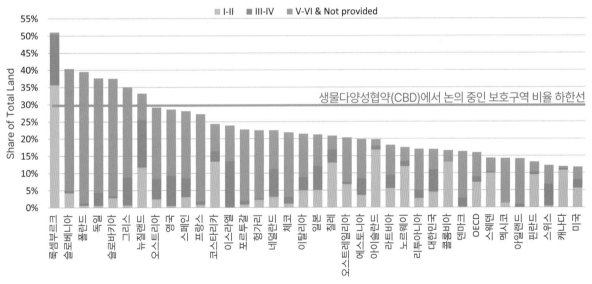

* 보호구역 분류: I-II: 엄격한 자연 보호구역, 야생지역 및 국립공원; III-IV: 천연기념물 및 서식지·종 관리구역; V-VI & 미제공:

* 육지경관 및 바다경관 보호구역, 천연자원의 지속가능한 이용이 가능한 보호구역, 관리범주가 제공되지 않은 보호구역

CBD. (2021). First Draft of The Post-2020 Global Biodiversity Framework. Convention on Biological Diversity (CBD).

OECD. (2021). Biological resources and biodiversity. In Environment at a Glance Indicators. OECD Publishing.

기후변화로 악화하는 생물 멸종위기와 자연생태계 보호구역 현황 (3)

● 아래 그림은 OECD 회원국의 바다 자연보호구역 현황입니다. 30%에 미치지 못하는 나라가 대부분이며, 특히 우리나라는 바다 보호구역 비율이 최하위권에 있습니다.

지정 유형별 **바다** 보호구역 비율(2021년 현재)

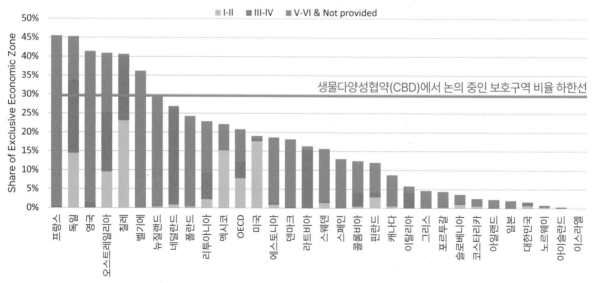

* 보호구역 분류: I-II: 엄격한 자연 보호구역, 야생지역 및 국립공원; III-IV: 천연기념물 및 서식지·종 관리구역; V-VI & 미제공:

* 육지경관 및 바다경관 보호구역, 천연자원의 지속가능한 이용이 가능한 보호구역, 관리범주가 제공되지 않은 보호구역

CBD. (2021). First Draft of The Post-2020 Global Biodiversity Framework. Convention on Biological Diversity (CBD).

OECD. (2021). Biological resources and biodiversity. In Environment at a Glance Indicators. OECD Publishing.

II
온실가스 배출 현황
국제

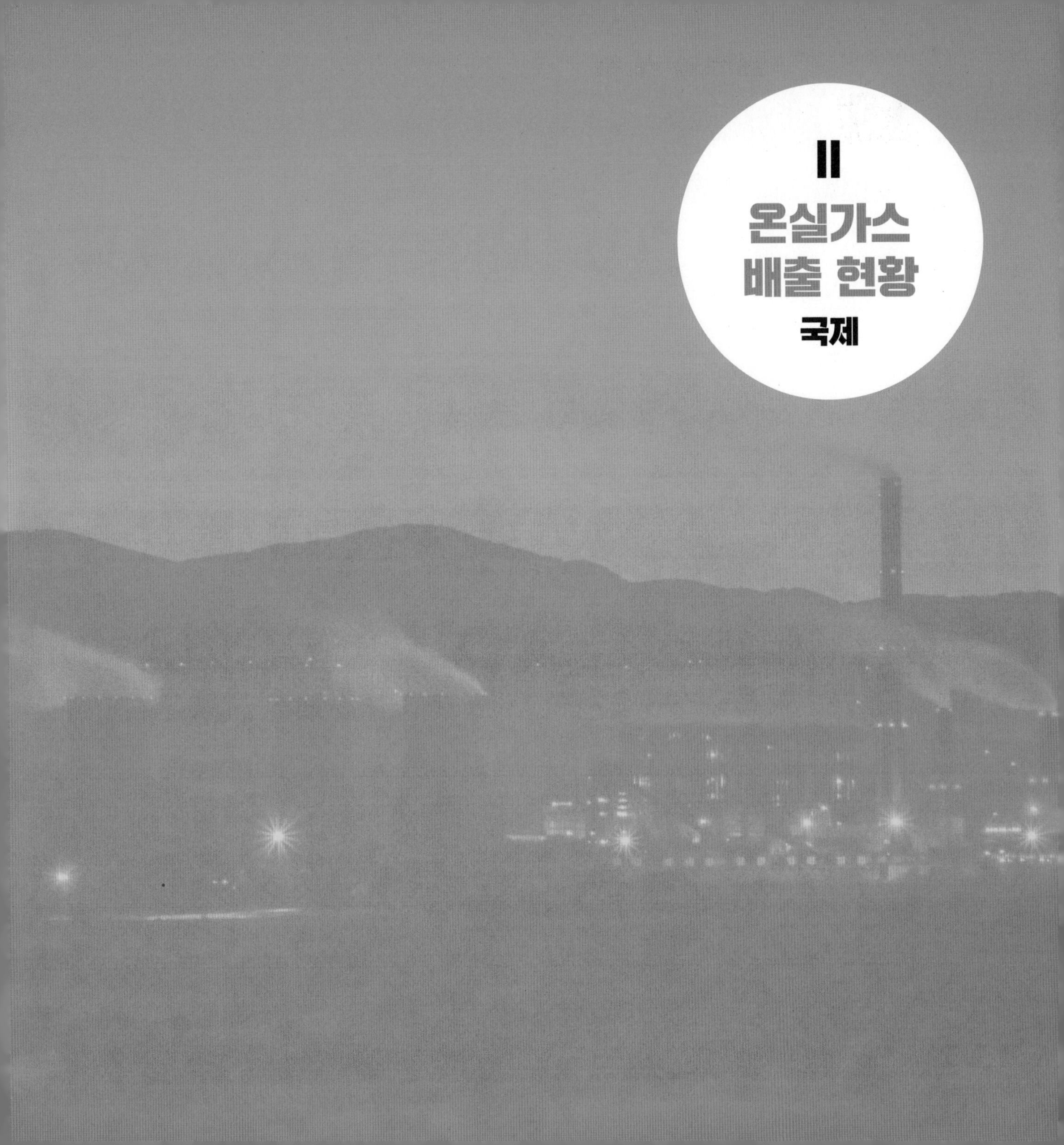

19

전 지구 탄소 프로젝트 데이터로 보는 2022년 35대 이산화탄소 배출국

- 2020년 벽두부터 전 세계를 멈추게 했던 코로나바이러스감염증-19(COVID-19), 그 정도의 충격([2019년 대비] 2020년 CO_2 배출량 4.9% 감소)이 매년 발생해야 2050년까지 순배출량 영점화(net zero emissions of CO_2 or GHGs)를 달성할까 말까 할 정도로 지구온난화 억제가 어렵습니다. 그리고 2022년에는 벌써 전 세계 이산화탄소 배출량이 2020년보다 6.1% 증가하여, 2019년보다도 0.3% 많아졌습니다.

- 유엔환경계획의 배출량격차 보고서 2022년판(Emissions Gap Report 2022: The Closing Window)의 부제목에서 지적하듯이, 사람과 자연이 어울려 지속해서 살아갈 수 있는 미래로 가는 창문이 닫히고 있습니다. 그러나 아직 그 창문이 완전히 닫히지는 않았습니다. 2030년까지 2021년 수준의 전 세계 온실가스 배출량을 45% 감축하면, 전 지구 평균온도가 산업화 이전보다 1.5° 이상 상승하는 것을 막을 수 있습니다. 물론 정말 어려운 일입니다. 그러나 포기하지 않고, 희망의 끈을 놓지 않고, 우리의 미래와 자연의 생존을 위해 힘써야 하겠습니다. 희망과 행동 외에는 대안이 없기 때문입니다.

UNEP. (2022). Emissions Gap Report 2022: The Closing Window — Climate crisis calls for rapid transformation of societies. United Nations Environment Programme (UNEP).

전 지구 탄소 프로젝트 데이터로 보는 2022년 35개 CO_2 배출국 (1)

● 유엔기후변화협약 제28차 당사국총회(COP28)에 맞추어 '전 지구 탄소 수지 2023'이 출판되었고, 전 지구 탄소 프로젝트 (GCP)에서 그 기초가 되는 탄소배출량 자료를 공개했습니다. 우리나라는 2022년 기준으로 국가 이산화탄소 배출량이 11위입니다. 코로나바이러스감염증-19의 영향은, 국제 항공 부문을 제외하면, 2022년에 이미 많이 희미해졌습니다.

국가 CO_2 배출량(백만톤 CO_2/yr)

순위	국가	1990	1995	2000	2005	2010	2015	2019	2020	2021	2022	2022년 기준 (국가)/(세계)	('22-'19) ('19)
	전 세계 합계	22,753	23,524	25,501	29,592	33,306	35,463	37,040	35,008	36,816	37,151		0.30%
1	중국	2,485	3,362	3,649	5,882	8,621	9,867	10,721	10,914	11,336	11,397	30.68%	6.30%
2	미국	5,121	5,425	6,010	6,132	5,680	5,376	5,262	4,715	5,032	5,060	13.62%	-3.85%
3	인도	578	760	978	1,186	1,677	2,234	2,613	2,422	2,674	2,830	7.62%	8.30%
4	러시아	2,536	1,620	1,479	1,563	1,633	1,639	1,705	1,633	1,712	1,652	4.45%	-3.10%
5	일본	1,157	1,239	1,264	1,290	1,215	1,223	1,105	1,040	1,062	1,054	2.84%	-4.59%
6	인도네시아	155	222	281	348	446	539	651	606	616	729	1.96%	11.98%
7	이란	210	269	364	462	553	632	695	679	688	691	1.86%	-0.58%
8	독일	1,055	940	899	865	831	798	707	647	679	666	1.79%	-5.92%
9	사우디아라비아	208	268	302	403	525	679	707	611	631	663	1.78%	-6.30%
10	국제 해운	317	358	454	525	622	635	636	590	617	624	1.68%	-1.76%
11	대한민국	251	384	440	499	594	634	646	598	616	601	1.62%	-6.98%
12	캐나다	459	492	567	575	556	571	579	523	537	548	1.47%	-5.30%
13	멕시코	317	331	392	464	457	480	468	442	469	512	1.38%	9.33%
14	브라질	219	269	340	364	440	529	473	445	497	483	1.30%	2.11%
15	튀르키예	152	181	230	265	316	385	403	413	453	436	1.17%	8.19%
16	국제 항공	232	260	331	415	458	525	629	268	291	425	1.14%	-32.40%
17	남아프리카공화국	313	362	378	416	463	446	465	435	426	404	1.09%	-13.19%
18	호주	278	305	350	386	406	401	416	397	387	392	1.06%	-5.66%
19	베트남	21	30	54	96	140	215	342	363	353	344	0.92%	0.53%
20	이탈리아	439	449	471	502	437	362	340	303	337	338	0.91%	-0.68%
21	폴란드	377	363	317	323	334	313	318	302	331	323	0.87%	1.71%
22	영국	602	566	569	570	512	422	365	326	347	319	0.86%	-12.64%
23	프랑스	393	386	407	416	377	331	315	282	307	298	0.80%	-5.68%
24	말레이시아	54	111	123	170	199	236	267	269	279	291	0.78%	8.82%
25	대만	124	169	227	266	270	276	274	272	291	278	0.75%	1.44%
26	카자흐스탄	268	168	143	200	249	279	275	255	255	271	0.73%	-1.49%
27	태국	87	154	167	214	241	277	282	272	267	271	0.73%	-3.97%
28	이집트	75	99	144	168	204	224	256	228	247	259	0.70%	1.10%
29	스페인	231	266	310	368	283	271	251	214	230	246	0.66%	-2.01%
30	아랍에미리트연합국	52	72	112	114	185	226	220	217	237	244	0.66%	11.09%
31	파키스탄	68	84	104	135	154	166	206	201	223	200	0.54%	-2.84%
32	아르헨티나	112	125	143	161	186	192	179	167	190	193	0.52%	8.05%
33	이라크	49	80	83	114	114	142	190	160	169	179	0.48%	-5.54%
34	알제리	77	97	85	111	118	160	179	170	180	176	0.47%	-1.24%
35	필리핀	41	60	72	73	83	112	144	133	143	150	0.40%	4.33%

Andrew, R. M., & Peters, G. P. (2024). The Global Carbon Project's fossil CO_2 emissions dataset (2023v43) [Data set]. Zenodo.
DOI:10.5281/zenodo.5569234

전 지구 탄소 프로젝트 데이터로 보는 2022년 35개 CO_2 배출국 (2)

● 전 지구 탄소 프로젝트(GCP) 데이터에서 우리나라는 2022년 기준으로 국민 일인당 이산화탄소 배출량이 16위입니다.

국민 일인당 CO_2 배출량(톤 CO_2/cap/yr)

순위	국가	1990	1995	2000	2005	2010	2015	2019	2020	2021	2022	2022년 기준 (국가)/(세계)	('22-'19) ('19)
	전 세계 평균	4.280	4.096	4.147	4.512	4.768	4.775	4.770	4.465	4.655	4.658		-2.34%
1	카타르	25.836	64.327	62.412	56.027	42.849	37.768	35.985	37.133	39.883	37.602	807%	4.49%
2	아랍에미리트연합국	27.210	29.772	34.138	26.723	21.793	25.310	23.835	23.340	25.332	25.835	555%	8.39%
3	바레인	22.214	24.055	26.987	21.803	23.957	23.830	25.153	25.311	26.053	25.673	551%	2.07%
4	쿠웨이트	22.572	33.909	28.368	33.294	30.873	23.962	24.519	22.409	24.299	25.580	549%	4.32%
5	브루나이	20.829	19.476	15.958	14.803	20.243	16.452	24.501	25.133	25.375	23.951	514%	-2.24%
6	트리니다드토바고	13.408	11.265	18.290	27.922	33.406	31.201	26.832	23.074	23.289	22.424	481%	-16.43%
7	사우디아라비아	13.027	14.195	14.031	16.512	17.836	20.728	19.737	16.967	17.562	18.199	391%	-7.79%
8	오만	6.219	8.623	10.191	12.562	17.748	16.073	12.867	14.401	15.677	15.731	338%	22.26%
9	호주	16.316	16.945	18.404	19.146	18.416	16.850	16.398	15.453	14.915	14.985	322%	-8.62%
10	미국	20.642	20.422	21.282	20.658	18.252	16.563	15.740	14.034	14.932	14.957	321%	-4.97%
11	캐나다	16.578	16.792	18.482	17.841	16.372	15.971	15.420	13.800	14.079	14.249	306%	-7.59%
12	카자흐스탄	15.900	10.240	9.410	12.777	14.963	15.624	14.679	13.461	13.291	13.980	300%	-4.76%
13	팔라우		11.497	10.587	11.086	11.265	11.531	12.271	11.825	12.301	12.145	261%	-1.02%
14	대만	6.032	7.871	10.223	11.689	11.703	11.733	11.521	11.409	12.205	11.631	250%	0.95%
15	룩셈부르크	30.990	22.461	19.979	25.985	22.083	16.422	15.758	12.798	13.185	11.618	249%	-26.27%
16	대한민국	5.678	8.452	9.404	10.413	12.176	12.436	12.472	11.527	11.886	11.599	249%	-7.00%
17	러시아	17.136	10.903	10.073	10.866	11.399	11.327	11.699	11.214	11.798	11.417	245%	-2.41%
18	몽골	4.530	3.363	3.032	3.327	5.096	7.853	14.619	11.255	11.427	11.151	239%	-23.72%
19	투르크메니스탄	8.522	8.179	8.615	9.810	11.235	11.155	10.607	10.831	11.033	11.035	237%	4.03%
20	아이슬란드	8.716	9.225	10.421	10.028	11.395	10.704	9.864	9.108	9.478	9.500	204%	-3.69%
21	체코	15.945	12.764	12.432	12.227	11.227	9.980	9.588	8.707	9.197	9.336	200%	-2.64%
22	리비아	8.618	11.535	10.328	10.392	9.409	8.810	10.736	7.074	9.490	9.243	198%	-13.91%
23	싱가포르	14.405	11.441	11.939	9.572	8.337	10.960	5.758	9.275	9.396	8.912	191%	54.78%
24	말레이시아	3.098	5.504	5.355	6.556	6.942	7.580	8.154	8.110	8.305	8.577	184%	5.18%
25	일본	9.356	9.878	9.966	10.095	9.482	9.612	8.781	8.302	8.523	8.502	183%	-3.18%
26	폴란드	9.895	9.443	8.245	8.367	8.659	8.111	8.253	7.870	8.643	8.107	174%	-1.77%
27	중국	2.154	2.760	2.887	4.508	6.394	7.080	7.540	7.659	7.950	7.993	172%	6.00%
28	독일	13.289	11.586	11.023	10.657	10.220	9.724	8.509	7.767	8.138	7.984	171%	-6.17%
29	이란	3.763	4.429	5.558	6.583	7.336	7.722	8.025	7.779	7.825	7.800	167%	-2.81%
30	에스토니아	23.506	12.432	11.083	12.621	14.251	12.037	9.287	6.949	7.842	7.754	166%	-16.50%
31	아일랜드	9.452	10.016	12.006	11.685	9.237	8.298	7.624	7.101	7.530	7.721	166%	1.28%
32	벨기에	12.078	12.475	12.346	11.945	10.535	8.992	8.642	7.880	8.239	7.688	165%	-11.04%
33	노르웨이	8.252	8.822	9.376	9.357	9.330	8.765	8.001	7.664	7.594	7.509	161%	-6.15%
34	네덜란드	10.885	11.213	10.819	10.937	10.974	9.612	8.783	7.840	7.994	7.137	153%	-18.74%
35	오스트리아	8.096	8.059	8.261	9.614	8.612	7.679	7.653	6.974	7.399	6.878	148%	-10.12%

Andrew, R. M., & Peters, G. P. (2024). The Global Carbon Project's fossil CO_2 emissions dataset (2023v43) [Data set]. Zenodo. DOI:10.5281/zenodo.5569234

20

누적배출량 상위 20개국의
온실가스 전체 및 이산화탄소

- 2022년 11월 6일부터 18일까지 이집트 샤름 엘 셰이크(Sharm el-Sheikh)에서 열린 유엔 기후변화협약(UNFCCC)의 제27차 당사국총회(COP27)에서는 '기후변화 영향과 관련된 개발도상국의 손실과 피해(Loss and Damage*)'를 선진국이 금전적으로 보상하는 문제가 핵심 이슈 중 하나였습니다. 지구온난화에 대한 지식이 없었던 270여 년 전에 영국인들이 석탄을 연소하면서 배출한 이산화탄소에도 법적인 책임을 지우기는 쉽지 않지만, 앞으로 개발도상국이 남몰래 배출하는 온실가스도 인공위성과 인공지능기술로 추적한다고 하니 선진국의 과거 온실가스 배출량에 대해서도 일정 정도 책임을 물어야 공정하겠습니다.

---

* **1) Loss and Damage** (되도록 대문자로 시작하며, 단수로 표시):
  2013년 '손실과 피해에 관한 바르샤바 국제 메커니즘(Warsaw International Mechanism for Loss and Damage associated with Climate Change Impacts, WIM)'이 수립된 후 유엔기후변화협약(UNFCCC)하에서 정치적 논쟁을 언급하기 위해 대문자로 표시하며, **'기후변화의 악영향에 특히 취약한 개발도상국에서 기후변화 영향(극한현상[extreme events] 및 천천히 발생하는 현상[slow onset events] 포함)과 관련된 손실과 피해'**를 가리킴.

* **2) losses and damages** (소문자로 시작하며, 복수로 표시):
  관찰된 영향(impacts) 및 예상되는 위험(risks)으로 인한 피해를 광범위하게 지칭하며, 경제적 또는 비경제적일 수 있음.

박성원, 박상훈, 정영훈, 허유선, 박훈. (2020). 통합적 생태계 관점에서 인공지능의 발전과 사회변화 예측. 국회미래연구원.
IPCC. (2023). Climate Change 2023: Synthesis Report. Contribution of Working Groups I, II and III to the Sixth Assessment Report of the Intergovernmental Panel on Climate Change. Intergovernmental Panel on Climate Change.
Wenger, C. (2022). COP27: Considerations for a Loss and Damage Finance Facility. Center for Climate and Energy Solutions (C2ES).

누적배출량 상위 20개국의 온실가스 전체 및 이산화탄소 (1)

- 지구온난화는 온실가스, 특히 이산화탄소의 누적배출량에 비례합니다. 온실가스 전체 배출량(교토의정서 지정 온실가스, 즉 이산화탄소[CO_2], 아산화질소[N_2O], 메탄[CH_4], 수소불화탄소[HFCs], 과불화탄소[PFCs], 육불화황[SF_6], 삼불화질소[NF_3]; 온실가스별 지구온난화지수[GWPs]: AR5 기준) 및 이산화탄소 배출량 기준으로 산업화 이래 역사적으로(1750~2022년) 기후변화에 가장 책임이 있는 20개국을 정리해 봤습니다.

1750~2022년 누적배출량 상위 20개국: 온실가스 전체(단위: 백만 tCO₂eq)

순위	국가	1750	1800	1850	1900	1950	2000	2010	2015	2016	2017	2018	2019	2020	2021	2022	비율
1	미국	9	884	4,295	25,391	135,421	419,701	492,831	526,941	533,531	540,101	546,861	553,481	559,511	565,861	572,261	20.60%
2	중국	161	9,769	22,016	33,932	51,967	171,582	256,222	319,122	331,722	344,622	357,922	371,622	385,622	400,122	414,622	14.92%
3	러시아	45	2,611	6,128	12,899	31,329	139,974	160,014	170,434	172,494	174,604	176,774	178,934	181,014	183,194	185,254	6.67%
4	인도	161	8,651	18,209	30,114	46,625	88,304	107,854	121,074	124,114	127,254	130,514	133,854	136,954	140,304	143,814	5.18%
5	독일	22	1,204	2,910	12,056	41,459	99,523	109,375	113,917	114,815	115,696	116,542	117,336	118,067	118,827	119,575	4.30%
6	영국	20	1,915	6,759	24,008	52,971	93,912	100,713	103,486	103,974	104,451	104,919	105,372	105,781	106,210	106,639	3.84%
7	일본	8	451	946	1,755	7,244	50,570	64,050	70,890	72,190	73,480	74,730	75,940	77,090	78,260	79,430	2.86%
8	프랑스	38	2,041	4,897	12,274	26,523	54,725	60,109	62,488	62,951	63,416	63,863	64,301	64,699	65,119	65,530	2.36%
9	우크라이나	15	814	1,829	3,791	9,810	44,954	49,421	51,384	51,725	52,052	52,396	52,734	53,056	53,387	53,637	1.93%
10	브라질	4	232	747	1,915	6,001	28,461	37,661	43,271	44,391	45,531	46,631	47,751	48,861	50,041	51,211	1.84%
11	캐나다	1	87	363	1,563	7,902	31,160	38,514	42,171	42,887	43,610	44,346	45,080	45,748	46,428	47,119	1.70%
12	폴란드	11	623	1,472	4,090	10,223	31,007	35,015	36,977	37,371	37,780	38,189	38,575	38,946	39,345	39,731	1.43%
13	이탈리아	12	648	1,399	2,712	5,928	25,017	30,685	33,025	33,468	33,905	34,339	34,761	35,146	35,564	35,985	1.30%
14	멕시코	6	314	687	1,256	3,594	19,193	25,536	29,007	29,739	30,471	31,221	31,981	32,718	33,496	34,334	1.24%
15	인도네시아	12	635	1,384	2,629	5,656	16,871	23,397	27,281	28,174	29,034	29,996	31,006	31,973	32,954	34,154	1.23%
16	호주	0	0	61	1,130	5,394	22,063	27,397	30,121	30,673	31,233	31,794	32,349	32,886	33,415	33,950	1.22%
17	이란	5	264	562	979	2,690	13,551	20,606	25,119	26,083	27,113	28,173	29,193	30,203	31,243	32,293	1.16%
18	남아프리카공화국	1	50	128	380	2,802	16,642	21,766	24,566	25,133	25,688	26,264	26,851	27,419	27,984	28,522	1.03%
19	카자흐스탄	2	138	295	616	2,655	19,217	22,129	23,776	24,127	24,498	24,886	25,243	25,581	25,924	26,279	0.95%
20	대한민국	7	368	735	1,115	1,913	10,924	16,748	20,258	20,963	21,685	22,424	23,136	23,803	24,488	25,162	0.91%
	상위 20개국 소계	539	31,699	75,823	174,606	458,103	1,397,348	1,700,040	1,875,305	1,910,522	1,946,221	1,982,781	2,019,497	2,055,075	2,092,163	2,129,499	76.65%
	나머지 국가 소계	247	13,488	30,306	58,403	125,386	409,741	507,849	563,584	575,367	587,368	599,408	611,692	623,614	636,026	648,590	23.35%
	전 지구 합계(국제 수송 제외)	786	45,187	106,129	233,009	583,489	1,807,089	2,207,889	2,438,889	2,485,889	2,533,589	2,582,189	2,631,189	2,678,689	2,728,189	2,778,089	100.00%

기후변화행동연구소. (2021). 지구온난화 수준은 누적탄소배출량과 선형 관계. ICCA 카드뉴스, 79.

Gütschow, J., Pflüger, M., & Busch, D. (2024). The PRIMAP-hist national historical emissions time series (1750–2022) v2.5.1 [Data set]. Zenodo. DOI:10.5281/zenodo.10705513

누적배출량 상위 20개국의 온실가스 전체 및 이산화탄소 (2)

1750~2022년 누적배출량 상위 20개국: 이산화탄소(단위: 백만 tCO₂eq)

순위	국가	1750	1800	1850	1900	1950	2000	2010	2015	2016	2017	2018	2019	2020	2021	2022	비율
1	미국	0	0	202	11,323	97,395	318,455	377,865	405,155	410,415	415,635	421,015	426,285	431,005	436,045	441,135	24.45%
2	중국	0	0	0	0	2,063	77,866	143,736	195,066	205,366	215,866	226,766	238,166	249,766	261,766	273,666	15.17%
3	러시아	0	0	1	495	6,997	90,279	106,019	114,329	115,959	117,629	119,339	121,049	122,679	124,389	125,979	6.98%
4	독일	0	5	276	6,937	31,710	80,635	89,299	93,347	94,149	94,935	95,690	96,397	97,044	97,723	98,391	5.45%
5	영국	0	774	3,731	16,899	39,630	70,806	76,356	78,659	79,060	79,448	79,829	80,196	80,523	80,871	81,219	4.50%
6	일본	0	0	0	184	4,225	42,584	55,144	61,514	62,714	63,904	65,044	66,144	67,184	68,244	69,304	3.84%
7	인도	0	0	0	139	2,284	20,770	33,720	43,340	45,640	48,020	50,510	53,070	55,380	57,930	60,620	3.36%
8	프랑스	0	21	395	3,960	12,708	33,109	37,227	39,028	39,378	39,731	40,069	40,401	40,697	41,018	41,332	2.29%
9	우크라이나	0	0	0	192	2,861	29,422	32,522	33,913	34,147	34,370	34,602	34,824	35,031	35,241	35,376	1.96%
10	캐나다	0	0	0	293	4,648	22,048	27,756	30,597	31,155	31,722	32,299	32,878	33,401	33,939	34,485	1.91%
11	폴란드	0	0	61	1,297	5,431	21,535	24,774	26,379	26,703	27,040	27,376	27,694	27,996	28,327	28,645	1.59%
12	이탈리아	0	0	0	317	2,070	17,482	22,260	24,171	24,530	24,883	25,233	25,573	25,876	26,213	26,553	1.47%
13	이란	0	0	0	0	1,006	8,630	13,825	17,304	18,032	18,816	19,627	20,421	21,202	21,999	22,804	1.26%
14	멕시코	0	0	0	8	1,107	11,576	16,235	18,712	19,225	19,730	20,246	20,764	21,256	21,786	22,367	1.24%
15	남아프리카공화국	0	0	0	31	1,466	11,831	16,021	18,317	18,786	19,241	19,717	20,204	20,672	21,134	21,568	1.20%
16	호주	0	0	0	111	1,540	11,188	15,056	17,060	17,470	17,884	18,299	18,715	19,114	19,503	19,896	1.10%
17	대한민국	0	0	0	0	180	7,163	12,283	15,438	16,075	16,725	17,390	18,034	18,634	19,249	19,854	1.10%
18	사우디아라비아	0	0	0	0	349	7,477	11,059	13,601	14,196	14,779	15,367	15,969	16,498	17,042	17,621	0.98%
19	브라질	0	0	0	0	414	7,907	11,654	14,212	14,701	15,197	15,670	16,140	16,593	17,098	17,583	0.97%
20	카자흐스탄	0	0	0	80	1,203	12,294	14,302	15,595	15,873	16,166	16,473	16,748	17,003	17,258	17,523	0.97%
	상위 20개국 소계	0	801	4,667	42,265	219,287	903,056	1,137,112	1,275,736	1,303,573	1,331,720	1,360,560	1,389,671	1,417,553	1,446,774	1,475,920	81.82%
	나머지 국가 소계	0	3	412	5,315	28,563	183,534	242,378	275,754	282,917	290,270	297,730	305,219	312,437	320,116	327,970	18.18%
	전 지구 합계(국제 수송 제외)	0	804	5,079	47,580	247,850	1,086,590	1,379,490	1,551,490	1,586,490	1,621,990	1,658,290	1,694,890	1,729,990	1,766,890	1,803,890	100.00%

기후변화행동연구소. (2021). 지구온난화 수준은 누적탄소배출량과 선형 관계. ICCA 카드뉴스, 79.
Gütschow, J., Pflüger, M., & Busch, D. (2024). The PRIMAP-hist national historical emissions time series (1750–2022) v2.5.1 [Data set]. Zenodo. DOI:10.5281/zenodo.10705513

21

2021년 10대 경제국의
온실가스 배출 경로

- 모든 나라가 국가결정기여(NDCs)로 약속한 2030년 온실가스감축목표와 2050년 장기 온실가스 저배출 발전 전략(LT-LEDS)을 충실히 실천해도 이미 지구온난화 1.5°C 이내 억제는 불가능하다는 분석 결과가 『네이처(Nature)』 2022년 4월 14일 호에 표지기사로 실렸습니다. 그런데 이 논문과 IPCC 제3실무그룹 제6차 평가보고서(AR6)의 자료를 통합하니, IMF 추산으로 세계 10대 경제국(2021년 명목 GDP 기준)의 온실가스 배출 경로를 새로 그릴 수 있게 되었습니다. 대부분 IPCC 보고서에 채택된 통합평가모형(Integrated assessment models, IAMs)의 핵심 연구자들인 이번 『네이처(Nature)』 논문 저자들은 기후완화 목표가 탄소중립인지 기후중립인지 뚜렷하지 않거나, 온실가스 배출량이 앞으로의 경제성장에 영향을 받는 경우, 복수의 가정에 따라 도출되는 여러 모형 결과값의 평균을 제시했습니다.

- 비록 국가별 자료 부족으로 '토지이용, 토지이용 변화 및 임업'(Land Use, Land-Use Change and Forestry, LULUCF)에 따른 배출·흡수량 전망은 포함하지 않았으나, 주요국이 지금까지 파리협정에 따라 약속한 중장기 온실가스 저감 목표가 어느 정도인지 비교하기에는 충분합니다. 특히, 우리나라는 상향한 NDC를 반영해도 일인당 온실가스 배출량이 2030년에 10개국 중 3위일 정도여서, 전 지구적 기후목표에 기여할 수 있도록 국내 산업과 경제를 변혁하려면 많은 어려움이 있으리라 예상됩니다. 2050년 온실가스 순배출영점화(LULUCF 등의 흡수량을 반영하여 net zero emissions)라는 목표 달성을 위해 지금부터 더 정교하고 적극적인 기후변화 정책을 시행해야 함을 알 수 있습니다.

2021년 10대 경제국의 온실가스 배출 경로(COP26 반영, LULUCF 제외)

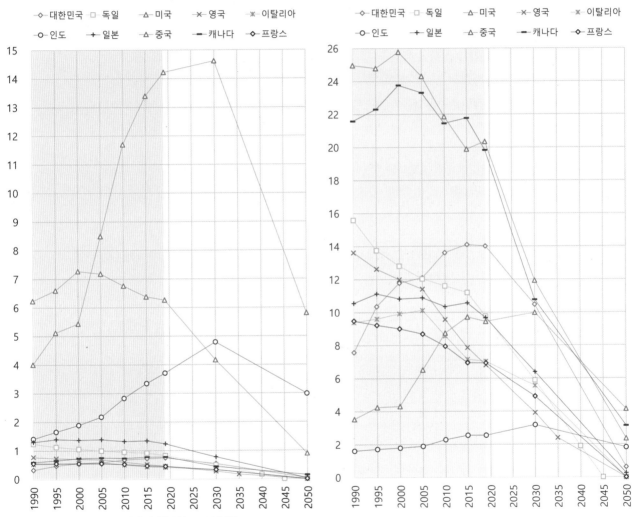

온실가스 배출량(단위: 십억 tCO₂-eq)

대한민국 / 독일 / 미국 / 영국 / 이탈리아 / 인도 / 일본 / 중국 / 캐나다 / 프랑스

일인당 온실가스 배출량(단위: tCO₂-eq/인)

대한민국 / 독일 / 미국 / 영국 / 이탈리아 / 인도 / 일본 / 중국 / 캐나다 / 프랑스

참고: IPCC AR6 (IPCC, 2022)의 지구온난화지수(GWP-100) 사용.

IMF. (2022). World Economic Outlook, April 2022. International Monetary Fund (IMF).

IPCC. (2022). Climate Change 2022: Mitigation of Climate Change. Cambridge University Press.

Meinshausen, M. et al. (2022). Realization of Paris Agreement pledges may limit warming just below 2 ℃. Nature, 604(7905), 304–309.

World Bank. (2022). World Development Indicators—April 15, 2022. World Bank.

22 OECD 국가별 산업 부문의 전력 소비량 대비 부가가치 산출액 변화

● 산업 부문은 2020년 기준으로 우리나라 전력 소비량의 약 53%를 차지합니다. 우리나라의 1인당 전력 소비량이 전 세계적으로 상위권에 오르는 이유입니다. 그런데 산업 부문은 전기를 효율적으로 쓰고 있을까요? OECD 회원국에서 같은 기준으로 비교하면, 별로 그렇지 않습니다.

> 첫째, 단위전력량당 부가가치 산출액이 2020년에 1kWh당 2.09달러로, 38개국 중 33위였습니다.
> 둘째, 2005~2020년 사이 전력소비효율의 연평균 증가율(표의 CAGR)도 0.66%로, OECD 전체 개선율(1.38%)의 절반에 못 미칩니다.

● 즉, 우리나라는 산업 부문이 전력 소비 효율을 획기적으로 개선하거나, 전력 수요가 적은 산업 위주로 산업구조를 혁신하는 노력이 필요합니다.

2020년 우리나라 부문별 전력 소비량(GWh)

부 문	전력소비량	비율
산 업	268,692	52.8%
상 업	132,051	25.9%
가 정	74,074	14.5%
공 공	31,298	6.1%
수 송	3,154	0.6%
합 계	509,270	100%

KEEI. (2021). 2021 에너지통계연보. 에너지경제연구원(KEEI).

OECD 국가별 산업 부문의 전력 소비량 대비 부가가치 산출액 변화

● 부가가치는 순생산액이라고도 하며, 대략 다음의 등식으로 단순하게 이해할 수 있습니다. 한 국가 모든 부문의 부가가치 산출량을 합하면 국내총생산(GDP)과 같습니다. **'같은 전력량으로 산업부문이 부가가치를 더 창출하는 국가'**, 그리고 반대로 **'매우 비효율적으로 전력을 쓰는 산업이 지배적인 국가'**는 어디일까요?

[부가가치] = [총 생산액] − [중간 투입액 (원재료비, 연료비, 전력비, 용수비, 외주가공비, 수선비 등)]

[산업별 부가가치] / [산업별 전력 소비량] (단위: 2015년 기준 미국 불변 달러/ kWh)

국가	2005	2006	2007	2008	2009	2010	2011	2012	2013	2014	2015	2016	2017	2018	2019	2020	CAGR ('05~'20)
아일랜드	$8.74	$8.87	$9.76	$9.29	$9.52	$10.55	$10.49	$10.75	$10.22	$9.87	$17.53	$16.56	$16.96	$18.33	$18.83	$24.21	7.03%
스위스	$7.82	$8.13	$8.41	$8.50	$8.22	$8.25	$8.81	$8.79	$9.11	$9.56	$9.55	$9.89	$10.23	$11.15	$11.47	$11.54	2.63%
덴마크	$6.27	$6.59	$6.58	$6.73	$6.85	$6.76	$6.84	$7.04	$7.10	$7.26	$7.23	$7.60	$7.91	$7.92	$8.54	$8.20	1.80%
코스타리카	$5.54	$5.47	$5.57	$5.76	$5.95	$5.87	$6.08	$6.06	$5.82	$6.00	$6.02	$5.64	$5.58	$5.96	$5.99	$6.20	0.75%
영국	$4.70	$4.85	$4.92	$4.72	$4.96	$4.81	$4.77	$4.96	$5.19	$5.53	$5.77	$5.73	$5.87	$5.87	$6.12	$6.00	1.65%
이스라엘	$4.02	$4.19	$4.25	$4.09	$4.75	$4.53	$4.79	$4.56	$4.47	$3.94	$4.66	$4.41	$4.78	$4.74	$5.39	$5.29	1.86%
미국	$3.55	$3.69	$3.71	$3.67	$3.74	$3.78	$3.65	$3.73	$3.82	$4.03	$4.20	$4.27	$4.51	$4.68	$4.95	$5.26	2.64%
호주(Australia)	$3.17	$3.17	$3.18	$3.34	$3.22	$3.23	$3.32	$3.59	$3.73	$3.87	$4.11	$4.07	$4.16	$4.27	$4.31	$4.33	2.10%
독일	$3.35	$3.51	$3.52	$3.54	$3.57	$3.62	$3.70	$3.76	$3.78	$3.86	$3.98	$4.11	$4.22	$4.29	$4.38	$4.29	1.65%
네덜란드	$3.33	$3.39	$3.48	$3.57	$3.78	$3.58	$3.65	$3.97	$3.99	$4.17	$4.09	$4.02	$4.19	$4.26	$4.37	$4.26	1.66%
일본	$3.09	$3.15	$3.14	$3.44	$3.06	$3.24	$3.29	$3.32	$3.35	$3.49	$3.69	$3.74	$3.86	$3.93	$3.96	$4.03	1.78%
프랑스	$3.20	$3.39	$3.52	$3.52	$3.81	$3.64	$3.64	$3.59	$3.66	$3.68	$3.72	$3.66	$3.74	$3.81	$3.92	$3.81	1.17%
OECD	$3.07	$3.17	$3.19	$3.22	$3.22	$3.20	$3.18	$3.20	$3.26	$3.35	$3.46	$3.48	$3.57	$3.64	$3.73	$3.77	1.38%
오스트리아	$3.72	$3.73	$3.82	$3.91	$3.65	$3.47	$3.54	$3.56	$3.58	$3.57	$3.52	$3.52	$3.62	$3.72	$3.77	$3.67	-0.11%
콜롬비아	$4.44	$4.54	$4.61	$4.73	$4.66	$4.86	$4.56	$4.87	$4.36	$4.33	$4.45	$4.51	$4.25	$4.20	$3.71	$3.55	-1.49%
리투아니아	$3.11	$3.39	$3.59	$4.03	$3.48	$3.32	$3.51	$3.40	$3.46	$3.51	$3.34	$3.26	$3.23	$3.33	$3.38	$3.47	0.74%
스페인	$2.90	$3.34	$3.25	$3.33	$3.69	$3.74	$3.56	$3.37	$3.25	$3.23	$3.16	$3.21	$3.19	$3.30	$3.51	$3.46	1.19%
이탈리아	$3.23	$3.26	$3.35	$3.37	$3.37	$3.30	$3.30	$3.34	$3.39	$3.38	$3.40	$3.47	$3.50	$3.55	$3.46	$3.17	-0.14%
라트비아	$3.27	$3.62	$3.72	$3.84	$3.27	$2.90	$2.89	$2.57	$2.81	$2.97	$3.06	$3.13	$3.17	$3.13	$3.20	$3.15	-0.25%
뉴질랜드	$2.26	$2.35	$2.49	$2.40	$2.44	$2.26	$2.27	$2.47	$2.54	$2.64	$2.71	$2.80	$2.90	$2.96	$2.97	$3.07	2.06%
에스토니아	$2.10	$2.13	$2.24	$2.22	$2.04	$2.10	$2.48	$2.38	$2.46	$2.57	$2.65	$2.70	$2.70	$2.81	$3.04	$2.92	2.22%
폴란드	$2.09	$2.21	$2.25	$2.44	$2.80	$2.86	$2.94	$2.92	$2.74	$2.88	$2.91	$2.85	$2.76	$2.85	$2.90	$2.82	2.01%
체코	$2.10	$2.35	$2.41	$2.54	$2.56	$2.73	$2.78	$2.68	$2.75	$2.74	$2.81	$2.82	$2.89	$2.88	$2.94	$2.81	1.98%
노르웨이	$2.46	$2.51	$2.51	$2.45	$2.89	$2.60	$2.59	$2.68	$2.67	$2.64	$2.66	$2.63	$2.70	$2.59	$2.59	$2.66	0.53%
그리스	$3.43	$3.80	$3.44	$2.98	$3.26	$2.78	$2.37	$2.82	$2.69	$2.22	$2.24	$2.57	$2.31	$2.37	$2.42	$2.56	-1.93%
포르투갈	$2.63	$2.57	$2.57	$2.56	$2.55	$2.40	$2.43	$2.44	$2.37	$2.47	$2.51	$2.51	$2.53	$2.60	$2.59	$2.55	-0.20%
벨기에	$2.13	$2.03	$2.14	$2.15	$2.40	$2.16	$2.23	$2.24	$2.27	$2.33	$2.39	$2.35	$2.36	$2.34	$2.47	$2.51	1.10%
슬로바키아	$1.50	$1.63	$1.76	$1.81	$1.83	$2.02	$2.03	$1.96	$1.87	$2.05	$2.33	$2.22	$2.20	$2.27	$2.47	$2.50	3.49%
룩셈부르크	$1.85	$1.65	$2.03	$1.77	$1.83	$1.60	$1.54	$1.77	$1.98	$2.05	$2.20	$2.14	$2.26	$2.17	$2.56	$2.48	1.97%
슬로베니아	$1.59	$1.67	$1.83	$2.22	$2.43	$2.19	$2.05	$1.97	$1.94	$1.98	$1.95	$2.01	$2.08	$2.14	$2.30	$2.42	2.83%
스웨덴	$1.85	$1.96	$2.05	$1.96	$1.87	$1.99	$2.10	$2.03	$2.03	$2.10	$2.23	$2.22	$2.28	$2.32	$2.38	$2.39	1.73%
튀르키예	$2.16	$2.21	$2.23	$2.18	$2.06	$2.04	$2.19	$2.18	$2.39	$2.39	$2.39	$2.39	$2.43	$2.42	$2.40	$2.33	0.51%
멕시코	$2.92	$2.93	$2.86	$2.77	$2.69	$2.62	$2.45	$2.31	$2.47	$2.44	$2.51	$2.42	$2.38	$2.41	$2.26	$2.21	-1.85%
대한민국	$1.90	$1.96	$1.97	$2.02	$2.00	$1.93	$1.85	$1.84	$1.86	$1.88	$1.91	$1.95	$1.96	$1.97	$2.03	$2.09	0.66%
캐나다	$1.69	$1.75	$1.80	$1.87	$1.81	$1.91	$2.00	$2.08	$2.11	$2.11	$2.18	$2.15	$2.12	$2.17	$2.12	$2.05	1.26%
헝가리	$3.44	$3.55	$3.65	$3.30	$3.34	$3.05	$3.02	$1.97	$1.94	$2.09	$2.14	$2.05	$2.05	$2.08	$2.11	$1.98	-3.62%
핀란드	$1.36	$1.35	$1.48	$1.56	$1.53	$1.48	$1.52	$1.45	$1.42	$1.42	$1.44	$1.47	$1.56	$1.49	$1.54	$1.64	1.26%
칠레	$1.73	$1.70	$1.61	$1.59	$1.55	$1.61	$1.56	$1.52	$1.55	$1.54	$1.60	$1.54	$1.61	$1.59	$1.57	$1.50	-0.94%
아이슬란드	$0.54	$0.49	$0.40	$0.27	$0.22	$0.21	$0.21	$0.21	$0.22	$0.23	$0.23	$0.25	$0.25	$0.26	$0.28	$0.27	-4.58%

IEA. (2022). IEA Electricity Information Statistics. OECD iLibrary.
World Bank. (2022). World Development Indicators—September 16, 2022. World Bank.

OECD 국가별 1인당 전력 소비량 비교

- 국제에너지기구(International Energy Agency, IEA)의 전력 소비량 통계는 우리나라(KEEI의 에너지통계연보)의 집계치와 조금 차이가 납니다. 예를 들어, 2020년 총 전력 소비량이 IEA 기준으로는 527,997GWh이지만 KEEI 기준으로는 509,270GWh입니다. OECD 회원국 사이의 수치를 비교하려면 같은 기준을 적용해야 하므로, IEA 통계 자료를 써서 OECD 국가별 1인당 전력 소비량(전체 및 가정용)을 계산했습니다.

- 우리나라는 '산업'과 '상업 및 공공서비스' 부문이 전체 소비 전력의 약 80%를 소비합니다. 이에 비해 가정용은 13.4%입니다. 그래서 우리나라 1인당 전력 소비량의 OECD 내 순위가 전체 소비량(7위)에 비해 가정용 소비량의 순위(26위)가 낮습니다.

IEA 기준 2020년 우리나라 부문별 전력 소비량(GWh)

부 문	전력소비량	비율
산 업	262,376	49.7%
상업 및 공공서비스	159,346	30.2%
가정용	70,880	13.4%
에너지 산업	15,302	2.9%
농업 및 임업	13,838	2.6%
수 송	3,271	0.6%
수산업	2,984	0.6%
합 계	527,997	100%

IEA. (2022). IEA Electricity Information Statistics. OECD iLibrary.
KEEI. (2021). 2021 에너지통계연보. 에너지경제연구원(KEEI).
OECD. (2022). OECD Employment and Labour Market Statistics. OECD iLibrary.

OECD 국가별 1인당 전력 소비량(전체 및 가정용) 비교 (1)

● OECD 국가별 1인당 전력 소비량을 총소비량과 가정용 소비량으로 나누어 비교해 봤습니다. 우리나라는 2020년 기준으로 OECD 38개국 중 1인당 총 전력 소비량이 7위, 1인당 가정용 전력 소비량이 26위입니다. 우리나라의 연평균증가율이 높아서(총소비량 CAGR 2.13%, 가정용 소비량 CAGR 1.74%) 우려스럽습니다.

국민 1인당 총 전력 소비량(단위: kWh/person)

국가	2005	2006	2007	2008	2009	2010	2011	2012	2013	2014	2015	2016	2017	2018	2019	2020	순위	CAGR ('05-'20)
아이슬란드	26,832	30,318	35,636	48,534	49,686	49,870	50,631	51,518	52,474	52,245	53,398	52,105	52,595	52,914	51,036	49,252	1	4.13%
노르웨이	24,558	23,731	24,254	24,311	23,313	24,405	22,989	23,390	23,242	22,516	22,860	23,155	23,111	23,556	23,224	22,739	2	-0.51%
캐나다	16,287	15,818	16,087	15,710	15,130	15,037	15,172	14,925	15,129	15,180	15,011	14,732	15,126	15,189	15,207	14,732	3	-0.67%
핀란드	15,559	16,513	16,507	15,778	14,690	15,810	15,110	15,152	14,946	14,728	14,542	14,955	14,937	15,234	14,967	14,132	4	-0.64%
스위스	14,754	14,695	14,619	14,267	13,585	14,397	13,507	13,690	13,321	12,896	13,042	13,163	12,971	12,832	12,392	12,139	5	-1.29%
미국	12,898	12,794	13,020	12,849	12,141	12,590	12,469	12,205	12,250	12,234	12,145	12,140	11,955	12,370	12,075	11,776	6	-0.60%
대한민국	7,422	7,667	8,065	8,318	8,410	9,252	9,631	9,812	9,879	9,834	9,931	10,351	10,482	10,574	10,398	10,186	7	2.13%
룩셈부르크	13,228	13,992	13,946	13,501	12,278	13,005	12,509	11,745	11,409	11,112	10,927	10,911	10,721	10,624	10,318	9,707	8	-2.04%
호주(Australia)	9,846	9,902	10,186	10,024	10,167	10,114	10,103	9,831	9,654	9,509	9,515	9,450	9,424	9,430	9,420	9,344	9	-0.35%
뉴질랜드	9,281	9,375	9,390	9,199	9,139	9,327	9,201	9,071	8,882	8,909	8,840	8,535	8,296	8,156	8,097	7,748	10	-1.20%
일본	8,129	8,153	8,401	8,091	7,835	8,200	7,906	7,881	7,881	7,762	7,582	7,602	7,728	7,593	7,460	7,296	11	-0.72%
오스트리아	7,236	7,353	7,388	7,410	7,097	7,436	7,419	7,496	7,492	7,323	7,365	7,383	7,455	7,452	7,438	7,130	12	-0.10%
OECD	7,555	7,562	7,689	7,621	7,282	7,557	7,486	7,427	7,420	7,350	7,340	7,379	7,375	7,465	7,343	7,128		-0.39%
벨기에	7,947	8,141	8,102	8,052	7,483	7,988	7,715	7,640	7,589	7,399	7,399	7,407	7,386	7,409	7,297	7,017	13	-0.83%
이스라엘	6,130	6,233	6,455	6,537	6,071	6,441	6,376	6,602	6,467	6,354	6,538	6,604	6,559	6,564	6,711	6,610	14	0.50%
네덜란드	6,647	6,706	6,832	6,855	6,582	6,759	6,767	6,500	6,565	6,362	6,473	6,518	6,541	6,660	6,624	6,536	15	-0.11%
튀르키예	7,708	7,719	7,604	7,678	7,423	7,639	7,404	7,373	7,332	7,017	7,032	6,954	6,918	6,770	6,670	6,450	16	-1.18%
프랑스	7,165	7,043	7,030	7,186	6,944	7,283	6,756	6,940	6,982	6,541	6,660	6,767	6,690	6,641	6,539	6,224	17	-0.93%
스페인	6,432	6,621	6,639	6,400	5,593	5,887	6,145	6,099	6,113	6,092	6,250	6,356	6,593	6,670	6,593	6,212	18	-0.23%
독일	6,541	6,611	6,632	6,613	6,274	6,687	6,726	6,692	6,652	6,481	6,468	6,443	6,428	6,294	6,108	5,893	19	-0.69%
아일랜드	5,930	6,148	5,952	5,981	5,610	5,623	5,484	5,454	5,432	5,380	5,528	5,590	5,583	5,767	5,803	5,783	20	-0.17%
에스토니아	4,726	5,125	5,355	5,555	5,305	5,581	5,391	5,601	5,563	5,642	5,659	5,946	5,872	6,040	5,869	5,671	21	1.22%
덴마크	6,320	6,375	6,309	6,216	5,872	5,956	5,853	5,741	5,732	5,598	5,591	5,598	5,606	5,545	5,580	5,631	22	-0.77%
체코	5,469	5,613	5,607	5,616	5,273	5,340	5,310	5,326	5,244	5,234	5,348	5,455	5,584	5,632	5,627	5,467	23	0.00%
스웨덴	5,691	5,727	5,696	5,675	5,330	5,373	5,324	5,250	5,048	5,022	5,140	5,163	5,298	5,259	5,141	4,797	24	-1.13%
이탈리아	5,327	5,438	5,428	5,388	5,036	5,180	5,228	5,104	4,929	4,826	4,934	4,916	5,031	5,068	5,053	4,775	25	-0.73%
포르투갈	4,477	4,614	4,712	4,659	4,615	4,787	4,652	4,480	4,425	4,436	4,523	4,587	4,627	4,755	4,745	4,582	26	0.15%
그리스	4,831	4,978	5,201	5,305	5,117	4,970	4,858	4,849	4,605	4,699	4,847	5,107	5,171	4,761	4,825	4,566	27	-0.38%
슬로베니아	4,489	4,624	4,782	4,786	4,485	4,617	4,778	4,601	4,810	4,629	4,676	4,781	4,967	4,934	4,770	4,524	28	0.05%
영국	5,913	5,818	5,731	5,663	5,301	5,378	5,150	5,110	5,061	4,813	4,778	4,744	4,648	4,630	4,538	4,284	29	-2.12%
헝가리	3,520	3,633	3,704	3,726	3,517	3,601	3,651	3,669	3,663	3,638	3,804	3,899	4,051	4,152	4,235	4,214	30	1.21%
리투아니아	2,668	2,844	2,983	3,127	2,926	3,010	3,151	3,255	3,303	3,413	3,499	3,705	3,874	4,028	4,083	3,991	31	2.72%
폴란드	3,031	3,180	3,273	3,341	3,206	3,360	3,436	3,459	3,493	3,542	3,613	3,741	3,811	3,941	3,960	3,865	32	1.63%
칠레	3,022	3,142	3,247	3,243	3,230	3,240	3,390	3,609	3,751	3,814	3,764	3,899	3,819	3,931	3,917	3,860	33	1.65%
라트비아	2,559	2,769	3,002	3,044	2,850	2,963	3,006	3,366	3,267	3,301	3,267	3,308	3,339	3,457	3,468	3,520	34	2.15%
슬로바키아	1,903	2,065	2,211	2,279	2,178	2,352	2,507	2,593	2,601	2,687	2,778	2,916	3,101	3,172	3,115	3,150	35	3.42%
멕시코	1,841	1,858	1,916	1,944	1,885	1,944	2,071	2,164	2,081	2,141	2,158	2,235	2,224	2,216	2,245	2,055	36	0.74%
코스타리카	1,746	1,826	1,895	1,909	1,860	1,889	1,889	1,939	1,931	1,929	1,951	2,006	2,004	2,002	2,015	1,938	37	0.70%
콜롬비아	908	936	962	969	1,031	1,037	1,083	1,092	1,301	1,345	1,358	1,349	1,368	1,366	1,473	1,417	38	3.01%

IEA. (2022). IEA Electricity Information Statistics. OECD iLibrary.

OECD. (2022). OECD Employment and Labour Market Statistics. OECD iLibrary.

OECD 국가별 1인당 전력 소비량(전체 및 가정용) 비교 (2)

국민 1인당 가정용(residential) 전력 소비량(단위: kWh/person)

국가	2005	2006	2007	2008	2009	2010	2011	2012	2013	2014	2015	2016	2017	2018	2019	2020	순위	CAGR ('05~'20)
노르웨이	7,355	7,219	7,421	7,317	7,520	8,126	7,280	7,622	7,658	7,180	7,439	7,411	7,516	7,571	7,502	7,077	1	-0.26%
캐나다	4,683	4,523	4,799	4,814	4,797	4,724	4,843	4,752	4,884	4,872	4,772	4,602	4,593	4,654	4,618	4,642	2	-0.06%
미국	4,599	4,530	4,622	4,538	4,448	4,674	4,566	4,379	4,401	4,450	4,370	4,364	4,225	4,472	4,375	4,467	3	-0.19%
스위스	4,725	4,569	4,333	4,222	4,404	4,903	4,482	4,613	4,531	4,259	4,387	4,486	4,487	4,429	4,267	4,112	4	-0.92%
핀란드	3,864	3,926	3,908	3,838	3,998	4,270	3,976	4,134	3,955	3,893	3,817	4,098	4,087	4,121	4,083	3,986	5	0.21%
뉴질랜드	2,926	3,016	2,975	2,922	3,011	2,882	2,872	2,868	2,769	2,755	2,705	2,626	2,572	2,592	2,541	2,530	6	-0.97%
프랑스	2,200	2,261	2,220	2,380	2,312	2,494	2,274	2,448	2,558	2,276	2,365	2,446	2,409	2,387	2,371	2,391	7	0.56%
아이슬란드	2,325	2,624	2,654	2,709	2,769	2,921	2,693	2,656	2,585	2,569	2,491	2,501	2,371	2,412	2,292	2,373	8	0.14%
호주(Australia)	2,718	2,722	2,755	2,734	2,769	2,753	2,799	2,704	2,618	2,472	2,489	2,447	2,408	2,372	2,315	2,354	9	-0.95%
이스라엘	1,980	2,029	2,096	2,083	2,019	2,006	2,050	2,180	1,943	1,945	2,101	2,124	2,131	2,085	2,220	2,351	10	1.15%
OECD	2,280	2,268	2,299	2,287	2,263	2,361	2,302	2,274	2,271	2,237	2,223	2,232	2,200	2,252	2,215	2,258		-0.06%
튀르키예	2,370	2,365	2,314	2,340	2,314	2,379	2,267	2,293	2,320	2,233	2,265	2,278	2,275	2,242	2,226	2,234	11	-0.39%
일본	2,168	2,131	2,168	2,160	2,133	2,329	2,215	2,263	2,224	2,129	2,109	2,108	2,162	2,071	1,998	2,097	12	-0.22%
오스트리아	1,996	1,989	1,987	1,997	2,066	2,112	2,059	2,082	2,082	1,968	1,995	2,041	2,046	2,030	2,065	2,019	13	0.08%
덴마크	1,929	1,946	1,896	1,873	1,829	1,874	1,816	1,788	1,838	1,792	1,792	1,794	1,708	1,683	1,761	1,879	14	-0.18%
아일랜드	1,817	1,910	1,843	1,901	1,792	1,876	1,811	1,768	1,722	1,658	1,681	1,661	1,661	1,683	1,653	1,756	15	-0.23%
스페인	1,475	1,521	1,496	1,573	1,536	1,571	1,564	1,546	1,568	1,516	1,554	1,579	1,610	1,627	1,636	1,730	16	1.07%
그리스	1,536	1,604	1,625	1,636	1,632	1,630	1,587	1,725	1,591	1,575	1,621	1,856	1,825	1,562	1,621	1,634	17	0.42%
벨기에	1,815	1,833	1,807	1,822	1,809	1,829	1,751	1,781	1,781	1,694	1,674	1,667	1,631	1,621	1,604	1,616	18	-0.77%
영국	2,081	2,050	2,007	1,938	1,904	1,893	1,763	1,800	1,769	1,673	1,655	1,646	1,596	1,581	1,554	1,608	19	-1.71%
스웨덴	1,433	1,530	1,508	1,510	1,540	1,625	1,628	1,606	1,525	1,522	1,510	1,499	1,534	1,605	1,549	1,546	20	0.51%
독일	1,713	1,718	1,703	1,699	1,700	1,733	1,702	1,703	1,686	1,600	1,576	1,557	1,584	1,542	1,523	1,528	21	-0.76%
에스토니아	1,196	1,244	1,322	1,380	1,412	1,519	1,457	1,479	1,415	1,323	1,314	1,454	1,473	1,407	1,560	1,503	22	1.54%
체코	1,438	1,480	1,419	1,410	1,400	1,429	1,353	1,387	1,400	1,342	1,364	1,414	1,436	1,416	1,430	1,493	23	0.25%
룩셈부르크	1,817	1,758	1,758	1,588	1,816	1,608	1,644	1,725	1,802	1,817	1,736	1,673	1,626	1,527	1,467	1,490	24	-1.31%
네덜란드	1,336	1,351	1,359	1,368	1,384	1,384	1,380	1,394	1,390	1,354	1,335	1,326	1,319	1,333	1,348	1,413	25	0.38%
대한민국	1,056	1,085	1,113	1,146	1,170	1,237	1,239	1,273	1,269	1,240	1,251	1,343	1,296	1,311	1,302	1,367	26	1.74%
포르투갈	1,261	1,274	1,315	1,273	1,343	1,373	1,303	1,227	1,178	1,146	1,156	1,256	1,222	1,285	1,286	1,326	27	0.34%
헝가리	1,102	1,137	1,119	1,142	1,121	1,120	1,136	1,071	1,069	1,056	1,101	1,116	1,149	1,163	1,189	1,244	28	0.81%
이탈리아	1,151	1,158	1,144	1,155	1,157	1,163	1,168	1,154	1,111	1,065	1,099	1,070	1,091	1,088	1,098	1,114	29	-0.22%
리투아니아	651	726	770	854	862	836	865	884	876	906	916	967	1,003	1,065	1,042	1,089	30	3.49%
슬로베니아	873	849	853	838	817	805	834	875	911	907	928	939	904	935	1,000	1,076	31	1.41%
라트비아	702	779	815	933	934	924	860	873	886	876	889	915	853	867	862	921	32	1.83%
코스타리카	726	744	757	760	741	740	737	747	735	737	747	761	763	769	774	800	33	0.65%
폴란드	662	694	692	711	722	743	733	735	739	730	735	752	759	762	766	782	34	1.12%
칠레	512	523	539	524	527	548	553	582	617	639	654	749	683	716	711	754	35	2.61%
슬로바키아	452	497	520	557	543	566	596	604	591	598	612	646	676	671	680	728	36	3.23%
콜롬비아	379	389	401	408	424	432	435	447	442	456	464	465	470	495	492	478	37	1.57%
멕시코	402	397	421	430	433	428	449	445	442	450	461	481	477	505	509	466	38	0.99%

IEA. (2022). IEA Electricity Information Statistics. OECD iLibrary.

OECD. (2022). OECD Employment and Labour Market Statistics. OECD iLibrary.

24

2023년 OECD 회원국 중국·인도·브라질의 에너지원별 발전량 비율

● 기후변화 완화를 위해 사회경제체제가 바뀌면 앞으로 점점 더 에너지원 중 전력의 중요성이 더 커지리라 예상됩니다. 2021년 10월 정부에서 확정한 「2050 탄소중립 시나리오」는 2050년까지 우리나라의 전력 수요가 2018년보다 2.2~2.3배로 증가한다고 전망했습니다.

● 온실가스 배출량 감축을 위해 화석연료 등의 사용을 획기적으로 줄이기 때문에 최종에너지 수요는 같은 기간에 약 5% 감소하기 때문에, 상대적으로 지금보다 훨씬 더 중요해지는 전력의 생산 방법은 지금부터 더 신중하게 고민해야 합니다. 원자핵에너지는 안전성이나 폐기물 관리에 대해 논란이 여전하지만, 온실가스를 거의 배출하지 않고 안전 문제에 대한 우려가 적은 풍력이나 태양광 등의 재생에너지 보급 확대는 지금 당장 실천할 목표입니다.

2023년 OECD 회원국 중국·인도·브라질의 에너지원별 발전량 비율

● 2019년 OECD 회원국 발전량의 28.4%를 재생에너지가 담당했었습니다. 2020년에는 OECD 발전량의 31.6%가 재생에너지에서 나왔습니다. 코로나19 위기 상황에서 재생에너지의 비율이 비약적으로 증가했었습니다. 2023년에는 OECD 회원국의 재생에너지 발전량 비율이 34.2%입니다.

● OECD에서 재생에너지 전력 비율이 만년 꼴찌인 우리나라는 그 사이에 조금 진척이 있었습니다. 여전히 꼴찌입니다만, 2019년 4.49%, 2020년 7.17%에 그쳤던 재생에너지 전력 비율이 2023년에는 9.25%로 증가했습니다.

● 그러나 아직은 개발도상국인 중국(31.9%), 인도(21.8%)와도 비교가 되지 않는 수준입니다.

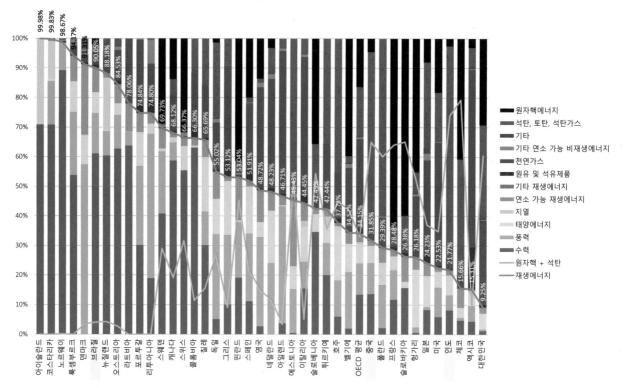

IEA. (2024). Monthly Electricity Statistics: Data up to December 2023. International Energy Agency.

25 플라스틱 종류별 생산 시 온실가스 배출량과 자연적 분해 소요 시간

● 우리가 별생각 없이 편히 쓰는 플라스틱! 이 플라스틱이 생산할 때는 온실가스를 다량 배출하고, 사용하고 난 뒤에는 너무나 천천히 분해되면서 야생 생물과 사람의 건강을 위협합니다.

플라스틱 종류별 생산 시 온실가스 배출량과 자연적 분해 소요 시간

● 현재의 생산방법으로는 **화석연료가 주원료**인 플라스틱은 최초 생산할 때 자체 무게보다 더 많은 **온실가스**를 배출합니다. 사용 후에 **자연 분해**를 통해 **절반(겨우!)으로 감소하는 데 걸리는 시간**은 플라스틱 종류·형태에 따라 육지에서 최대 5,000년, 바다에서 최대 1,200년에 달합니다.

플라스틱 종류	최초생산 시 온실가스 배출량 (kg CO2e/kg)	흔한 용도	일반적 두께(μm)	추정 표면 열화 속도(최소-최대; μm/year)				추정 반감기(최소-최대; years)			
				육지(매립)	육지(자외선·열의 열화 가속)	바다	바다(자외선·열의 열화 가속)	육지(매립)	육지(자외선·열의 열화 가속)	바다	바다(자외선·열의 열화 가속)
PET	2.436	1회용 물병	500	0	–	–	110	>2500	–	–	2.3
HDPE	1.676	물병	500	1.0 (0.91–1.1)	1.3 (0.55–2.6)	4.3 (0–11)	9.5 (4.5–22)	250 (230–280)	190 (95–460)	58 (23 to >2500)	26 (12–55)
HDPE	1.676	파이프	10,000	1.0 (0.91–1.1)	1.3 (0.55–2.6)	4.3 (0–11)	9.5 (4.5–22)	5000 (4600–5500)	3900 (1900–9000)	1200 (450 to >2500)	530 (230–1100)
PVC	2.127	파이프	10,000	0	–	–	–	>2500	–	–	–
LDPE	1.984	비닐봉지	100	11	22 (1.6–83)	15 (0–37)	10 (9.0–12)	4.6	2.3 (0.6–32)	3.4 (1.4 to >2500)	5 (4.2–5.5)
PP	1.698	음식물 보관 용기	800	–	0.51	7.5	4.6	–	780	53	87
PS	2.756	단열재	20,000	0	–	–	–	>2500	–	–	–
Others	2.138	생분해성 비닐봉지 등	100	270 (20–1400)	320	16 (7.5–29)	180	0.19 (0.035–2.5)	0.16	3.1 (1.7–6.7)	0.29

Chamas, A. et al. (2020). Degradation Rates of Plastics in the Environment. ACS Sustainable Chemistry & Engineering, 8(9), 3494–3511.

U.S. EPA. (2019). Greenhouse Gas Emission and Energy Factors Used in the Waste Reduction Model (WARM) Version 15. U.S. Environmental Protection Agency.

26 수소의 색깔(생산방법)마다 다른 온실가스 배출량

● 수소는 탄소중립을 위해 꼭 필요한 때도 있겠지만, 지금 우리나라 정부와 기업들이 투입하고 있는 세금과 자원이 제값을 할 만큼 유용하다고 보기는 힘듭니다. 전 세계적으로 소비되고 있는 수소는 거의 대부분 화석연료로 생산하거나 화석연료를 써서 다른 물질을 만드는 과정의 부산물에서 나옵니다. 제대로 도입하면 이산화탄소를 배출하지 않는다는 수소생산 기술들도 대부분 성숙하지 않았거나 화학반응에서 에너지를 많이 소모합니다.

수소의 색깔(생산방법)마다 다른 온실가스 배출량

종류	생산법	배출계수	비고
노란 수소 (yellow hydrogen)	• 전력망(발전원 혼합)에서 공급받은 전기를 써서 수전해(electrolysis)로 생산	**25.7 tCO₂-eq/tH₂** (한국 전력 배출계수 기준[GIR, 2018]; 수전해 플랜트 효율 70% 기준[Park et al., 2020])	• 발전원의 종류에 따라 온실가스 배출계수가 커질 수 있음 • 유럽연합 27개국 평균 발전원 혼합 전력배출계수에 따르면 25 tCO₂/tH₂ (Vigor, 2021)
갈색/검정 수소 (brown/black hydrogen)	• 석탄 가스화로 생산 • 갈탄(lignite)을 쓰면 갈색 수소, 유연탄(bituminous coal)을 쓰면 검정 수소	**19 tCO₂/tH₂**	• 다량의 이산화탄소 및 일산화탄소가 대기 중으로 배출됨
회색 수소 (grey hydrogen)	• 화석연료(주로 천연가스)에서 증기개질(S[M]R; Steam [Methane] Reforming)로 생산 • 자열개질(ATR; Auto Thermal Reforming)로 생산하기도 함 • 정유공정(납사분해) 및 제철공정의 부산물로 생산되는 부생수소 포함	**10 tCO₂/tH₂**	• 성숙한 기술 • 열과 물질 손실 • 반응과정에서 코크스 집적
파란 수소 (blue hydrogen)	• 갈색/검정/회색 수소와 같은 방식으로 생산하지만, 공정에서 배출되는 이산화탄소를 포집한 후 저장 또는 이용	**0.64~0.99 tCO₂/tH₂**	• 탄소저장(CCS) 또는 탄소이용(CCU) 설비 유무에 좌우됨
자주색/분홍 수소 (purple/pink hydrogen)	• 원자력발전소에 연결하여 수전해로 생산	이산화탄소 무배출	• 원자력의 대중 수용성 문제
청록 수소 (turquoise hydrogen)	• 메탄(천연가스) 열분해(수소와 고체 탄소로 분리)의 부산물	이산화탄소 무배출	• 에너지집약적 공정 • 다량 발생하는 카본블랙(carbon black) 처리방법이 별로 없음
햇빛 수소 (sunlight hydrogen)	• 태양에너지를 사용하여 광촉매 물분해로 생산(수전해 과정 없음)	이산화탄소 무배출	• 실험실 연구 또는 시제품 개발 단계
녹색 수소 (green hydrogen)	• 재생에너지 전력만 써서 수전해로 생산	이산화탄소 무배출	• 재생에너지와 물의 공급 여부

김기봉·김태경. (2021). 수소 생산. KISTEP 기술동향브리프, 2021-02. 한국과학기술기획평가원(KISTEP).

EPRS (European Parliamentary Research Service). (2021). Carbon-free steel production: Cost reduction options and usage of existing gas infrastructure. Panel for the Future of Science and Technology.

GIR. (2018). 2018년 승인 국가 온실가스 배출·흡수계수. 환경부 온실가스종합정보센터(GIR).

Park, J. et al. (2020). Techno-Economic Analysis of Green Hydrogen Production System Based on Renewable Energy Sources. Transactions of the Korean Hydrogen and New Energy Society, 31(4), 337–344.

Vigor, X. (2021). From the conquest of space, through mobility, to aerospace [Slides]. Presented at Hydrogen, getting to zero carbon flights. International Civil Aviation Organization (ICAO).

III

온실가스 배출 현황

우리나라

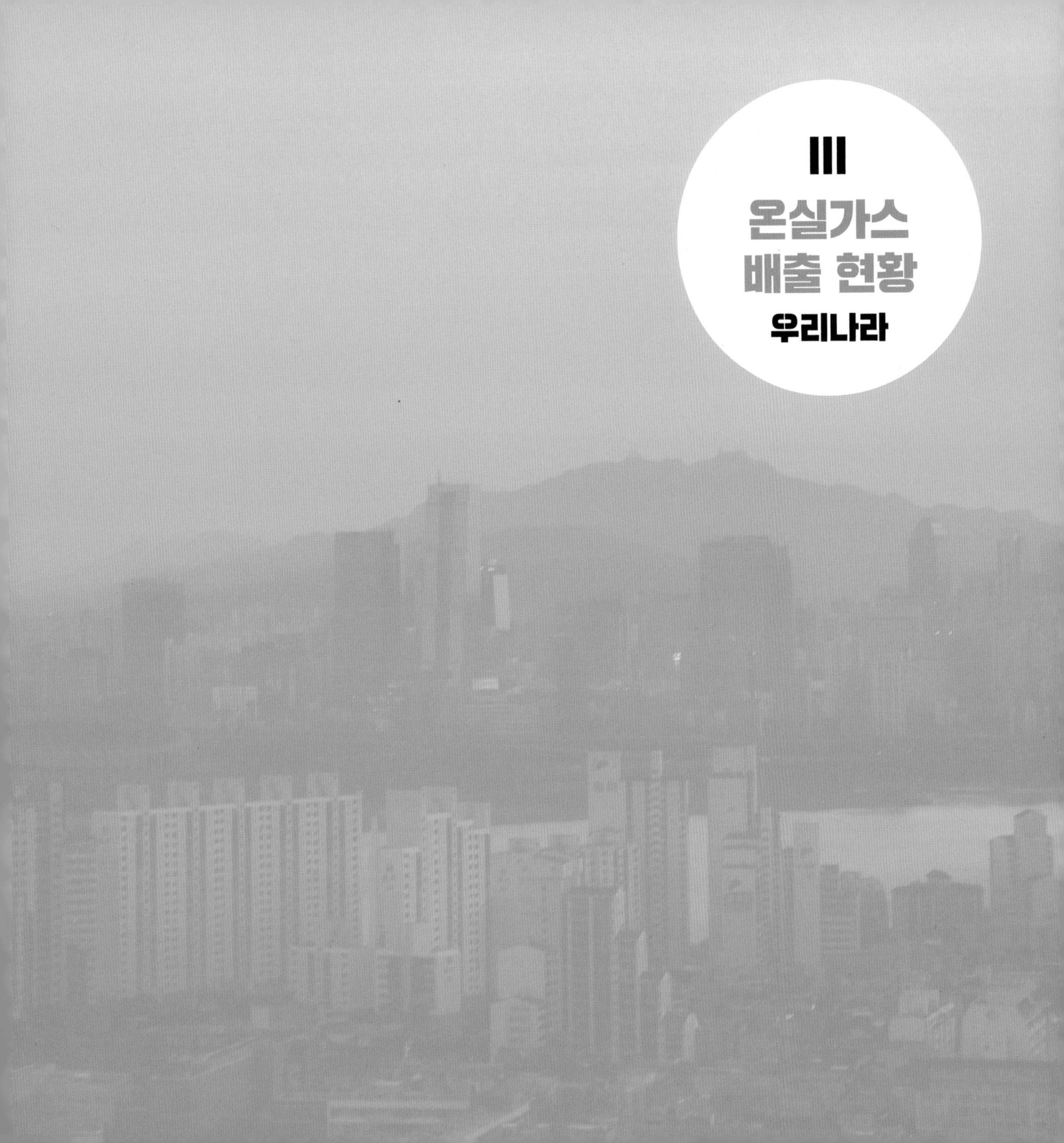

27 IPCC 제6차 평가보고서에 따른 우리나라 중간 부문별 온실가스 배출량

● 2021년 11월 영국 글래스고에서 열린 유엔기후변화협약(UNFCCC) 제26차 당사국총회(COP26)에서 확정된 파리협정 이행규칙(Paris Rulebook)에는 우리나라 온실가스 배출·흡수량 통계에 영향을 미칠 항목이 들어있습니다. 파리협정 제13조의 강화된 투명성 체계(enhanced transparency framework, ETF)를 확정하여, 앞으로 당사국은 온실가스 배출량 통계에서 이산화탄소상당량 톤(tCO$_2$-eq)을 추산할 때 IPCC 제5차 평가보고서(AR5)에서 추정한, 배출 후 100년 기준 지구온난화지수(Global Warming Potential, GWP-100)를 사용해야 합니다. 즉, 메탄 배출량 1톤은 이산화탄소상당량 28톤으로 계산하고, 아산화질소 1톤은 이산화탄소상당량 265톤입니다.

● 그런데 우리나라는 아직 공식 보고서(예를 들어, 2020 국가 온실가스 인벤토리 보고서)에서 IPCC 제2차 평가보고서(Second Assessment Report, SAR)의 GWP-100을 씁니다. SAR의 메탄 GWP-100은 21이기 때문에, AR5 기준을 따르면 국가 메탄 배출량의 이산화탄소상당량이 33% 증가(GWP-100이 21에서 28로 증가)하게 됩니다.

● 이런 통계의 변화를 미리 체험해보기 위해, AR5보다 더 최신 기준인 AR6의 GWP-100을 적용하여 우리나라 온실가스 배출량을 추산했습니다. 단, 원자료는 LULUCF를 제외하면 우리나라 발표자료가 아니므로 온실가스종합정보센터(GIR)의 온실가스 인벤토리와 직접 비교하기는 힘듭니다.

3대 온실가스의 IPCC 보고서별 배출 후 100년 기준 지구온난화지수(GWP-100)

	이산화탄소(CO$_2$)	메탄(CH$_4$)	아산화질소(N$_2$O)
SAR	1	21	310
AR5	1	28	265
AR6	1	27.2 (비화석연료 메탄) 29.8 (화석연료 메탄)	273

박훈. (2021). 온실가스 감축 대책, 부문별 간접배출량까지 고려해서 세워야. Klima, 180, 7–16.

IPCC 제6차 평가보고서에 따른 우리나라 중간 부문별 온실가스 배출량

● IPCC 제3실무그룹의 제6차 평가보고서(AR6)에서 제공하는 자료로 우리나라 온실가스 배출량을 추정했습니다. 각 온실가스의 배출량은 AR6의 지구온난화지수(GWP-100)를 써서 이산화탄소상당량을 추산했습니다. LULUCF는 IPCC가 국가별 수치를 제공하지 않으니 우리나라 GIR의 통계를 쓰되, GWP-100은 역시 AR6의 값을 적용했습니다.

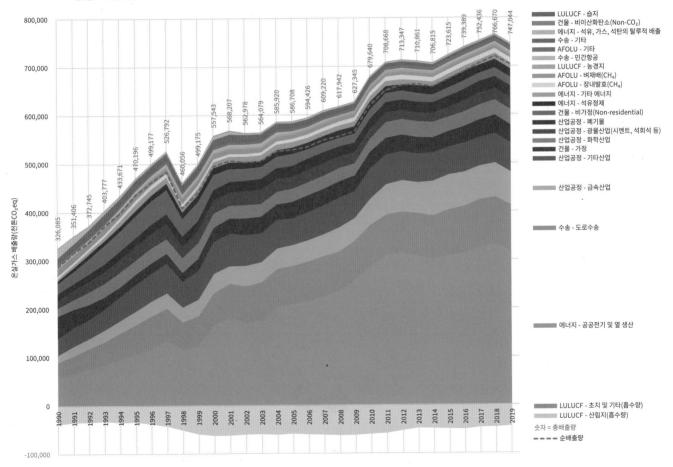

범례:
- LULUCF - 습지
- 건물 - 비이산화탄소(Non-CO₂)
- 에너지 - 석유, 가스, 석탄의 탈루적 배출
- 수송 - 기타
- AFOLU - 기타
- 수송 - 민간항공
- LULUCF - 농경지
- AFOLU - 벼재배(CH₄)
- AFOLU - 장내발효(CH₄)
- 에너지 - 기타 에너지
- 에너지 - 석유정제
- 건물 - 비가정(Non-residential)
- 산업공정 - 폐기물
- 산업공정 - 광물산업(시멘트, 석회석 등)
- 산업공정 - 화학산업
- 건물 - 가정
- 산업공정 - 기타산업
- 산업공정 - 금속산업
- 수송 - 도로수송
- 에너지 - 공공전기 및 열 생산
- LULUCF - 초지 및 기타(흡수량)
- LULUCF - 산림지(흡수량)
- 숫자 = 총배출량
- ---- 순배출량

세로축: 온실가스 배출량(천톤CO₂eq)

GIR. (2021). 2021년 국가 온실가스 인벤토리 1990–2019. 온실가스종합정보센터(GIR).

IPCC. (2022). Climate Change 2022: Mitigation of Climate Change. Contribution of Working Group III to the Sixth Assessment Report of the Intergovernmental Panel on Climate Change. Cambridge University Press.

28

약 8년마다 서울특별시 전체 면적과 맞먹는 임야가 사라지고 있습니다

● IPCC 제3실무그룹의 제6차 평가보고서(AR6)에 따르면, 세계적으로 아래와 같은 예방·관리 노력을 통한 온실가스 배출량 순감축 잠재량(합계 매년 8.27 $GtCO_2$-eq)이 태양에너지 (4.5 $GtCO_2$-eq/yr)와 풍력(3.85 $GtCO_2$-eq/yr)의 잠재량 합계(매년 8.35 $GtCO_2$-eq)에 필적합니다. 2022년 3월 발생한 것과 같은 대형 산불도 예방·관리 노력을 강화하고, 임야의 전용(轉用)도 최소화한 후 제대로 관리해야 합니다.

자연생태계의 전용(轉用) 감소(4.03 $GtCO_2$-eq/yr)
산림복원·신규조림·재조림(2.84 $GtCO_2$-eq/yr)
산림관리·산불관리(1.4 $GtCO_2$-eq/yr)

기후변화행동연구소. (2022). 전 세계 '부문별 온실가스 감축 수단'의 잠재량·비용 범위, [ICCA 카드뉴스 #98]. http://j.mp/Card-News

약 8년마다 서울특별시 전체 면적과 맞먹는 임야가 사라지고 있습니다

● 지난 19년 동안 연평균 78.5km²의 임야가 다른 목적의 땅으로 바뀌었습니다. 같은 기간 연평균 산불피해 면적(11.3km²)의 약 7배이고, 서울특별시 면적(605km²)의 약 1/8입니다. 반면, 도로, 대(건축물과 그 부지), 공장용지, 잡종지(송·변전 설비, 송유 시설, 여객자동차터미널, 항공·항만 시설, 쓰레기처리장 등 포함) 등이 증가했습니다.

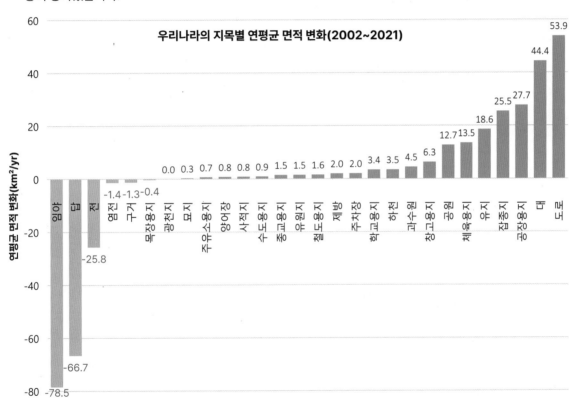

우리나라의 지목별 연평균 면적 변화(2002~2021)

연도별 산불피해 현황

연도	'02	'03	'04	'05	'06	'07	'08	'09	'10	'11	'12	'13	'14	'15	'16	'17	'18	'19	'20	'21	평균	2022년 3월 경북 울진, 강원 삼척 산불
면적 (km²)	44.7	1.3	15.9	20.7	2.5	2.3	2.3	13.8	3.0	10.9	0.7	5.5	1.4	4.2	3.8	14.8	8.9	32.6	29.2	7.7	11.3	209.2

국토교통부. (2022). 지적통계연보; 산림청. (2022). 산림통계연보.
BBC News. (2022, 3. 13.). 울진삼척 산불 진화... 서울 면적의 1/3 넘게 타.

29 우리나라에서 에너지를 가장 많이 쓰는 부문과 그 에너지원은?

우선 우리나라에서 에너지를 가장 많이 쓰는 부문과 그 에너지원을 알기 전에 무슨 에너지를 말하는지 구분해야 합니다. 여기에서 다루는 에너지는 '최종에너지'입니다. 그럼 '최초에너지'라는 것도 있다는 말일까요? 의미상으로는 최초에너지이지만 에너지 통계에서는 '1차에너지'라고 부릅니다. 1차에너지, 2차에너지, 최종에너지를 간단히 설명하면 다음과 같습니다.

I. 1차에너지: 자연 자원에서 '직접'(전환과정 없이) 채취하거나 얻은 에너지 상품에 담긴 에너지
- 예: 원유, 석탄, 천연가스

II. 2차에너지: 1차에너지 상품을 변환하여 생산한 에너지 상품에 담긴 에너지
- 예1: 연료유(1차에너지)를 연소하여 생산한 전력
- 예2: 원유(1차에너지)를 가공한 석유제품
- 예3: 석탄(1차에너지)을 정제하여 탄소 함량을 높인 코크스
- 예4: 연료목(1차에너지)을 고온에서 구워 탄소함량을 높이고 수분함량을 줄여서 만든 숯

III. 최종에너지 소비(에너지 최종사용, end use): 소비자(최종사용자)가 원하는 활동을 하기 위해 더 이상의 전환이나 변환 과정을 가하지 않고 바로 쓸 수 있도록 에너지 상품을 전달하는 것
- 최종사용 단계에서는 에너지 상품이 소비되며, 더 이상 다른 형태로 변환되지 않는다고 가정함
- 최종에너지 소비의 대상은 1차에너지 상품이 될 수도 있고 2차에너지 상품이 될 수도 있음
- '최종사용'을 거치면 에너지 상품이 사라짐(에너지 사용의 "최종" 단계)
- 최종에너지 소비 부문: 산업(제조업, 광업), 건물(가정, 상업, 공공), 수송 등

1차에너지에서 최종에너지로 바뀌는 몇 가지 단계에서 변환/손실 등을 통해 쓸 수 있는 에너지가 상당히 줄어듭니다. 예를 들어, 우리나라는 2021년에 1차에너지를 12.6 EJ(exajoule, 10^{18} J; 12.7 EJ = 301 Mtoe) 소비했으나 손실로 인해 실제 최종소비 부문에서는 8.3 EJ(= 198 Mtoe), 즉 1차에너지의 약 66%밖에 쓰지 못했습니다(최종소비 중 비에너지소비 2.5 EJ[= 59 Mtoe]를 제외하면 최종에너지 소비량은 5.8 EJ[= 139 Mtoe]임).*

* 1 EJ = 1,000,000 TJ(terajoule; 10^{12} J)

기후변화행동연구소. (2022). 전 세계 '부문별 온실가스 감축 수단'의 잠재량·비용 범위, [ICCA 카드뉴스 #98]. http://j.mp/Card-News

우리나라에서 에너지를 가장 많이 쓰는 부문과 그 에너지원은?

- 2021년에 우리나라는 산업(41%), 수송(26%), 가정(16%), 상업(13%), 공공(4%) 부문의 순으로 최종에너지를 많이 썼습니다. 이 순위를 **에너지원별로 세분**해 보았습니다. **산업 부문의 전기 소비량이 전체의 18.5% 를 차지**합니다.

- 순위도 살펴봐야겠지만, **사용량 변화에 따른 비율 증가**도 중요합니다. 예를 들어, 수송 부문의 등 유형항공유 소비량은 1990~2021년에 연평균 24.9% 증가하여, 1990년 0.003%였던 비율이 이제 1.2%가 되었습니다.

우리나라 최종에너지 소비의 0.5% 이상을 차지하는 '부문-에너지원'

순위	부문	최종에너지원	1990	1995	2000	2005	2010	2015	2019	2020	2021	최종에너지 소비량(TJ) 연평균증감률('90-'21)
	산업	총에너지	39.9435%	38.9008%	40.1318%	39.0755%	41.4523%	41.6348%	39.6017%	40.2446%	40.7753%	2.99%
	수송	총에너지	21.2696%	25.8253%	24.9710%	26.2507%	24.3598%	26.4865%	27.2896%	26.1499%	26.3141%	3.63%
1	산업	전기	10.2273%	10.8024%	12.9205%	14.3471%	15.7925%	17.9233%	18.4136%	18.4776%	18.4817%	4.90%
	가정	총에너지	19.6517%	12.1001%	16.2705%	17.4480%	16.3129%	14.5631%	15.6426%	16.6948%	16.3289%	2.30%
2	수송	경유	13.3859%	13.9824%	12.8903%	14.2521%	11.4460%	13.3270%	14.4985%	14.2303%	13.8240%	3.03%
	상업	총에너지	13.9623%	20.1929%	16.0619%	14.1822%	14.0354%	13.5698%	13.7260%	13.2262%	12.9242%	2.66%
3	상업	전기	1.6028%	2.6261%	5.1115%	7.4766%	8.3246%	8.2905%	8.7449%	8.7850%	8.6638%	8.68%
4	가정	도시가스	0.7960%	4.1179%	7.3425%	8.2505%	7.9603%	7.0056%	7.6859%	8.2019%	7.9698%	10.86%
5	수송	휘발유	5.1398%	8.4815%	7.8724%	6.7267%	6.6759%	7.0503%	7.3741%	7.4219%	7.4370%	4.15%
6	산업	도시가스	0.4109%	0.9722%	3.2961%	4.1033%	5.7121%	5.5713%	5.5385%	5.4323%	5.5455%	11.93%
7	가정	전기	2.6721%	2.7426%	3.1863%	3.8632%	4.1585%	4.2363%	4.5460%	4.9180%	4.9185%	4.96%
	공공	총에너지	5.1730%	2.9808%	2.5649%	3.0436%	3.8397%	3.7459%	3.7401%	3.6845%	3.6576%	1.77%
8	산업	기타유연탄	5.0946%	5.4302%	4.9920%	4.1143%	3.4501%	4.3193%	2.6989%	2.5917%	2.7260%	0.86%
9	산업	열		1.0176%	2.1269%	1.9702%	1.9603%	2.0785%	2.5228%	2.7086%	2.6982%	
10	상업	도시가스	0.3239%	0.8740%	1.6070%	2.6541%	2.8421%	2.4999%	2.6578%	2.4229%	2.3627%	9.73%
	산업	메모: 신재생		0.0376%	0.6230%	1.0212%	1.1751%	2.1163%	1.9526%	1.9820%	2.2660%	
11	수송	부탄	2.1131%	1.9729%	3.4407%	4.1293%	4.1581%	3.3788%	2.6462%	2.3631%	2.1772%	3.02%
12	산업	수입무연탄	0.1029%	0.4040%	1.2210%	2.4165%	3.0052%	2.7224%	2.2623%	2.1747%	2.1716%	13.56%
13	공공	전기	0.8899%	0.9472%	0.7479%	1.0561%	1.6813%	1.8783%	1.9753%	1.9330%	1.9430%	5.54%
14	가정	열		0.6798%	1.1116%	1.2797%	1.4049%	1.3113%	1.5673%	1.7013%	1.6704%	
15	산업	경유	5.4903%	4.7942%	3.6557%	2.3362%	2.2789%	1.9092%	1.6544%	1.7658%	1.5292%	-1.24%
16	산업	코크스로가스	1.2779%	1.1372%	1.0801%	1.0715%	1.2380%	1.3921%	1.3516%	1.3474%	1.3073%	2.99%
17	산업	산업폐기물			0.5642%	0.7605%	0.9176%	1.3370%	1.0805%	1.1804%	1.2113%	
18	수송	등유형항공유	0.0030%	0.0042%	0.0085%	0.0113%	0.2965%	0.9956%	0.9996%	0.4676%	1.2020%	24.90%
19	가정	등유	0.3631%	1.0871%	3.5037%	2.1098%	1.5238%	1.0970%	1.1105%	1.1261%	1.0715%	6.57%
20	산업	정제가스					0.0565%	0.4382%	0.2189%	0.7272%	1.0466%	
21	상업	프로판	3.3312%	2.9684%	2.7714%	1.0623%	0.8054%	0.8375%	0.8367%	0.8624%	0.8393%	-1.56%
22	산업	프로판	0.2251%	0.4272%	0.5629%	0.4879%	0.5640%	0.5107%	0.6165%	0.6648%	0.7998%	7.21%
	공공	메모: 신재생	0.0076%	0.2805%	0.4262%	0.4612%	0.9702%	0.6292%	0.7150%	0.8012%	0.7878%	19.54%
23	수송	도시가스				0.2996%	0.8733%	0.9834%	0.8919%	0.8271%	0.7611%	
24	산업	고형바이오매스		0.0376%	0.0585%	0.2089%	0.1816%	0.6182%	0.4503%	0.4054%	0.6916%	
25	산업	천연가스	0.0086%	0.0133%	0.0000%	0.0626%	0.4451%	0.5400%	0.4988%	0.5587%	0.6323%	18.23%
26	산업	도시폐기물_재생		0.0079%	0.0340%	0.4192%	0.6375%	0.4301%	0.5025%	0.5434%	0.5174%	
27	산업	코크스	0.9405%	1.2092%	1.0392%	0.3121%	1.6032%	0.4531%	0.5387%	0.5661%	0.5126%	0.92%
28	수송	바이오경유					0.2807%	0.3384%	0.5029%	0.5234%	0.5056%	
	수송	메모: 신재생					0.2807%	0.3384%	0.5029%	0.5234%	0.5056%	
	기타 최종에너지 소비량 비율		45.6008%	33.2629%	18.8550%	14.2182%	9.7261%	6.5266%	5.6140%	5.0989%	4.7829%	-4.30%
	국가 최종에너지 소비 합계(TJ)		2,389,828	3,715,820	4,192,835	4,741,688	5,329,711	5,455,104	5,706,343	5,560,833	5,829,145	2.92%

KEEI. (2023). 개정에너지 밸런스 1990~2021: 확장 밸런스. 에너지경제연구원(KEEI).

30 우리나라에서 부문별로 가장 많이 쓰는 에너지원은?

● 부문별 에너지 소비량 비교에 왜 최종에너지를 기준으로 삼는지는 바로 앞 장에서 설명했습니다. 그렇다면 최종에너지 소비 부문별로는 어떤 에너지원을 주로 쓸까요? 2021년 기준으로 각 부문별 10위까지의 에너지원을 표시하고, 나머지 에너지원은 '기타'로 분류했습니다. 단순 수치보다는 지난 31년 동안의 변화를 살펴보길 추천합니다.

ICCA. (2023). 우리나라에서 에너지를 가장 많이 쓰는 부문과 그 에너지원은? ICCA 카드뉴스, #130. https://bit.ly/ICCA-Card-News-130

우리나라에서 부문별로 가장 많이 쓰는 에너지원은? (1)

● 우리나라 전체로는 전기의 최종에너지 소비 비율이 1990년 3위였다가 연평균 5.6% 증가하여 2021년 1위, 1990년 10위였던 도시가스가 연평균 10.7% 증가를 거듭하여 2021년 2위입니다. 반대로 1990년에 16.0%를 차지하여 최종에너지 중 2위였던 B-C유(Bunker C)는 대기오염 우려 등의 이유로 연평균 8.5% 감소하여 2021년 비율이 0.4%까지 떨어져서 10위 안에 들지 못하고 '기타'에 포함되었습니다.

우리나라 최종에너지 에너지원별 소비 비율 변화(1990~2021)

연도	전기	도시가스	경유	휘발유	열	기타유연탄	부탄	수입무연탄	프로판	등유	기타	최종에너지 소비량(TJ)	메모: 신재생
1990	0.15545	0.01740	0.24070	0.05473		0.05095	0.02300	0.00103	0.03595	0.05541	0.36539	2,389,828	0.00017
1991	0.15866	0.02416	0.25667	0.06020		0.05304	0.02297	0.00372	0.03792	0.05455	0.32812	2,634,363	0.00018
1992	0.16632	0.03287	0.26546	0.06962		0.05487	0.02260	0.00127	0.03917	0.06867	0.27916	2,796,267	0.00019
1993	0.16547	0.04042	0.26541	0.07594		0.05875	0.02204	0.00311	0.03793	0.07932	0.25161	3,091,043	0.00019
1994	0.17418	0.05019	0.26127	0.08450		0.05920	0.02271	0.00454	0.03566	0.08095	0.22680	3,338,294	0.00021
1995	0.17293	0.06111	0.25582	0.08829	0.01736	0.05430	0.02186	0.00404	0.03426	0.09537	0.19466	3,715,820	0.00360
1996	0.18079	0.07315	0.24775	0.09517	0.02027	0.04413	0.02201	0.00496	0.03431	0.10607	0.17141	3,946,018	0.00371
1997	0.18885	0.08093	0.23070	0.09523	0.02111	0.04724	0.02248	0.00399	0.03440	0.10761	0.16746	4,139,688	0.00481
1998	0.21651	0.10023	0.20344	0.09678	0.02378	0.04333	0.02767	0.00520	0.03561	0.09319	0.15426	3,487,492	0.00865
1999	0.21466	0.11196	0.19160	0.09052	0.02603	0.03912	0.03102	0.00673	0.03663	0.11258	0.13915	3,898,800	0.00828
2000	0.22141	0.12474	0.18449	0.08220	0.03334	0.04992	0.03728	0.01221	0.03458	0.09505	0.12479	4,192,835	0.01128
2001	0.23144	0.12703	0.18490	0.08076	0.03144	0.04949	0.04131	0.01713	0.03184	0.08333	0.12133	4,289,170	0.01315
2002	0.23605	0.13317	0.18438	0.07880	0.03067	0.04898	0.04263	0.02061	0.03107	0.07591	0.11773	4,491,994	0.01359
2003	0.24493	0.13609	0.18595	0.07186	0.03342	0.04954	0.04267	0.02415	0.02762	0.06568	0.11809	4,649,244	0.01515
2004	0.26098	0.14282	0.18626	0.06879	0.03384	0.04481	0.04401	0.02261	0.02444	0.05451	0.11693	4,658,041	0.01726
2005	0.26941	0.15583	0.18035	0.07036	0.03429	0.04114	0.04431	0.02417	0.02432	0.04456	0.11127	4,741,688	0.01587
2006	0.27630	0.15611	0.17826	0.06873	0.03319	0.04014	0.04466	0.02669	0.02396	0.03825	0.11372	4,812,430	0.01763
2007	0.28602	0.15808	0.17437	0.06772	0.03411	0.03881	0.04650	0.02906	0.02270	0.03172	0.10993	4,914,673	0.01969
2008	0.29461	0.16543	0.15970	0.06773	0.03275	0.03943	0.04607	0.02983	0.02143	0.03307	0.10994	4,947,802	0.02172
2009	0.29695	0.16810	0.15770	0.07132	0.03401	0.03747	0.04749	0.02865	0.02149	0.03108	0.10574	4,917,399	0.02357
2010	0.30105	0.17505	0.14729	0.06887	0.03533	0.03450	0.04347	0.03005	0.02035	0.03255	0.11150	5,329,711	0.02495
2011	0.31022	0.17952	0.14419	0.06839	0.03569	0.03637	0.04090	0.03899	0.01862	0.02811	0.09900	5,416,902	0.02550
2012	0.32123	0.18731	0.14581	0.06867	0.03438	0.03380	0.04003	0.02660	0.01801	0.02437	0.09977	5,411,675	0.02945
2013	0.32789	0.19244	0.15441	0.07088	0.03270	0.03454	0.03958	0.02773	0.01732	0.02093	0.08159	5,363,035	0.02558
2014	0.33611	0.16798	0.16006	0.07225	0.03605	0.03627	0.03832	0.02594	0.01672	0.01770	0.09261	5,266,189	0.03007
2015	0.32475	0.16134	0.16661	0.07269	0.03579	0.04319	0.03655	0.02722	0.01766	0.01803	0.09617	5,455,104	0.03325
2016	0.32833	0.16119	0.17267	0.07305	0.03793	0.03278	0.03394	0.02502	0.01923	0.02010	0.09578	5,595,245	0.03580
2017	0.33179	0.16743	0.17108	0.07233	0.04019	0.02909	0.03143	0.02284	0.01966	0.01913	0.09503	5,713,347	0.03951
2018	0.33575	0.16863	0.16512	0.07102	0.04168	0.02995	0.02905	0.02675	0.01818	0.01851	0.09536	5,832,661	0.04027
2019	0.33879	0.16831	0.17241	0.07539	0.04380	0.02699	0.02863	0.02262	0.01887	0.01705	0.08714	5,706,343	0.03395
2020	0.34318	0.16937	0.16743	0.07569	0.04710	0.02592	0.02618	0.02175	0.01965	0.01765	0.08609	5,560,833	0.03521
2021	0.34236	0.16692	0.16047	0.07569	0.04686	0.02726	0.02361	0.02172	0.02069	0.01650	0.09792	5,829,145	0.03782
최종에너지 소비량(TJ) 연평균증감률('90-'21)	5.57%	10.70%	1.58%	4.00%		0.86%	3.01%	13.56%	1.10%	-1.03%	-1.36%	2.92%	22.43%

KEEI. (2023). 개정에너지 밸런스 1990~2021: 확장 밸런스. 에너지경제연구원(KEEI).

우리나라에서 부문별로 가장 많이 쓰는 에너지원은? (2)

- 2021년에 우리나라는 전기(34.2%), 도시가스(16.7%), 경유(16.0%), 휘발유(7.6%), 열(4.7%)의 순으로 최종에너지를 많이 소비했습니다. 이 순위를 **부문별(산업, 수송, 가정, 상업, 공공)로** 세분해 보았습니다.
- 순위도 살펴봐야겠지만, **사용량 변화에 따른 비율 증가도** 중요합니다. 예를 들어, 산업 부문의 도시가스 소비량은 1990~2021년에 연평균 11.9% 증가하여, 1990년 부문에서 1.0%였던 비율이 이제 13.6%가 되었습니다.

산업 부문 최종에너지 에너지원별 소비 비율 변화(1990~2021)

연도	전기	도시가스	기타유연탄	열	수입무연탄	경유	코크스로가스	산업폐기물	정제가스	프로판	기타	최종에너지 소비량(TJ)	메모: 신재생
1990	0.25604	0.01029	0.12755		0.00258	0.13745	0.03199			0.00564	0.42846	954,581	
1991	0.25447	0.01207	0.12871		0.00904	0.13272	0.03453			0.00764	0.42081	1,085,473	
1992	0.26909	0.01401	0.13606		0.00316	0.13291	0.03423			0.00693	0.40361	1,127,540	
1993	0.26739	0.01577	0.14869		0.00787	0.12818	0.03436			0.00627	0.39149	1,221,386	
1994	0.27050	0.01874	0.14710		0.01128	0.12567	0.03072			0.00857	0.38741	1,343,507	
1995	0.27769	0.02499	0.13959	0.02616	0.01038	0.12324	0.02923			0.01098	0.35772	1,445,484	0.00097
1996	0.29535	0.03242	0.11647	0.03085	0.01308	0.12671	0.02916			0.01176	0.34419	1,495,205	
1997	0.30873	0.04030	0.12593	0.03126	0.01065	0.12512	0.02941	0.00014		0.01600	0.31247	1,552,822	0.00058
1998	0.32491	0.05484	0.10918	0.03319	0.01310	0.10387	0.03157	0.00571		0.01417	0.30946	1,384,094	0.00720
1999	0.32897	0.06941	0.10029	0.03831	0.01725	0.09246	0.02916	0.00526		0.01938	0.29952	1,520,592	0.00676
2000	0.32195	0.08213	0.12439	0.05300	0.03043	0.09109	0.02691	0.01406		0.01403	0.24201	1,682,658	0.01552
2001	0.32545	0.08869	0.12475	0.04931	0.04317	0.09039	0.02684	0.01352		0.01077	0.22710	1,701,559	0.01505
2002	0.32723	0.09419	0.12455	0.04896	0.05242	0.08011	0.02622	0.01082		0.01043	0.22508	1,766,566	0.01285
2003	0.33934	0.09319	0.12551	0.05282	0.06119	0.07027	0.02670	0.01222	0.00005	0.00867	0.21004	1,835,233	0.01444
2004	0.36033	0.09957	0.11366	0.05279	0.05735	0.06522	0.02741	0.01525	0.00003	0.00755	0.20084	1,836,468	0.01727
2005	0.36716	0.10501	0.10529	0.05042	0.06184	0.05979	0.02742	0.01946		0.01249	0.19112	1,852,840	0.02613
2006	0.37400	0.10790	0.10290	0.05055	0.06843	0.06618	0.02717	0.01962		0.01284	0.17040	1,877,090	0.02584
2007	0.37742	0.10960	0.09622	0.05129	0.07205	0.06333	0.02723	0.02121		0.01323	0.16840	1,981,986	0.02733
2008	0.38353	0.12210	0.09705	0.04584	0.07341	0.05580	0.02810	0.02393		0.01319	0.15707	2,010,302	0.02980
2009	0.38488	0.12532	0.09450	0.04894	0.07225	0.05900	0.02520	0.02686		0.01291	0.15013	1,949,816	0.03148
2010	0.38098	0.13780	0.08323	0.04729	0.07250	0.05498	0.02987	0.02214	0.00136	0.01361	0.15626	2,209,287	0.02835
2011	0.39223	0.15034	0.08490	0.04718	0.09100	0.05166	0.02816	0.02510	0.00193	0.01130	0.11620	2,320,605	0.03056
2012	0.41727	0.16927	0.08036	0.04131	0.06325	0.05066	0.03244	0.02455	0.00308	0.01211	0.10570	2,276,039	0.03428
2013	0.42714	0.18008	0.08172	0.03858	0.06562	0.05342	0.02782	0.03115	0.00326	0.00991	0.08130	2,266,709	0.04047
2014	0.44788	0.13788	0.08576	0.04789	0.06134	0.05030	0.03258	0.03226	0.00877	0.01068	0.08467	2,227,056	0.04673
2015	0.43049	0.13381	0.10374	0.04992	0.06539	0.04585	0.03344	0.03211	0.01053	0.01227	0.08245	2,271,223	0.05083
2016	0.44719	0.13172	0.08154	0.05478	0.06223	0.04494	0.03324	0.02357	0.01235	0.01527	0.09317	2,249,351	0.05253
2017	0.45488	0.13980	0.07215	0.05684	0.05664	0.04081	0.03447	0.02474	0.00415	0.01843	0.09707	2,303,764	0.06177
2018	0.45423	0.13434	0.07432	0.05719	0.06637	0.03846	0.03166	0.02322	0.00464	0.01468	0.09908	2,350,671	0.05940
2019	0.46497	0.13986	0.06815	0.06371	0.05713	0.04178	0.03413	0.02729	0.00553	0.01557	0.08191	2,259,809	0.04930
2020	0.45913	0.13498	0.06440	0.06730	0.05404	0.04388	0.03348	0.02933	0.01807	0.01652	0.07887	2,237,936	0.04925
2021	0.45326	0.13600	0.06685	0.06617	0.05326	0.03750	0.03206	0.02971	0.02567	0.01961	0.07990	2,376,849	0.05557
최종에너지 소비량(TJ) 연평균증감률('90-'21)	4.90%	11.93%	0.86%		13.56%	-1.24%	2.99%			7.21%	-2.44%	2.99%	

KEEI. (2023). 개정에너지 밸런스 1990~2021: 확장 밸런스. 에너지경제연구원(KEEI).

우리나라에서 부문별로 가장 많이 쓰는 에너지원은? (3)

수송 부문 최종에너지 에너지원별 소비 비율 변화(1990~2021)

연도	경유	휘발유	부탄	등유형 항공유	도시가스	바이오경유	전기	B-C	B-A	등유	기타	최종에너지 소비량(TJ)	메모: 신재생
1990	0.62935	0.24165	0.09935	0.00014			0.00717	0.01318	0.00333	0.00178	0.00406	508,307	
1991	0.62281	0.25930	0.09202	0.00014			0.00685	0.01102	0.00330	0.00154	0.00303	573,721	
1992	0.60004	0.28438	0.08895	0.00010			0.00651	0.01139	0.00354	0.00214	0.00295	649,554	
1993	0.55575	0.29085	0.08261	0.00021			0.00591	0.05692	0.00371	0.00191	0.00214	766,985	
1994	0.53983	0.31702	0.08117	0.00021			0.00610	0.04843	0.00331	0.00149	0.00243	852,079	
1995	0.54142	0.32842	0.07639	0.00016			0.00676	0.03958	0.00320	0.00138	0.00269	959,623	
1996	0.54168	0.35468	0.07593	0.00013			0.00592	0.01324	0.00451	0.00166	0.00226	1,022,815	
1997	0.49348	0.34631	0.07550	0.00022			0.00578	0.07229	0.00242	0.00147	0.00253	1,097,062	
1998	0.49246	0.37194	0.10113	0.00044			0.00663	0.02001	0.00265	0.00227	0.00247	857,507	
1999	0.50463	0.36069	0.11533	0.00033			0.00665	0.00451	0.00463	0.00094	0.00228	936,749	
2000	0.51621	0.31526	0.13779	0.00034			0.00700	0.01762	0.00396	0.00032	0.00150	1,046,992	
2001	0.51681	0.29925	0.15035	0.00033	0.00028		0.00740	0.02052	0.00331	0.00053	0.00121	1,098,012	
2002	0.52820	0.28426	0.15060	0.00032	0.00284		0.00697	0.02115	0.00309	0.00100	0.00158	1,172,638	
2003	0.54628	0.26320	0.15191	0.00031	0.00502		0.00691	0.02082	0.00311	0.00087	0.00156	1,214,178	
2004	0.55235	0.25139	0.15620	0.00038	0.00812		0.00729	0.01955	0.00287	0.00051	0.00132	1,221,642	
2005	0.54292	0.25625	0.15730	0.00043	0.01141		0.00752	0.01953	0.00314	0.00039	0.00110	1,244,725	
2006	0.52102	0.24490	0.15661	0.03263	0.01536	0.00140	0.00705	0.01555	0.00392	0.00033	0.00122	1,294,914	0.00140
2007	0.52561	0.25204	0.16964	0.00218	0.02016	0.00311	0.00686	0.01527	0.00371	0.00025	0.00115	1,276,813	0.00311
2008	0.49797	0.25814	0.17292	0.01031	0.02589	0.00589	0.00653	0.01747	0.00335	0.00028	0.00125	1,256,255	0.00589
2009	0.47740	0.26674	0.17543	0.01223	0.03159	0.00857	0.00615	0.01675	0.00399	0.00028	0.00086	1,272,308	0.00857
2010	0.46987	0.27405	0.17069	0.01217	0.03585	0.01152	0.00608	0.01477	0.00368	0.00040	0.00091	1,298,304	0.01152
2011	0.46910	0.27665	0.16235	0.01681	0.03787	0.01117	0.00623	0.01438	0.00419	0.00043	0.00082	1,298,303	0.01117
2012	0.46951	0.27340	0.15435	0.02716	0.03957	0.01132	0.00614	0.01370	0.00337	0.00072	0.00075	1,318,806	0.01132
2013	0.48607	0.27500	0.14848	0.02276	0.04068	0.01171	0.00582	0.00562	0.00272	0.00025	0.00089	1,340,100	0.01171
2014	0.49258	0.27182	0.13748	0.03362	0.04033	0.01217	0.00531	0.00365	0.00193	0.00014	0.00100	1,356,265	0.01217
2015	0.50316	0.26618	0.12757	0.03759	0.03713	0.01278	0.00552	0.00620	0.00255	0.00023	0.00108	1,444,864	0.01278
2016	0.51983	0.26399	0.11674	0.03529	0.03524	0.01453	0.00642	0.00415	0.00277	0.00007	0.00099	1,508,503	0.01453
2017	0.52548	0.26545	0.10833	0.03735	0.03457	0.01555	0.00679	0.00294	0.00257	0.00007	0.00090	1,518,160	0.01555
2018	0.52842	0.26635	0.10109	0.03837	0.03418	0.01893	0.00731	0.00194	0.00246	0.00012	0.00082	1,516,762	0.01893
2019	0.53129	0.27022	0.09697	0.03663	0.03268	0.01843	0.00730	0.00338	0.00245	0.00017	0.00049	1,557,237	0.01843
2020	0.54315	0.28382	0.09037	0.01788	0.03163	0.02001	0.00781	0.00238	0.00251	0.00020	0.00024	1,454,154	0.02001
2021	0.52534	0.28263	0.08274	0.04568	0.02892	0.01921	0.00869	0.00438	0.00214	0.00015	0.00013	1,533,888	0.01921
최종에너지 소비량(TJ) 연평균증감률('90~'21)	3.03%	4.15%	3.02%	24.90%			4.27%	0.01%	2.15%	-4.38%	-7.35%	3.63%	

KEEI. (2023). 개정에너지 밸런스 1990~2021: 확장 밸런스. 에너지경제연구원(KEEI).

우리나라에서 부문별로 가장 많이 쓰는 에너지원은? (4)

가정 부문 최종에너지 에너지원별 소비 비율 변화(1990~2021)

연도	도시가스	전기	열	등유	프로판	고형연료	고형바이오매스	지열	B-C	부탄	기타	최종에너지 소비량(TJ)	메모: 신재생
1990	0.04051	0.13597		0.01848	0.00025	0.71119			0.07002	0.00001	0.02357	469,641	0.00050
1991	0.07889	0.16336		0.02284	0.00032	0.61459			0.08298	0.00001	0.03700	429,405	0.00064
1992	0.13548	0.19016		0.04101	0.00036	0.48758			0.09354	0.00002	0.05184	412,694	0.00076
1993	0.20202	0.21646		0.05956	0.00042	0.35428			0.10030	0.00044	0.06651	397,826	0.00094
1994	0.28680	0.24636		0.07201	0.00114	0.21705			0.11075	0.00065	0.06523	388,087	0.00127
1995	0.34032	0.22666	0.05618	0.08984	0.00067	0.12602	0.00189		0.09519	0.00044	0.06278	449,619	0.00349
1996	0.39294	0.22463	0.06489	0.09944	0.00076	0.07528	0.00044		0.07442	0.00053	0.06667	491,174	0.00278
1997	0.43713	0.23131	0.07203	0.08921	0.00107	0.05174	0.00234		0.05281	0.00688	0.05547	506,147	0.00577
1998	0.48580	0.25797	0.07557	0.06748	0.00436	0.04323	0.00218		0.04256	0.00007	0.02078	459,379	0.00580
1999	0.46214	0.21478	0.06936	0.15962	0.00397	0.03114	0.00164		0.03136	0.00007	0.02590	579,713	0.00439
2000	0.45128	0.19583	0.06832	0.21534	0.00582	0.02824	0.00262		0.02439	0.00013	0.00803	682,193	0.00477
2001	0.44204	0.19806	0.06472	0.24370	0.00492	0.01728	0.00247		0.02072	0.00014	0.00595	712,842	0.00430
2002	0.45566	0.20431	0.06283	0.22033	0.00512	0.01634	0.00267	0.00000	0.01734	0.00199	0.01341	745,107	0.00431
2003	0.47705	0.21436	0.06438	0.18957	0.00471	0.01593	0.00242	0.00000	0.01584	0.00214	0.01362	748,685	0.00401
2004	0.47796	0.23139	0.07099	0.15648	0.00437	0.01833	0.00188	0.00000	0.01507	0.00233	0.02119	756,527	0.00356
2005	0.47286	0.22141	0.07335	0.12092	0.04955	0.02479	0.00249	0.00000	0.01298	0.00203	0.01962	827,329	0.00396
2006	0.47067	0.23031	0.06969	0.10779	0.04671	0.02936	0.00256	0.00000	0.01259	0.00171	0.02861	821,256	0.00393
2007	0.48968	0.24737	0.07385	0.09412	0.04872	0.02806	0.00230	0.00000	0.01206	0.00126	0.00257	788,836	0.00351
2008	0.48283	0.25033	0.07616	0.10002	0.04337	0.03135	0.00213	0.00001	0.01064	0.00115	0.00201	808,991	0.00322
2009	0.48504	0.25668	0.07897	0.09082	0.04349	0.02709	0.00531	0.00003	0.00963	0.00100	0.00193	808,687	0.00649
2010	0.48797	0.25492	0.08612	0.09341	0.03948	0.02481	0.00193	0.00010	0.00882	0.00084	0.00158	869,432	0.00294
2011	0.49177	0.25951	0.08716	0.08811	0.03703	0.02494	0.00137	0.00024	0.00773	0.00072	0.00142	859,727	0.00236
2012	0.49529	0.26888	0.09236	0.07795	0.03081	0.02419	0.00185	0.00042	0.00595	0.00101	0.00129	857,545	0.00288
2013	0.49524	0.27375	0.09120	0.06618	0.03634	0.02532	0.00450	0.00066	0.00431	0.00125	0.00125	847,187	0.00582
2014	0.48246	0.28713	0.09322	0.06616	0.03761	0.02369	0.00120	0.00092	0.00263	0.00254	0.00245	792,993	0.00278
2015	0.48105	0.29090	0.09004	0.07533	0.02747	0.02180	0.00562	0.00115	0.00215	0.00125	0.00325	794,432	0.00743
2016	0.47956	0.28597	0.09044	0.08456	0.02923	0.01762	0.00601	0.00132	0.00159	0.00103	0.00266	841,942	0.00796
2017	0.49117	0.27881	0.09632	0.08075	0.02617	0.01429	0.00589	0.00145	0.00168	0.00084	0.00263	872,335	0.00794
2018	0.49530	0.28122	0.09915	0.07669	0.02532	0.01137	0.00480	0.00150	0.00155	0.00073	0.00237	921,338	0.00685
2019	0.49134	0.29061	0.10019	0.07099	0.02653	0.00844	0.00594	0.00170	0.00143	0.00075	0.00207	892,623	0.00848
2020	0.49128	0.29458	0.10191	0.06745	0.02506	0.00964	0.00571	0.00177	0.00124	0.00062	0.00074	928,371	0.00801
2021	0.48808	0.30121	0.10230	0.06562	0.02516	0.00827	0.00559	0.00184	0.00066	0.00057	0.00069	951,834	0.00793
최종에너지 소비량(TJ) 연평균증감률('90~'21)	10.86%	4.96%		6.57%	18.67%	-11.39%			-12.00%	18.81%	-8.69%	2.30%	11.85%

KEEI. (2023). 개정에너지 밸런스 1990~2021: 확장 밸런스. 에너지경제연구원(KEEI).

우리나라에서 부문별로 가장 많이 쓰는 에너지원은? (5)

상업 부문 최종에너지 에너지원별 소비 비율 변화(1990~2021)

연도	전기	도시가스	프로판	등유	경유	열	부탄	도시폐기물:재생	고형바이오매스	산업폐기물	기타	최종에너지소비량(TJ)	메모:신재생
1990	0.11480	0.02320	0.23859	0.28417	0.23859		0.00022				0.10043	333,675	
1991	0.10636	0.02471	0.21467	0.25172	0.29222		0.00019				0.11013	423,617	
1992	0.10840	0.02715	0.19804	0.28877	0.29892		0.00014				0.07859	509,976	
1993	0.11184	0.03349	0.17898	0.31262	0.30114		0.00015				0.06178	609,293	
1994	0.13126	0.03837	0.16262	0.32463	0.28885		0.00022				0.05405	653,598	
1995	0.13005	0.04328	0.14700	0.36645	0.26203	0.00154	0.00014				0.04949	750,333	
1996	0.14069	0.05037	0.14400	0.40424	0.21163	0.00194	0.00011				0.04702	811,847	
1997	0.15451	0.05099	0.13624	0.42327	0.19185	0.00221	0.00007				0.04085	851,185	
1998	0.20860	0.06649	0.15035	0.37457	0.16809	0.00260	0.00176				0.02754	670,435	
1999	0.21967	0.07324	0.14899	0.39476	0.13344	0.00311	0.00280				0.02399	734,721	
2000	0.31824	0.10005	0.17254	0.29495	0.08081	0.00438	0.00280				0.02623	673,448	0.00005
2001	0.37952	0.10727	0.18009	0.22229	0.07467	0.00588	0.00219				0.02809	631,078	0.00005
2002	0.40899	0.11904	0.17733	0.19864	0.05613	0.00500	0.00298				0.03190	655,100	0.00005
2003	0.44207	0.12634	0.15573	0.17456	0.05992	0.00582	0.00298				0.03258	693,218	0.00004
2004	0.47672	0.14552	0.14053	0.14077	0.05488	0.00789	0.00319				0.03050	681,931	0.00007
2005	0.52718	0.18714	0.07490	0.10692	0.05159	0.00966	0.00897	0.00001		0.00241	0.03122	672,477	0.00250
2006	0.55649	0.19816	0.07661	0.08705	0.01894	0.00865	0.00764	0.00004	0.00002	0.00920	0.03721	675,904	0.00982
2007	0.55673	0.19048	0.07076	0.06765	0.05024	0.00835	0.00717	0.00003	0.00013	0.00917	0.03929	712,713	0.00990
2008	0.57913	0.19191	0.06016	0.06984	0.04036	0.00897	0.00593	0.00044	0.00017	0.01017	0.03282	717,513	0.01111
2009	0.59671	0.19241	0.06170	0.06631	0.04031	0.00799	0.00517	0.00018	0.00004	0.00443	0.02475	718,547	0.00484
2010	0.59312	0.20249	0.05739	0.07349	0.03788	0.00905	0.00376		0.00025	0.00106	0.02151	748,044	0.00151
2011	0.59292	0.19522	0.05549	0.05847	0.03856	0.00899	0.00671	0.00001	0.00037	0.01100	0.03227	752,955	0.02290
2012	0.60496	0.19221	0.05662	0.04911	0.03838	0.01399	0.00818	0.00011	0.00028	0.01083	0.02535	748,934	0.01827
2013	0.62042	0.19129	0.05296	0.04388	0.04191	0.01161	0.00758	0.00022	0.00044	0.00180	0.02790	728,515	0.01038
2014	0.62666	0.19498	0.04781	0.03528	0.05020	0.01026	0.00828	0.00002	0.00647	0.00182	0.01821	701,589	0.00869
2015	0.61095	0.18422	0.06172	0.03188	0.06261	0.01080	0.00895	0.00068	0.00370	0.00446	0.02003	740,245	0.00976
2016	0.60328	0.18536	0.06076	0.03244	0.06321	0.01299	0.00637	0.00246	0.00381	0.01313	0.01619	782,428	0.02048
2017	0.60121	0.18755	0.05738	0.03083	0.06590	0.01492	0.00896	0.00261	0.00391	0.01067	0.01606	801,681	0.01930
2018	0.61717	0.19052	0.05782	0.02843	0.05003	0.01769	0.00749	0.00246	0.00366	0.01253	0.01220	815,906	0.01985
2019	0.63711	0.19363	0.06096	0.02646	0.04271	0.01743	0.00540	0.00102	0.00281	0.00173	0.01074	783,253	0.00667
2020	0.66421	0.18319	0.06520	0.02804	0.02529	0.01904	0.00499	0.00131	0.00253	0.00184	0.00434	735,485	0.00607
2021	0.67036	0.18281	0.06494	0.02508	0.02171	0.02019	0.00469	0.00267	0.00237	0.00178	0.00342	753,369	0.00717
최종에너지 소비량(TJ) 연평균증감률('90~'21)	8.68%	9.73%	-1.56%	-5.07%	-4.98%		13.27%				-7.95%	2.66%	

KEEI. (2023). 개정에너지 밸런스 1990~2021: 확장 밸런스. 에너지경제연구원(KEEI).

우리나라에서 부문별로 가장 많이 쓰는 에너지원은? (6)

공공 부문 최종에너지 에너지원별 소비 비율 변화(1990~2021)

연도	전기	도시폐기물:재생	경유	등유형항공유	지열	열	도시가스	산업폐기물	고형바이오매스	바이오가스	기타	최종에너지소비량(TJ)	메모:신재생
1990	0.17203		0.27527	0.00531			0.04050				0.50689	123,625	0.00147
1991	0.18503		0.29087	0.00036			0.05064				0.47310	122,146	0.00165
1992	0.24531		0.30477	0.00041			0.06602				0.38349	96,503	0.00224
1993	0.27334		0.29631	0.00026			0.05135				0.37874	95,552	0.00227
1994	0.31112		0.29746	0.00323			0.05939				0.32880	101,022	0.00212
1995	0.31776	0.00264	0.26174	0.01663		0.00236	0.04934	0.07489		0.01468	0.25995	110,762	0.09409
1996	0.32965	0.00234	0.24815	0.12424		0.00332	0.05012	0.08716		0.01517	0.13985	124,978	0.10619
1997	0.35803	0.00193	0.22899	0.13061		0.00375	0.05881	0.09806	0.00769	0.01240	0.09974	132,472	0.12139
1998	0.35601	0.01208	0.19865	0.14496		0.00469	0.05089	0.12334		0.01415	0.09523	116,076	0.15109
1999	0.35060	0.01247	0.17735	0.13989		0.00586	0.07291	0.12545		0.01393	0.10154	127,025	0.15320
2000	0.29157	0.01326	0.20088	0.13766		0.00960	0.08904	0.13544		0.01528	0.10727	107,543	0.16616
2001	0.34384	0.07141	0.15245	0.16201		0.00757	0.07454	0.10570		0.01162	0.07086	145,679	0.19018
2002	0.35345	0.09425	0.14662	0.12873	0.00002	0.00765	0.07194	0.12331		0.01110	0.06293	152,584	0.22996
2003	0.25725	0.09671	0.14022	0.17610	0.00006	0.03918	0.06856	0.14499		0.01272	0.06420	157,931	0.25895
2004	0.27777	0.10384	0.13073	0.16626	0.00022	0.00986	0.07233	0.15722		0.01217	0.06961	161,472	0.28459
2005	0.34698	0.13774	0.13281	0.18764	0.00047	0.01371	0.09053	0.00391	0.00003	0.00804	0.07814	144,318	0.15155
2006	0.37145	0.14781	0.16691	0.13590	0.00133	0.01226	0.05830	0.00147	0.00003	0.01836	0.08619	143,265	0.17211
2007	0.36896	0.16174	0.15253	0.12217	0.00233	0.01164	0.07716	0.00136	0.00002	0.01817	0.08483	154,325	0.18660
2008	0.39057	0.16650	0.14729	0.11306	0.00336	0.01194	0.07911	0.00248		0.01091	0.07479	154,739	0.19117
2009	0.39038	0.16902	0.14012	0.11942	0.00462	0.01302	0.06891	0.01584	0.00005	0.01080	0.06783	168,042	0.20775
2010	0.43789	0.16602	0.12060	0.09874	0.00526	0.01056	0.03065	0.05691	0.00270	0.01466	0.05601	204,643	0.25267
2011	0.49967	0.15497	0.12203	0.11435	0.00711	0.01158	0.02495	0.00232	0.00012	0.01217	0.05072	185,312	0.18059
2012	0.46080	0.15669	0.12045	0.09481	0.00791	0.01132	0.03576	0.03006	0.00066	0.01432	0.06723	210,351	0.23890
2013	0.54590	0.02639	0.13660	0.11095	0.01143	0.01216	0.05769	0.00272	0.00008	0.01878	0.07730	180,525	0.09567
2014	0.52046	0.07756	0.13971	0.10685	0.01560	0.01093	0.01854	0.00822	0.03317	0.01739	0.05157	188,285	0.15664
2015	0.50142	0.11483	0.14431	0.10322	0.01719	0.01144	0.01969	0.01494	0.00873	0.00958	0.05464	204,341	0.16798
2016	0.51024	0.12925	0.14006	0.09346	0.02044	0.01267	0.01719	0.00806	0.00733	0.00775	0.05356	213,021	0.17623
2017	0.51602	0.11634	0.14366	0.09338	0.02347	0.01234	0.01472	0.01304	0.00678	0.00663	0.05362	217,407	0.17223
2018	0.51228	0.13571	0.12658	0.09266	0.02699	0.01270	0.01818	0.01296	0.00566	0.00617	0.05010	227,984	0.19318
2019	0.52814	0.13435	0.12950	0.08660	0.02960	0.01363	0.01529	0.01043	0.00542	0.00592	0.04112	213,421	0.19116
2020	0.52463	0.14749	0.11885	0.09105	0.03314	0.01297	0.01427	0.01107	0.01289	0.00748	0.02615	204,887	0.21745
2021	0.53123	0.14147	0.11275	0.09184	0.03383	0.01535	0.01451	0.01344	0.01224	0.00970	0.02364	213,206	0.21538
최종에너지 소비량(TJ) 연평균증감률('90-'21)	5.54%		-1.11%	11.58%			-1.54%				-7.81%	1.77%	19.54%

KEEI. (2023). 개정에너지 밸런스 1990~2021: 확장 밸런스. 에너지경제연구원(KEEI).

31

17개 시도의 소득수준별 가구당 에너지 소비량 I

- 소득수준에 따른 에너지 소비량 차이에 자가용 차량 운행 정도가 결정적인 영향을 미칩니다. 자가용 차량을 많이 운행하는 데도 이유가 있지만 여전히 자가용 차량이 휘발유, 경유, LPG 등을 사용하는 내연기관으로 움직이는 문제가 더 큽니다. 내연기관은 전기차에 비교해서 너무나 에너지효율이 나쁘기 때문입니다. '주택, 냉난방 및 취사, 에너지이용기기' 사용에 따른 가구 에너지 사용량만 따지면 전국 월소득 600만원 이상 가구가 연평균 50.133 GJ를 써서 월소득 200만 미만 가구(40.836 GJ/yr)보다 23% 정도 더 씁니다. 그런데 자가용 차량의 에너지사용량은 최고소득구간 가구가 연평균 40.800 GJ를 써서 최저소득구간 가구(10.604 GJ/yr)의 3.8배가 넘습니다. 결국 자가용 차량의 에너지 사용량의 큰 차이 때문에, 가구당 총에너지 사용량은 최고소득구간 가구가 최저소득구간 가구의 1.77배[=[70.925 GJ]/[51.440 GJ])가 됩니다.

- 참고로, 전기자동차는 내연기관 자동차보다 온실가스 배출량도 획기적으로 줄여줍니다. 아직 화력발전의 비율이 높아서 전력배출계수가 나쁜 우리나라에서도 전기차의 놀라운 에너지 효율로 온실가스 배출량을 줄일 수 있습니다.

ICCA. (2021). 온실가스 감축을 위한 에너지전환, 빠를수록 좋다: 수송 부문 사례 ICCA 카드뉴스, #87. https://bit.ly/ICCA-Card-News-87

17개 시도의 소득수준별 가구당 에너지 소비량 (1)

- 3년마다 발표하는 에너지총조사는 가구당 에너지 소비량에 자가용 차량의 에너지 소비량이 포함돼 있지 않습니다. 가구에너지패널조사 데이터의 2019년 가구소득수준별(세금공제전 월평균소득) 에너지 소비량 자료를 17개 시도별로 나누어 분석했습니다.
- 주택, 냉난방 및 취사, 에너지이용기기의 에너지 소비량은 소득수준별로 큰 차이가 나지 않았습니다. 자가용 차량의 에너지 소비량은 소득이 높을수록 증가합니다. 다만, 대중교통이 발달한 수도권은 상대적으로 자가용 차량의 에너지 소비량 비율이 다른 지역(특히 충북과 전남)보다 작았습니다.

소득수준별 가구당 에너지 소비량(2019년 기준)

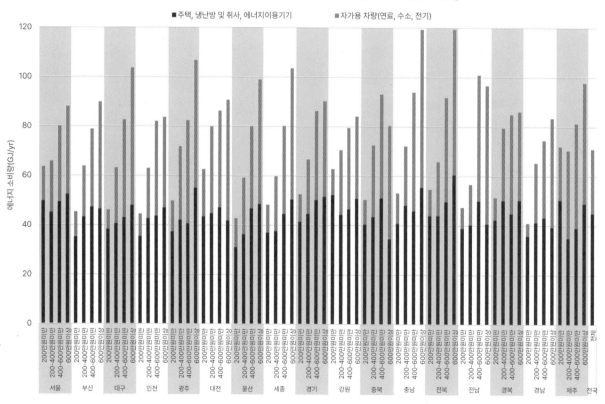

KESIS(국가에너지통계종합정보시스템). (2023). 10차(2019년 기준) 가구에너지패널조사 마이크로 데이터. 에너지경제연구원.

17개 시도의 소득수준별 가구당 에너지 소비량 (2)

소득수준별 가구당 에너지 소비량 중 소비목적 비율(2019년 기준)

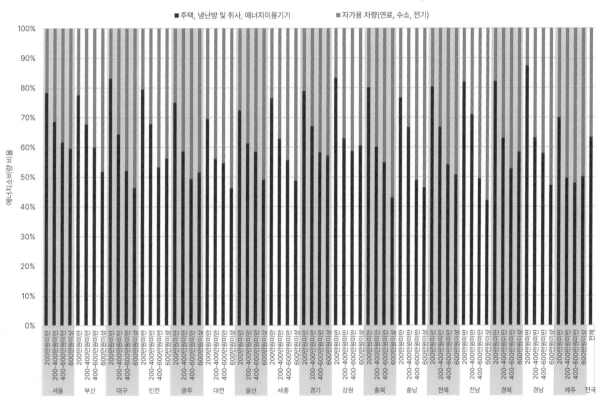

KESIS(국가에너지통계종합정보시스템). (2023). 10차(2019년 기준) 가구에너지패널조사 마이크로 데이터. 에너지경제연구원.

17개 시도의 소득수준별 가구당 에너지 소비량 (3)

소득수준별 가구당 에너지 소비량(2019년 기준): 수도권과 비수도권 비교

수도권 가구(단위: GJ/yr)

월 가구소득	주택, 냉난방 및 취사, 에너지 이용기기	자가용 차량 (연료, 수소, 전기)	합계	[가구 수] / [조사 가구 수]
200만원 미만	43.077	11.197	54.273	4.2%
200~ 400만원 미만	44.223	21.621	65.844	14.0%
400~ 600만원 미만	49.147	34.197	83.344	17.4%
600만원 이상	51.724	38.154	89.877	6.6%
전체 평균	47.312	28.348	75.660	42.2%

비수도권 가구(단위: GJ/yr)

월 가구소득	주택, 냉난방 및 취사, 에너지 이용기기	자가용 차량 (연료, 수소, 전기)	합계	[가구 수] / [조사 가구 수]
200만원 미만	40.369	10.480	50.849	20.3%
200~ 400만원 미만	43.012	25.004	68.016	19.4%
400~ 600만원 미만	45.464	37.524	82.988	13.3%
600만원 이상	47.946	44.437	92.383	4.8%
전체 평균	43.059	24.404	67.463	57.8%

KESIS(국가에너지통계종합정보시스템). (2023). 10차(2019년 기준) 가구에너지패널조사 마이크로 데이터. 에너지경제연구원.

32 17개 시도의 소득수준별 가구당 에너지 소비량 II

● 바로 앞 장에서 소득수준에 따른 에너지 소비량 차이에 자가용 차량 운행 정도가 결정적인 영향을 미치며, 그 주된 이유가 내연기관 때문이라는 것을 분석했습니다. 이번에는 시도별로 더 자세하게 분석했습니다. 경남의 최저소득구간 가구에서는 자가용 차량의 에너지 소비량 비율이 13%이지만 전남 최고소득구간 가구의 최종에너지 소비에서는 58%까지 차지합니다. 지역별로 최종에너지원 구성도 다릅니다. 예를 들어, 전기가 25.4%인 세종시와 석유가 33.6%인 제주도가 있습니다. 시도별 세분화 결과에서는 일부 표본 수가 작은 지역에서 최고소득구간의 가구당 에너지 소비량이 다른 지역과 다르게 나오기도 했습니다.

● 아무튼 이번 분석결과의 정책적 함의는 비슷합니다. 수송수단의 전기자동차 전환이 시급합니다(이번 조사의 표본가구 자가용 차량 에너지 소비량에서 전기는 0.08% 미만). 이번 분석은 가정 부문에 국한했지만, 모든 부문의 수송수단을 전기자동차로 최대한 빨리 전환하면 에너지 소비량 감소, 온실가스 배출량 감축, 대기오염물질 감소에 매우 효과적입니다. 정부의 적극적인 지원이 그 속도를 앞당길 수 있습니다.

ICCA. (2023). 17개 시도의 소득수준별 가구당 에너지 소비량 I. ICCA 카드뉴스, #132. https://bit.ly/ICCA-Card-News-132

17개 시도의 소득수준별 가구당 에너지 소비량 II (1)

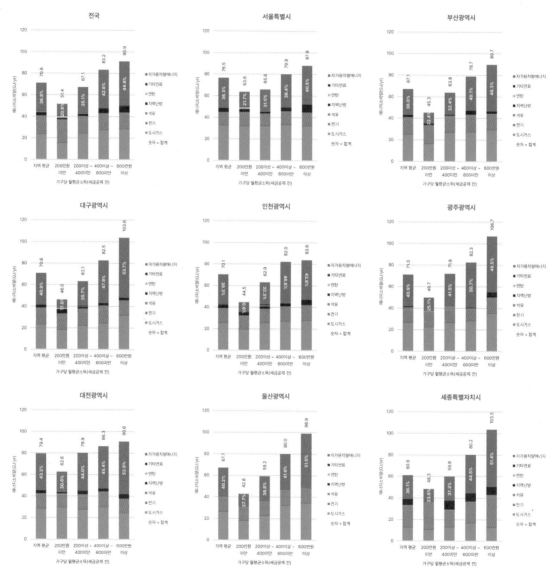

KESIS(국가에너지통계종합정보시스템). (2023). 10차(2019년 기준) 가구에너지패널조사 마이크로 데이터. 에너지경제연구원.

17개 시도의 소득수준별 가구당 에너지 소비량 II (2)

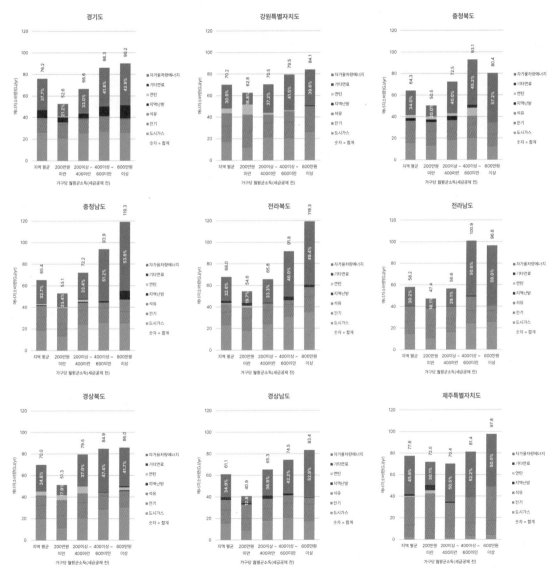

KESIS(국가에너지통계종합정보시스템). (2023). 10차(2019년 기준) 가구에너지패널조사 마이크로 데이터. 에너지경제연구원.

33 전국 시군구별 주거용 건물의 단위면적당 에너지 사용량 비교

- 우리나라에서 가정 부문은 국가 최종에너지(8,980 PJ=214.5 Mtoe)의 약 11%(986.4 PJ=23.6 Mtoe)를 소비(2022년 기준)합니다. 온실가스 배출량도 전체 총배출량(2020년 기준 6억 5,445만 tCO_2-eq)의 약 12%(8,125만 tCO_2-eq; 가정용 건물의 직접배출량 3,196만 tCO_2-eq과 간접배출량[전력 사용에 따른 3,044만 tCO_2-eq와 열 소비에 따른 1,885만 tCO_2-eq]의 합)를 차지합니다.

- 기초지자체별로 전체 주거용 건물(단독주택, 다중주택, 다가구, 아파트, 연립, 다세대 등 6종류)의 단위면적당 에너지 사용량(MJ/m^2)을 비교해 봤습니다. 기후의 영향(특히 난방에너지의 영향이 크기 때문에 겨울에 덜 추운 지역이 대체로 에너지 사용량이 적음)도 있고, 에너지 효율이 높은 건물이 많은 기초지자체는 주변보다 에너지 사용 수준이 낮을 수 있습니다.

- 우리나라가 그리 넓다고 할 수 없지만, 기초지자체별 단위면적당 에너지 사용량의 범위는 매우 넓습니다. 서울 강북구 주거용 건물의 단위면적당 에너지 사용량은 경남 합천 주거용 건물의 4.47배입니다. 달리 해석하면, (고효율 건물 신축 또는 기존 건물 리모델링 등을 통해) 에너지 효율을 높이면 주거용 건물의 에너지 사용량을 상당히 줄일 수 있습니다.

정영선·김태형. (2019). 국가 에너지통계에 따른 건물부문 온실가스 배출량 추계 및 특성. 대한건축학회 논문집 - 구조계, 35(7), 187–195.
GIR. (2023). 2022년 지역 온실가스 배출량 시범산정 결과. 온실가스종합정보센터(GIR).
GIR. (2023). 국가 온실가스 인벤토리(1990~2021). 온실가스종합정보센터(GIR).
KEEI. (2024). 2023 에너지통계연보. 에너지경제연구원(KEEI).

2022년 기초지자체 주거용 건물*의 단위면적당 에너지 사용량 비교 (1)

* 주거용 건물: 단독주택, 다중주택, 다가구, 아파트, 연립, 다세대

단위: MJ/m²

순위	광역	기초	연면적(천m²)	전기	도시가스	지역난방	합계	순위	광역	기초	연면적(천m²)	전기	도시가스	지역난방	합계
1	서울	강북구	8,851	188.6	477.1		665.7	26	서울	중구	4,464	189.4	354.1		543.5
2	서울	관악구	13,268	194.9	468.1		663.0	27	인천	미추홀구	13,464	165.8	359.3	17.9	543.0
3	경기	성남시 중원구	5,921	192.8	430.4	38.1	661.3	28	서울	노원구	16,126	171.4	226.9	143.8	542.2
4	서울	광진구	10,765	205.8	448.3		654.1	29	서울	양천구	15,094	179.1	227.0	136.0	542.1
5	서울	은평구	14,817	213.0	380.5	40.5	634.0	30	서울	용산구	9,229	167.6	320.4	52.8	540.8
6	서울	영등포구	12,232	178.0	402.8	45.8	626.7	31	경기	수원시 장안구	9,427	163.1	255.6	120.2	539.0
7	서울	종로구	5,293	183.5	434.9		618.4	32	인천	계양구	9,475	159.0	311.0	64.9	534.9
8	경기	성남시 수정구	7,021	181.6	359.2	72.3	613.0	33	경기	부천시	26,308	166.4	285.4	80.0	531.9
9	서울	금천구	7,209	187.8	415.2	4.6	607.5	34	서울	강남구	21,580	173.4	183.0	173.9	530.2
10	서울	동작구	12,718	178.4	418.6		597.0	35	경기	용인시 처인구	8,774	198.4	329.9		528.3
11	서울	성북구	14,502	183.7	410.4		594.1	36	경기	의정부시	15,609	165.8	332.4	29.3	527.5
12	서울	동대문구	10,807	190.5	401.1		591.6	37	서울	강서구	18,699	161.2	275.3	90.0	526.5
13	경기	안산시 상록구	11,912	182.7	325.7	72.4	580.8	38	경기	구리시	6,302	164.2	328.8	30.3	523.3
14	서울	마포구	12,399	179.3	351.3	49.6	580.2	39	서울	강동구	15,731	179.7	295.2	46.8	521.8
15	서울	성동구	9,915	189.4	389.8		579.2	40	서울	송파구	23,483	173.8	207.4	138.2	519.4
16	서울	구로구	13,033	176.8	381.3	14.5	572.5	41	인천	서구	20,208	164.7	271.8	82.4	519.0
17	경기	안산시 단원구	10,571	188.7	253.5	125.2	567.4	42	경기	고양시 덕양구	15,926	166.0	171.2	180.9	518.1
18	경기	안양시 만안구	7,353	174.1	364.3	28.7	567.2	43	경기	평택시	24,256	202.5	265.3	50.3	518.1
19	서울	도봉구	10,243	164.4	371.2	24.7	560.3	44	경기	광명시	9,324	185.0	266.7	65.5	517.2
20	경기	동두천시	3,437	162.9	396.1		559.0	45	경기	수원시 권선구	13,267	171.0	242.2	103.2	516.4
21	서울	서대문구	10,347	153.4	373.4	30.4	557.2	46	경기	오산시	8,177	176.2	210.9	125.0	512.1
22	경기	광주시	13,564	184.2	370.2		554.3	47	경기	의왕시	5,684	177.2	205.4	128.9	511.6
23	경기	수원시 팔달구	6,349	178.7	305.1	68.5	552.3	48	경기	수원시 영통구	13,010	173.7	108.9	222.5	505.1
24	인천	부평구	14,790	172.1	274.0	104.3	550.4	49	경기	남양주시	26,906	172.5	295.9	36.0	504.4
25	인천	동구	1,849	172.3	371.8		544.1	50	인천	남동구	18,409	163.1	262.3	73.9	499.3

한국부동산원. (2023). 그린투게더—건물에너지 통계. 국토교통부.

2022년 기초지자체 주거용 건물*의 단위면적당 에너지 사용량 비교 (2)

* 주거용 건물: 단독주택, 다중주택, 다가구, 아파트, 연립, 다세대

단위: MJ/m²

순위	광역	기초	연면적(천m²)	전기	도시가스	지역난방	합계	순위	광역	기초	연면적(천m²)	전기	도시가스	지역난방	합계
51	대구	서구	5,580	175.6	306.5	13.8	495.9	76	경남	창원시 마산회원구	6,811	169.8	290.5		460.3
52	경기	고양시 일산동구	10,488	167.9	123.4	204.0	495.4	77	광주	서구	12,229	161.4	295.9	1.8	459.1
53	서울	서초구	16,903	154.8	238.8	100.8	494.4	78	경기	과천시	2,826	154.1	126.4	174.3	454.7
54	경기	양주시	8,367	181.5	238.6	72.9	493.0	79	대구	달서구	21,567	164.5	174.9	114.3	453.7
55	경기	연천군	1,246	258.9	231.4		490.4	80	경북	포항시 남구	8,762	156.0	271.1	26.0	453.1
56	경기	고양시 일산서구	11,063	162.3	99.1	228.0	489.4	81	울산	중구	8,471	155.2	296.2		451.4
57	경기	파주시	16,956	169.6	217.6	101.2	488.4	82	대전	동구	8,291	177.7	272.1		449.8
58	대구	남구	5,547	169.1	315.3		484.5	83	충북	청주시 서원구	8,203	182.7	137.4	128.7	448.9
59	서울	중랑구	14,928	149.1	310.1	24.0	483.2	84	광주	광산구	16,680	164.4	227.8	55.9	448.1
60	경기	포천시	4,505	234.2	248.7		482.9	85	강원	홍천군	2,315	284.7	163.4		448.1
61	충남	천안시 서북구	15,158	173.8	289.4	19.5	482.7	86	경기	시흥시	21,505	143.1	238.2	66.5	447.8
62	전북	전주시 완산구	14,151	160.9	321.4		482.2	87	경북	구미시	16,594	153.8	292.0		445.7
63	충남	천안시 동남구	10,280	180.8	281.5	16.1	478.5	88	울산	동구	5,763	145.6	300.0		445.6
64	경기	김포시	17,910	182.2	187.1	108.8	478.1	89	경북	경산시	11,217	167.3	278.2		445.5
65	경기	용인시 기흥구	17,548	160.0	126.9	186.8	473.8	90	충남	서산시	7,062	190.7	253.7		444.5
66	경기	안양시 동안구	9,985	156.9	135.9	180.4	473.1	91	대전	대덕구	6,776	160.6	260.3	23.0	443.9
67	충남	아산시	13,306	179.2	260.8	31.9	471.9	92	인천	연수구	14,939	164.2	143.9	134.9	443.0
68	경기	이천시	7,588	187.5	283.7		471.2	93	경남	창원시 성산구	9,410	167.2	275.0		442.2
69	전북	전주시 덕진구	12,672	154.5	316.4		470.9	94	광주	북구	17,200	152.8	275.8	11.5	440.1
70	인천	중구	5,631	170.3	201.6	98.0	470.0	95	대구	동구	13,258	155.6	269.9	11.0	436.5
71	강원	춘천시	11,859	173.9	292.0		465.9	96	경기	용인시 수지구	16,246	149.7	46.5	239.7	435.9
72	충북	청주시 청원구	7,686	183.4	281.7		465.1	97	경기	가평군	2,513	272.5	160.6		433.2
73	충북	청주시 흥덕구	11,501	177.1	231.6	53.1	461.8	98	대구	북구	17,596	155.7	274.9		430.6
74	경기	안성시	6,957	199.5	261.9		461.4	99	충북	청주시 상당구	7,680	183.7	146.5	99.7	429.9
75	강원	원주시	15,856	181.9	279.1		461.0	100	부산	중구	1,234	188.2	241.3		429.5

한국부동산원. (2023). 그린투게더—건물에너지 통계. 국토교통부.

2022년 기초지자체 주거용 건물*의 단위면적당 에너지 사용량 비교 (3)

* 주거용 건물: 단독주택, 다중주택, 다가구, 아파트, 연립, 다세대

단위: MJ/m²

순위	광역	기초	연면적(천m²)	전기	도시가스	지역난방	합계	순위	광역	기초	연면적(천m²)	전기	도시가스	지역난방	합계
101	대구	수성구	18,714	153.3	275.6		429.0	126	울산	북구	8,762	140.3	266.4		406.7
102	경기	하남시	11,279	169.2	149.2	109.6	428.0	127	부산	사상구	6,626	152.1	254.1		406.2
103	경남	양산시	14,211	163.2	181.2	83.1	427.5	128	부산	사하구	11,497	154.9	251.0		405.9
104	경기	여주시	3,940	205.5	221.2		426.7	129	부산	금정구	8,938	155.6	247.6		403.2
105	세종	세종특별자치시	15,855	184.2	71.2	171.3	426.7	130	부산	남구	10,210	166.0	236.6	0.1	402.8
106	충남	당진시	7,062	173.2	248.3		421.4	131	전북	익산시	10,682	172.1	211.7	18.2	402.0
107	충북	제천시	5,160	199.0	221.3		420.3	132	부산	북구	11,237	146.4	255.0		401.4
108	경기	군포시	10,001	137.7	147.9	134.5	420.1	133	부산	수영구	7,039	155.8	244.8		400.6
109	충북	충주시	9,082	182.2	237.7		420.0	134	경북	영주시	3,732	162.9	233.1		396.0
110	대전	중구	9,375	153.6	265.5		419.2	135	충남	공주시	3,647	185.7	208.1		393.8
111	충북	증평군	1,488	166.4	252.2		418.6	136	전남	순천시	11,052	161.9	227.6		389.5
112	울산	울주군	8,469	149.3	268.6		417.9	137	경남	창원시 진해구	8,305	162.9	226.5		389.4
113	울산	남구	13,038	144.5	273.3		417.8	138	부산	기장군	6,765	173.7	126.2	89.2	389.2
114	광주	동구	4,243	148.6	268.2		416.8	139	충남	홍성군	3,451	181.9	129.1	76.4	387.4
115	경북	경주시	9,918	181.0	235.6		416.5	140	부산	영도구	3,899	163.0	223.7		386.6
116	대구	달성군	10,027	160.1	203.8	52.1	416.1	141	대구	중구	3,092	166.1	219.8		385.9
117	경남	창원시 의창구	8,429	176.4	239.0		415.4	142	경북	칠곡군	4,493	164.1	221.5		385.7
118	전남	목포시	9,220	162.8	252.5		415.4	143	부산	연제구	8,062	152.1	233.5		385.6
119	대전	서구	19,430	151.9	220.1	43.3	415.2	144	부산	해운대구	14,952	148.7	209.6	26.3	384.7
120	경기	화성시	36,974	159.8	107.1	147.4	414.3	145	부산	부산진구	13,328	158.4	225.4		383.8
121	전북	군산시	11,501	152.9	261.3		414.3	146	부산	동래구	10,339	153.3	230.4		383.6
122	충남	보령시	3,150	198.0	216.2		414.2	147	경북	포항시 북구	11,653	141.2	240.4		381.6
123	경남	김해시	21,224	162.9	211.8	39.3	414.0	148	경남	진주시	14,283	163.9	194.3	21.2	379.4
124	충남	계룡시	1,674	145.0	263.7		408.7	149	광주	남구	9,886	135.3	244.1		379.3
125	대전	유성구	16,463	154.5	184.2	68.9	407.7	150	경북	안동시	5,870	158.9	219.9		378.8

한국부동산원. (2023). 그린투게더—건물에너지 통계. 국토교통부.

2022년 기초지자체 주거용 건물*의 단위면적당 에너지 사용량 비교 (4)

* 주거용 건물: 단독주택, 다중주택, 다가구, 아파트, 연립, 다세대

단위: MJ/m²

순위	광역	기초	연면적(천m²)	전기	도시가스	지역난방	합계	순위	광역	기초	연면적(천m²)	전기	도시가스	지역난방	합계
151	충남	논산시	3,843	206.0	169.9		375.9	176	전남	화순군	2,362	139.4	188.1		327.5
152	부산	동구	2,847	158.2	216.6		374.7	177	전남	나주시	4,605	143.0	100.0	81.8	324.8
153	강원	속초시	3,685	175.9	198.1		373.9	178	충남	부여군	1,891	197.6	125.0		322.6
154	충북	진천군	3,581	182.6	190.9		373.5	179	충남	금산군	1,704	188.0	128.5		316.5
155	강원	횡성군	1,726	269.2	99.7		369.0	180	경기	성남시 분당구	18,692	110.2	67.0	138.8	316.0
156	경북	영천시	3,425	167.7	200.5		368.2	181	경북	김천시	5,583	151.2	164.5		315.7
157	전남	여수시	11,037	156.1	211.2		367.3	182	강원	철원군	1,148	315.6			315.6
158	충북	음성군	3,840	192.9	173.1		365.9	183	충남	태안군	2,305	200.4	115.1		315.5
159	강원	영월군	1,357	248.3	115.2		363.5	184	전남	장성군	1,303	177.5	136.5		314.0
160	전북	완주군	3,426	175.8	187.1		362.8	185	경북	고령군	940	165.6	144.4		310.0
161	경남	창원시 마산합포구	7,132	160.0	201.5		361.6	186	전북	남원시	2,931	154.7	153.5		308.1
162	전남	광양시	5,757	150.0	208.0		358.0	187	전남	영암군	1,857	172.8	135.1		307.9
163	충남	예산군	2,554	177.5	162.8	13.3	353.6	188	경남	함안군	2,135	157.7	150.0		307.8
164	전북	정읍시	3,372	171.8	181.6		353.4	189	경북	예천군	2,400	156.5	150.2		306.7
165	부산	서구	3,673	149.0	202.2		351.2	190	강원	화천군	550	306.4			306.4
166	경기	양평군	4,946	251.1	98.2		349.4	191	강원	인제군	915	306.1			306.1
167	전북	고창군	1,323	192.9	152.2		345.1	192	충북	단양군	1,108	243.9	60.3		304.2
168	강원	정선군	1,211	283.5	60.2		343.8	193	강원	평창군	1,926	301.2			301.2
169	경남	통영시	5,122	166.4	177.2		343.5	194	강원	고성군	969	270.2	30.7		300.9
170	충남	서천군	1,566	191.8	148.6		340.4	195	전남	영광군	1,419	180.0	118.2		298.2
171	전북	김제시	2,553	172.4	167.2		339.6	196	강원	동해시	3,475	168.7	124.6		293.3
172	경남	사천시	4,288	152.3	183.5		335.8	197	부산	강서구	5,533	165.3	127.9		293.2
173	인천	강화군	2,728	202.3	132.8		335.1	198	충북	옥천군	1,848	177.1	111.7		288.8
174	전남	무안군	3,238	163.2	171.8		335.1	199	전북	순창군	804	162.7	120.3		283.0
175	강원	강릉시	8,359	189.7	138.4		328.1	200	경남	거창군	2,555	135.3	145.1		280.4

한국부동산원. (2023). 그린투게더—건물에너지 통계. 국토교통부.

2022년 기초지자체 주거용 건물*의 단위면적당 에너지 사용량 비교 (5)

* 주거용 건물: 단독주택, 다중주택, 다가구, 아파트, 연립, 다세대

단위: MJ/m²

순위	광역	기초	연면적(천m²)	전기	도시가스	지역난방	합계	순위	광역	기초	연면적(천m²)	전기	도시가스	지역난방	합계
201	강원	양구군	568	279.5			**279.5**	226	전남	함평군	659	152.6	74.1		**226.7**
202	충북	영동군	1,441	194.1	83.1		**277.2**	227	전남	구례군	857	155.7	68.8		**224.5**
203	경북	문경시	2,590	170.0	107.1		**277.1**	228	전남	담양군	1,695	140.3	81.0		**221.2**
204	전북	부안군	1,749	176.4	99.9		**276.3**	229	경북	청송군	759	219.4			**219.4**
205	전북	무주군	851	180.2	95.2		**275.3**	230	경남	고성군	1,863	147.8	71.2		**219.0**
206	경북	영덕군	1,164	191.1	84.1		**275.3**	231	경북	성주군	1,244	174.8	40.4		**215.2**
207	경남	거제시	10,468	160.5	113.7		**274.1**	232	전남	강진군	1,180	140.8	74.5		**215.2**
208	경남	밀양시	4,121	151.8	116.9		**268.8**	233	경북	영양군	540	207.7			**207.7**
209	충북	괴산군	1,173	217.2	50.2		**267.3**	234	경북	군위군	677	155.7	48.8		**204.4**
210	인천	옹진군	666	266.5			**266.5**	235	경남	창녕군	1,913	149.4	51.5		**200.9**
211	전남	해남군	2,081	161.6	100.9		**262.4**	236	전남	곡성군	920	143.2	57.0		**200.3**
212	충북	보은군	1,063	191.8	69.2		**261.1**	237	경남	의령군	985	131.5	66.9		**198.4**
213	경북	울진군	1,744	190.0	69.8		**259.8**	238	경북	의성군	1,633	156.1	41.5		**197.6**
214	경북	상주시	3,568	154.2	100.7		**254.9**	239	전남	완도군	1,303	197.0			**197.0**
215	전북	임실군	622	166.9	86.9		**253.8**	240	전남	고흥군	1,772	148.5	44.8		**193.4**
216	경북	울릉군	201	252.1			**252.1**	241	제주	서귀포시	6,778	177.9	14.5		**192.4**
217	경북	봉화군	1,037	192.2	59.0		**251.1**	242	강원	태백시	1,444	192.0			**192.0**
218	강원	양양군	1,236	208.5	40.7		**249.3**	243	전북	장수군	658	191.7			**191.7**
219	충남	청양군	912	196.4	47.8		**244.1**	244	경남	하동군	1,497	144.0	43.0		**187.1**
220	전북	진안군	769	158.9	84.1		**243.0**	245	전남	보성군	1,319	156.5	28.1		**184.6**
221	전남	장흥군	1,141	154.3	86.2		**240.5**	246	전남	신안군	962	183.8			**183.8**
222	경남	함양군	1,373	142.7	95.4		**238.2**	247	전남	진도군	943	172.5			**172.5**
223	제주	제주시	17,835	182.8	51.0		**233.8**	248	경남	산청군	1,120	157.6			**157.6**
224	강원	삼척시	2,356	180.4	50.0		**230.3**	249	경남	남해군	1,734	155.1			**155.1**
225	경북	청도군	1,432	174.3	52.7		**227.0**	250	경남	합천군	1,462	148.9			**148.9**

한국부동산원. (2023). 그린투게더—건물에너지 통계. 국토교통부.

우리나라 미세먼지는 어디에서 나오나요?

● 다음 표의 전환계수는 우리나라에서 미세먼지 발생량을 줄이기 위해 만들었으나 아직 국제적으로 통용되는 수치가 없습니다. 그리고 일차생성 초미세먼지와 이차생성 초미세먼지를 합한 전체적인 미세먼지 배출량을 비교하기 위한 전환계수는 황산화물과 질소산화물에 대해서는 아직 TMS(대기환경보전법에 따른 굴뚝배출가스자동측정기기 부착 대상 사업자 배출량) 통계에서 적용하지만, VOCs(휘발성유기화합물)에는 더 이상 적용하지 않는 듯합니다. 내가 관심 있는 부문, 내가 살거나 일하는 지역의 배출량이 다른 부문, 다른 지역과 상대적으로 무엇이 다른지 비교할 때 참고용으로 보면 도움이 됩니다.

감사원. (2020). 감사보고서: 미세먼지 관리대책 추진실태.

우리나라 미세먼지는 어디에서 나오나요? I. 부문별 (1)

2019년 기준(배출량 단위: 톤)

| 배출원 | | 1차 배출 + 2차 생성 | | 비율 | | 1차(직접) | 2차 생성 | | | NH$_3$ |
대분류	중분류	VOCs 제외	VOCs 포함	VOCs 제외	VOCs 포함	배출(PM$_{2.5}$)	SO$_X$	NO$_X$	VOCs	
비도로이동오염원	선박	34,045	35,139	15.1%	14.1%	8,597	12,539	12,909	1,094	15
생산공정	석유제품산업	20,625	22,031	9.1%	8.8%	30	20,280	315	1,407	24,464
생산공정	제철제강업	19,798	20,277	8.8%	8.1%	3,810	12,683	3,305	479	1,747
도로이동오염원	화물차	19,275	19,481	8.5%	7.8%	4,300	44	14,930	206	159
에너지산업 연소	공공발전시설	18,767	18,873	8.3%	7.5%	2,010	12,852	3,905	105	611
비도로이동오염원	건설장비	15,102	15,463	6.7%	6.2%	5,876	37	9,189	361	47
제조업 연소	공정로	13,538	13,568	6.0%	5.4%	1,137	5,463	6,938	31	297
제조업 연소	기타	8,677	8,703	3.8%	3.5%	1,264	4,188	3,224	26	332
도로이동오염원	RV	8,486	8,530	3.8%	3.4%	908	18	7,560	44	174
생물성 연소	농업잔재물 소각	7,617	9,065	3.4%	3.6%	7,194	0	423	1,448	5
비산먼지	도로 재비산먼지	7,613	7,613	3.4%	3.0%	7,613	0	0	0	0
비산업 연소	주거용시설	6,786	6,834	3.0%	2.7%	612	2,406	3,768	48	714
비산업 연소	상업 및 공공기관시설	5,649	5,668	2.5%	2.3%	95	2,814	2,740	19	703
비산먼지	건설공사	3,106	3,106	1.4%	1.2%	3,106	0	0	0	0
에너지산업 연소	민간발전시설	3,087	3,159	1.4%	1.3%	664	1,120	1,302	73	1,147
생산공정	기타 제조업	3,065	3,075	1.4%	1.2%	221	2,628	216	10	0
도로이동오염원	승용차	2,470	2,760	1.1%	1.1%	121	29	2,319	291	2,084
비도로이동오염원	농업기계	2,345	2,388	1.0%	1.0%	1,151	2	1,191	43	49
제조업 연소	연소시설	2,140	2,152	0.9%	0.9%	130	644	1,366	13	480
에너지산업 연소	석유정제시설	2,001	2,004	0.9%	0.8%	18	1,493	490	3	55
폐기물처리	폐기물소각	1,960	3,229	0.9%	1.3%	221	802	937	1,269	0
비산먼지	농업활동	1,897	1,897	0.8%	0.8%	1,897	0	0	0	0
도로이동오염원	버스	1,876	2,114	0.8%	0.8%	145	7	1,724	239	30
생물성 연소	숯가마	1,668	1,698	0.7%	0.7%	1,664	3	1	30	0
비산먼지	축산활동	1,457	1,457	0.6%	0.6%	1,457	0	0	0	0
생물성 연소	목재 난로 및 보일러	1,417	1,807	0.6%	0.7%	1,226	20	171	389	6
비도로이동오염원	항공	1,343	1,363	0.6%	0.5%	100	330	913	20	0
도로이동오염원	승합차	1,153	1,161	0.5%	0.5%	217	2	933	8	12
생산공정	무기화학제품 제조업	988	1,004	0.4%	0.4%	233	525	231	16	0

미세먼지 생성물질의 초미세먼지 환산계수(환경부): 황산화물 = 0.345; 질소산화물 = 0.079; VOCs = 0.024.

NAIR. (2023). 2019년 대기오염물질 배출량 통계—재산정. 국가미세먼지정보센터(National Air Emission Inventory and Research Center, NAIR).

우리나라 미세먼지는 어디에서 나오나요? I. 부문별 (2)

2019년 기준(배출량 단위: 톤)

배출원 대분류	배출원 중분류	1차 배출 + 2차 생성 VOCs 제외	1차 배출 + 2차 생성 VOCs 포함	비율 VOCs 제외	비율 VOCs 포함	1차(직접) 배출(PM₂.₅)	2차 생성 SOₓ	2차 생성 NOₓ	2차 생성 VOCs	NH₃
생산공정	유기화학제품 제조업	966	2,060	0.4%	0.8%	815	149	2	1,094	0
비산먼지	비포장도로 비산먼지	889	889	0.4%	0.4%	889	0	0	0	0
비도로이동오염원	철도	795	817	0.4%	0.3%	322	48	426	21	10
생물성 연소	노천 소각	750	844	0.3%	0.3%	712	0	38	94	2
비산업 연소	농업·축산·수산업시설	681	682	0.3%	0.3%	150	257	274	1	135
에너지산업 연소	지역난방시설	679	700	0.3%	0.3%	150	191	338	21	254
비산먼지	나대지	661	661	0.3%	0.3%	661	0	0	0	0
생물성 연소	고기 및 생선구이	578	581	0.3%	0.2%	576	1	1	4	0
기타 면오염원	산불 및 화재	561	592	0.2%	0.2%	539	0	21	31	0
비산먼지	폐기물처리	474	474	0.2%	0.2%	474	0	0	0	0
도로이동오염원	이륜차	284	356	0.1%	0.1%	75	3	205	73	53
도로이동오염원	특수차	230	234	0.1%	0.1%	42	1	187	4	4
생물성 연소	아궁이	142	182	0.1%	0.1%	109	3	30	39	2
생산공정	목재, 펄프 제조업	59	59	0.0%	0.0%	16	43	0	0	0
도로이동오염원	택시	14	14	0.0%	0.0%	2	1	10	0	98
비산먼지	하역 및 야적	1	1	0.0%	0.0%	1	0	0	0	0
유기용제 사용	도장시설	0	8,010	0.0%	3.2%	0	0	0	8,010	0
유기용제 사용	기타 유기용제 사용	0	3,951	0.0%	1.6%	0	0	0	3,951	0
생산공정	식음료 가공	0	1,465	0.0%	0.6%	0	0	0	1,465	0
유기용제 사용	세정시설	0	634	0.0%	0.3%	0	0	0	634	0
에너지수송 및 저장	휘발유 공급	0	603	0.0%	0.2%	0	0	0	603	0
유기용제 사용	세탁시설	0	491	0.0%	0.2%	0	0	0	491	0
폐기물처리	기타 폐기물 처리	0	64	0.0%	0.0%	0	0	0	64	22
농업	분뇨관리	0	0	0.0%	0.0%	0	0	0	0	184,974
농업	비료사용 농경지	0	0	0.0%	0.0%	0	0	0	0	18,799
생산공정	암모니아 소비	0	0	0.0%	0.0%	0	0	0	0	18,465
기타 면오염원	동물	0	0	0.0%	0.0%	0	0	0	0	12,962
합계		225,709	249,982	100.0%	100.0%	61,551	81,626	82,532	24,272	268,913

미세먼지 생성물질의 초미세먼지 환산계수(환경부): 황산화물 = 0.345; 질소산화물 = 0.079; VOCs = 0.024.

NAIR. (2023). 2019년 대기오염물질 배출량 통계—재산정. 국가미세먼지정보센터(National Air Emission Inventory and Research Center, NAIR).

우리나라 미세먼지는 어디에서 나오나요? II. 지역별 (1)

2019년 기준(배출량 단위: 톤)

지역		1차배출+2차생성		비율		1차(직접)	2차 생성			NH₃
광역	기초	VOCs 제외	VOCs 포함	VOCs 제외	VOCs 포함	배출(PM₂.₅)	SOₓ	NOₓ	VOCs	NH₃
충청남도		29,816	31,579	13.21%	12.63%	6,063	16,871	6,883	1,763	44,167
전라남도		28,571	30,950	12.66%	12.38%	6,593	14,618	7,360	2,378	38,131
경기도		25,672	30,057	11.37%	12.02%	9,444	3,119	13,110	4,385	39,992
경상북도		20,518	22,498	9.09%	9.00%	7,687	6,011	6,820	1,980	31,388
울산광역시		19,874	22,009	8.81%	8.80%	1,979	13,930	3,965	2,135	14,498
경상남도		14,915	17,189	6.61%	6.88%	4,279	5,622	5,014	2,274	23,460
강원도		14,408	15,062	6.38%	6.03%	4,006	4,541	5,860	655	13,117
바다		14,234	14,605	6.31%	5.84%	3,288	3,851	7,095	371	8
울산광역시	남구	12,797	13,971	5.67%	5.59%	1,297	8,996	2,505	1,174	7,380
전라남도	여수시	12,268	13,405	5.44%	5.36%	1,279	8,420	2,569	1,137	8,526
충청남도	당진시	10,521	10,749	4.66%	4.30%	1,962	6,556	2,004	228	6,349
인천광역시		10,411	11,650	4.61%	4.66%	2,457	3,900	4,054	1,239	6,563
충청북도		10,181	11,122	4.51%	4.45%	3,377	2,482	4,322	940	13,608
전라남도	광양시	9,614	9,895	4.26%	3.96%	2,007	5,390	2,217	282	1,371
부산광역시		9,384	10,220	4.16%	4.09%	2,469	3,139	3,777	836	1,729
서울특별시		8,501	10,035	3.77%	4.01%	2,695	344	5,462	1,534	3,552
전라북도		7,821	9,573	3.46%	3.83%	3,238	1,673	2,910	1,752	26,236
경상북도	포항시 남구	7,739	8,010	3.43%	3.20%	1,671	3,909	2,160	271	990
충청남도	서산시	7,578	8,174	3.36%	3.27%	503	5,919	1,156	596	5,641
울산광역시	울주군	5,979	6,575	2.65%	2.63%	396	4,656	927	596	6,822
대구광역시		4,234	5,033	1.88%	2.01%	1,317	791	2,126	799	1,715
충청북도	단양군	3,856	3,883	1.71%	1.55%	628	1,742	1,485	27	572
강원도	동해시	3,737	3,765	1.66%	1.51%	326	2,051	1,360	28	1,089
충청남도	보령시	3,274	3,349	1.45%	1.34%	559	2,109	607	74	3,938
경상남도	고성군	3,240	3,273	1.44%	1.31%	358	2,178	704	33	2,166
제주특별자치도		3,100	3,438	1.37%	1.38%	1,220	559	1,321	337	6,434
경상남도	하동군	2,686	2,715	1.19%	1.09%	361	1,900	425	29	2,473
충청남도	태안군	2,654	2,691	1.18%	1.08%	415	1,695	543	37	2,623
인천광역시	서구	2,634	3,015	1.17%	1.21%	793	705	1,136	381	2,223
경기도	평택시	2,583	2,829	1.14%	1.13%	714	776	1,093	246	3,453

미세먼지 생성물질의 초미세먼지 환산계수(환경부): 황산화물 = 0.345; 질소산화물 = 0.079; VOCs = 0.024.

NAIR. (2023). 2019년 대기오염물질 배출량 통계—재산정. 국가미세먼지정보센터(National Air Emission Inventory and Research Center, NAIR).

우리나라 미세먼지는 어디에서 나오나요? II. 지역별 (2)

2019년 기준(배출량 단위: 톤)

지역		1차배출+2차생성		비율		1차(직접)	2차 생성			NH₃
광역	기초	VOCs 제외	VOCs 포함	VOCs 제외	VOCs 포함	배출(PM₂.₅)	SOₓ	NOₓ	VOCs	
전라북도	군산시	2,443	3,195	1.08%	1.28%	443	1,299	701	752	1,814
강원도	삼척시	2,435	2,462	1.08%	0.99%	297	1,033	1,105	28	1,120
제주특별자치도	제주시	2,316	2,541	1.03%	1.02%	844	435	1,036	226	4,632
부산광역시	강서구	2,306	2,431	1.02%	0.97%	468	1,009	829	125	377
인천광역시	중구	2,254	2,581	1.00%	1.03%	418	895	941	327	113
인천광역시	옹진군	2,219	2,237	0.98%	0.89%	182	1,711	325	18	2,219
경상북도	구미시	2,190	2,384	0.97%	0.95%	607	945	638	193	1,399
경기도	화성시	2,095	2,588	0.93%	1.04%	908	45	1,142	493	3,145
강원도	영월군	2,008	2,032	0.89%	0.81%	447	692	869	24	582
부산광역시	사하구	1,888	1,989	0.84%	0.80%	416	804	668	102	186
경기도	안산시 단원구	1,827	2,283	0.81%	0.91%	404	928	494	456	254
대전광역시		1,772	2,146	0.79%	0.86%	554	100	1,119	374	774
광주광역시		1,597	1,996	0.71%	0.80%	583	47	967	398	908
강원도	강릉시	1,524	1,607	0.68%	0.64%	382	219	923	83	586
충청북도	제천시	1,248	1,306	0.55%	0.52%	309	403	535	58	670
경기도	파주시	1,236	1,524	0.55%	0.61%	522	90	624	288	1,469
서울특별시	송파구	1,212	1,354	0.54%	0.54%	448	109	655	141	278
경기도	여주시	1,187	1,232	0.53%	0.49%	331	465	391	45	2,353
대구광역시	서구	1,138	1,178	0.50%	0.47%	261	654	223	40	113
경기도	남양주시	1,052	1,207	0.47%	0.48%	433	33	586	155	704
충청남도	아산시	1,043	1,268	0.46%	0.51%	392	130	521	225	2,126
경기도	이천시	951	1,049	0.42%	0.42%	450	42	460	97	5,860
부산광역시	남구	949	1,005	0.42%	0.40%	238	345	366	57	93
경상북도	포항시 북구	932	1,030	0.41%	0.41%	337	257	339	98	1,112
경상북도	경주시	915	1,053	0.41%	0.42%	403	59	453	138	3,350
경상남도	김해시	907	1,091	0.40%	0.44%	332	46	530	183	3,018
부산광역시	서구	906	922	0.40%	0.37%	206	406	295	16	36
경상북도	상주시	901	981	0.40%	0.39%	446	86	369	80	3,034
경기도	안성시	882	973	0.39%	0.39%	401	17	463	91	4,884
경기도	광주시	881	1,027	0.39%	0.41%	376	16	489	147	406

미세먼지 생성물질의 초미세먼지 환산계수(환경부): 황산화물 = 0.345; 질소산화물 = 0.079; VOCs = 0.024.

NAIR. (2023). 2019년 대기오염물질 배출량 통계—재산정. 국가미세먼지정보센터(National Air Emission Inventory and Research Center, NAIR).

우리나라 미세먼지는 어디에서 나오나요? II. 지역별 (3)

2019년 기준(배출량 단위: 톤)

지역		1차배출+2차생성		비율		1차(직접)	2차 생성			NH₃
광역	기초	VOCs 제외	VOCs 포함	VOCs 제외	VOCs 포함	배출(PM₂.₅)	SOₓ	NOₓ	VOCs	
경상남도	거제시	860	1,594	0.38%	0.64%	222	379	258	734	223
강원도	원주시	858	972	0.38%	0.39%	464	48	346	113	1,912
충청남도	천안시 서북구	832	1,002	0.37%	0.40%	264	193	376	170	1,303
경기도	부천시	829	1,042	0.37%	0.42%	269	47	512	213	358
충청북도	충주시	827	952	0.37%	0.38%	412	71	344	124	1,871
부산광역시	영도구	804	828	0.36%	0.33%	178	362	263	24	54
경기도	포천시	794	888	0.35%	0.36%	368	100	326	94	3,823
경상북도	김천시	790	877	0.35%	0.35%	348	144	297	87	2,012
제주특별자치도	서귀포시	785	896	0.35%	0.36%	376	124	285	112	1,802
경기도	김포시	762	949	0.34%	0.38%	342	16	404	187	1,013
경기도	양주시	754	843	0.33%	0.34%	359	40	356	89	1,395
인천광역시	동구	742	769	0.33%	0.31%	121	488	133	27	28
경기도	용인시 처인구	740	841	0.33%	0.34%	309	20	411	101	2,103
경상북도	안동시	739	870	0.33%	0.35%	457	47	235	131	1,614
경기도	시흥시	737	963	0.33%	0.39%	251	23	464	225	234
경상남도	창원시 마산회원구	735	889	0.33%	0.36%	181	265	288	154	164
전라북도	익산시	731	823	0.32%	0.33%	287	124	320	92	2,679
세종특별자치시		699	821	0.31%	0.33%	302	29	368	123	2,631
서울특별시	강남구	697	786	0.31%	0.31%	225	42	430	90	201
경상남도	진주시	671	770	0.30%	0.31%	279	60	331	99	1,179
전라북도	전주시 덕진구	668	1,044	0.30%	0.42%	199	114	356	375	361
충청남도	천안시 동남구	668	766	0.30%	0.31%	278	30	360	98	3,845
경기도	성남시 분당구	661	787	0.29%	0.32%	213	25	423	127	507
전라남도	영암군	657	942	0.29%	0.38%	246	184	226	285	2,499
경상남도	함안군	641	829	0.28%	0.33%	213	165	263	188	1,562
전라남도	목포시	640	701	0.28%	0.28%	197	195	248	61	317
울산광역시	동구	639	803	0.28%	0.32%	137	265	237	164	56
경상북도	영천시	632	723	0.28%	0.29%	321	29	282	91	1,980
전라남도	순천시	629	706	0.28%	0.28%	279	39	311	77	1,764
경기도	고양시 덕양구	627	723	0.28%	0.29%	247	18	363	95	330

미세먼지 생성물질의 초미세먼지 환산계수(환경부): 황산화물 = 0.345; 질소산화물 = 0.079; VOCs = 0.024.

NAIR. (2023). 2019년 대기오염물질 배출량 통계—재산정. 국가미세먼지정보센터(National Air Emission Inventory and Research Center, NAIR).

우리나라 미세먼지는 어디에서 나오나요? II. 지역별 (4)

2019년 기준(배출량 단위: 톤)

지역		1차배출+2차생성		비율		1차(직접)	2차 생성			NH₃
광역	기초	VOCs 제외	VOCs 포함	VOCs 제외	VOCs 포함	배출(PM2.5)	SOx	NOx	VOCs	
충청북도	음성군	622	709	0.28%	0.28%	327	38	257	87	2,014
충청북도	청주시 흥덕구	612	805	0.27%	0.32%	204	68	340	193	891
서울특별시	강서구	608	700	0.27%	0.28%	163	44	400	92	226
인천광역시	남동구	607	785	0.27%	0.31%	221	13	372	178	374
충청남도	공주시	606	660	0.27%	0.26%	289	19	299	54	2,182
경상북도	영주시	606	712	0.27%	0.28%	345	82	178	106	3,268
경상북도	경산시	601	711	0.27%	0.28%	274	28	299	110	1,114
충청남도	논산시	597	648	0.26%	0.26%	244	109	244	50	2,095
대구광역시	달서구	593	861	0.26%	0.34%	191	23	379	267	241
경상남도	양산시	585	698	0.26%	0.28%	214	38	332	113	726
대구광역시	동구	584	668	0.26%	0.27%	189	37	358	84	287
대구광역시	북구	583	718	0.26%	0.29%	198	19	367	134	231
대전광역시	유성구	563	683	0.25%	0.27%	201	11	351	119	256
경상남도	창원시 성산구	563	704	0.25%	0.28%	91	252	220	142	160
광주광역시	광산구	552	694	0.24%	0.28%	200	17	336	142	384
경상북도	봉화군	541	598	0.24%	0.24%	219	179	143	57	1,217
강원도	횡성군	539	573	0.24%	0.23%	394	11	134	34	1,387
서울특별시	영등포구	536	624	0.24%	0.25%	200	5	330	88	139
대구광역시	수성구	531	621	0.24%	0.25%	194	13	323	91	192
경상북도	칠곡군	527	602	0.23%	0.24%	231	23	274	75	757
강원도	춘천시	523	594	0.23%	0.24%	226	36	261	71	775
경상북도	의성군	511	597	0.23%	0.24%	326	30	154	87	1,555
전라북도	김제시	507	557	0.22%	0.22%	292	25	190	49	3,308
경기도	하남시	502	571	0.22%	0.23%	203	23	276	68	279
인천광역시	계양구	502	554	0.22%	0.22%	170	18	314	52	142
전라북도	정읍시	495	554	0.22%	0.22%	287	21	187	59	4,550
전라북도	완주군	493	580	0.22%	0.23%	244	10	239	87	1,365
충청남도	예산군	487	558	0.22%	0.22%	298	15	174	71	2,992
경상북도	문경시	479	554	0.21%	0.22%	259	65	155	75	1,097
전라남도	장성군	479	515	0.21%	0.21%	152	96	232	37	996

미세먼지 생성물질의 초미세먼지 환산계수(환경부): 황산화물 = 0.345; 질소산화물 = 0.079; VOCs = 0.024.

NAIR. (2023). 2019년 대기오염물질 배출량 통계—재산정. 국가미세먼지정보센터(National Air Emission Inventory and Research Center, NAIR).

우리나라 미세먼지는 어디에서 나오나요? II. 지역별 (5)

2019년 기준(배출량 단위: 톤)

지역		1차배출+2차생성		비율		1차(직접)	2차 생성			NH₃
광역	기초	VOCs 제외	VOCs 포함	VOCs 제외	VOCs 포함	배출(PM₂.₅)	SOx	NOx	VOCs	
대구광역시	달성군	474	593	0.21%	0.24%	172	24	277	119	572
강원도	정선군	473	495	0.21%	0.20%	174	214	85	22	262
강원도	홍천군	464	508	0.21%	0.20%	297	13	154	44	1,178
인천광역시	부평구	462	575	0.20%	0.23%	168	12	282	113	195
충청북도	청주시 청원구	460	569	0.20%	0.23%	197	35	228	108	1,073
전라남도	나주시	460	526	0.20%	0.21%	268	18	174	66	3,376
경기도	수원시 권선구	438	515	0.19%	0.21%	162	11	265	77	462
충청북도	진천군	438	506	0.19%	0.20%	209	12	217	69	1,647
경상남도	밀양시	434	497	0.19%	0.20%	230	37	166	63	1,615
경기도	용인시 기흥구	434	508	0.19%	0.20%	138	13	283	74	293
서울특별시	서초구	426	486	0.19%	0.19%	129	11	286	60	160
경상남도	창원시 진해구	425	457	0.19%	0.18%	129	138	158	32	98
서울특별시	중구	423	569	0.19%	0.23%	156	5	263	145	44
경상북도	예천군	419	472	0.19%	0.19%	238	66	115	52	1,269
충청남도	홍성군	416	460	0.18%	0.18%	260	12	145	43	7,283
경상남도	창녕군	415	449	0.18%	0.18%	201	13	200	34	1,676
경기도	의정부시	412	469	0.18%	0.19%	132	21	259	57	311
전라남도	영광군	401	428	0.18%	0.17%	154	154	93	26	1,382
대전광역시	서구	401	467	0.18%	0.19%	122	12	267	66	231
부산광역시	해운대구	398	491	0.18%	0.20%	195	6	198	93	178
경상남도	사천시	394	454	0.17%	0.18%	182	41	170	60	518
충청북도	괴산군	389	432	0.17%	0.17%	231	15	142	43	1,825
강원도	평창군	385	410	0.17%	0.16%	159	83	143	25	478
경기도	수원시 영통구	385	450	0.17%	0.18%	115	64	205	65	178
전라북도	고창군	382	420	0.17%	0.17%	252	9	121	38	2,454
전라남도	해남군	382	424	0.17%	0.17%	247	5	130	42	1,465
경기도	고양시 일산동구	379	493	0.17%	0.20%	139	29	211	114	370
경상남도	통영시	378	456	0.17%	0.18%	204	37	137	78	96
인천광역시	미추홀구	378	447	0.17%	0.18%	129	15	234	69	146
경기도	양평군	377	424	0.17%	0.17%	196	15	166	47	1,133

미세먼지 생성물질의 초미세먼지 환산계수(환경부): 황산화물 = 0.345; 질소산화물 = 0.079; VOCs = 0.024.

NAIR. (2023). 2019년 대기오염물질 배출량 통계—재산정. 국가미세먼지정보센터(National Air Emission Inventory and Research Center, NAIR).

우리나라 미세먼지는 어디에서 나오나요? II. 지역별 (6)

2019년 기준(배출량 단위: 톤)

지역		1차배출+2차생성		비율		1차(직접)	2차 생성			NH₃
광역	기초	VOCs 제외	VOCs 포함	VOCs 제외	VOCs 포함	배출(PM₂.₅)	SOₓ	NOₓ	VOCs	
부산광역시	부산진구	376	450	0.17%	0.18%	152	7	216	75	108
경상남도	창원시 의창구	374	452	0.17%	0.18%	129	22	223	78	475
전라남도	무안군	372	416	0.16%	0.17%	214	10	148	44	3,874
광주광역시	북구	371	460	0.16%	0.18%	132	10	229	89	226
전라북도	부안군	366	417	0.16%	0.17%	250	9	107	51	2,124
인천광역시	연수구	359	409	0.16%	0.16%	118	34	208	50	191
전라북도	전주시 완산구	355	414	0.16%	0.17%	130	25	199	59	883
서울특별시	용산구	352	398	0.16%	0.16%	140	3	209	46	74
충청북도	보은군	345	385	0.15%	0.15%	190	10	145	40	839
충청남도	서천군	344	370	0.15%	0.15%	173	44	127	26	759
전라북도	남원시	344	388	0.15%	0.16%	186	11	146	44	2,422
충청북도	영동군	340	389	0.15%	0.16%	202	15	123	49	414
광주광역시	서구	337	437	0.15%	0.17%	126	8	203	99	140
충청북도	청주시 상당구	337	383	0.15%	0.15%	144	34	158	46	641
충청북도	청주시 서원구	331	376	0.15%	0.15%	116	18	198	45	280
부산광역시	기장군	330	395	0.15%	0.16%	139	5	186	65	178
경상북도	성주군	324	356	0.14%	0.14%	151	13	161	32	957
서울특별시	강동구	323	379	0.14%	0.15%	104	6	213	56	131
대전광역시	대덕구	318	425	0.14%	0.17%	78	42	198	107	102
전라남도	보성군	318	364	0.14%	0.15%	199	7	112	45	1,105
경상북도	청송군	317	421	0.14%	0.17%	258	6	54	104	315
경기도	안양시 동안구	300	362	0.13%	0.14%	105	14	181	63	210
경기도	안산시 상록구	298	348	0.13%	0.14%	86	3	210	50	263
충청남도	부여군	297	328	0.13%	0.13%	161	16	120	31	1,387
전라남도	고흥군	297	331	0.13%	0.13%	181	8	108	34	1,545
경상남도	거창군	296	362	0.13%	0.14%	208	6	82	66	1,692
경기도	가평군	293	323	0.13%	0.13%	165	15	114	30	573
경기도	오산시	291	353	0.13%	0.14%	105	7	179	62	192
울산광역시	북구	285	455	0.13%	0.18%	90	7	189	169	159
서울특별시	구로구	284	351	0.13%	0.14%	78	4	202	67	155

미세먼지 생성물질의 초미세먼지 환산계수(환경부): 황산화물 = 0.345; 질소산화물 = 0.079; VOCs = 0.024.

NAIR. (2023). 2019년 대기오염물질 배출량 통계—재산정. 국가미세먼지정보센터(National Air Emission Inventory and Research Center, NAIR).

우리나라 미세먼지는 어디에서 나오나요? II. 지역별 (7)

2019년 기준(배출량 단위: 톤)

지역		1차배출+2차생성		비율		1차(직접)	2차 생성			NH₃
광역	기초	VOCs 제외	VOCs 포함	VOCs 제외	VOCs 포함	배출(PM₂.₅)	SOₓ	NOₓ	VOCs	
서울특별시	마포구	277	321	0.12%	0.13%	83	8	186	44	145
충청북도	옥천군	277	310	0.12%	0.12%	159	14	103	33	590
경상북도	군위군	274	299	0.12%	0.12%	145	11	118	25	1,298
서울특별시	노원구	271	322	0.12%	0.13%	69	31	171	50	193
경상북도	청도군	269	300	0.12%	0.12%	166	9	94	31	859
경기도	성남시 수정구	266	301	0.12%	0.12%	95	6	166	35	81
경상남도	함양군	263	298	0.12%	0.12%	150	7	106	35	763
강원도	고성군	260	286	0.12%	0.11%	194	11	56	25	257
전라남도	화순군	260	292	0.12%	0.12%	148	13	99	33	645
경기도	광명시	259	327	0.11%	0.13%	70	33	155	68	134
전라남도	완도군	258	294	0.11%	0.12%	131	38	89	36	271
경기도	고양시 일산서구	258	301	0.11%	0.12%	99	1	158	43	179
서울특별시	중랑구	257	307	0.11%	0.12%	83	5	170	50	134
대전광역시	중구	256	296	0.11%	0.12%	82	19	155	40	92
경상남도	합천군	254	280	0.11%	0.11%	160	4	90	25	2,132
인천광역시	강화군	254	277	0.11%	0.11%	136	9	108	23	933
서울특별시	성북구	253	300	0.11%	0.12%	72	7	173	48	131
경기도	용인시 수지구	251	293	0.11%	0.12%	86	14	151	43	427
전라남도	함평군	250	277	0.11%	0.11%	144	5	102	27	2,410
서울특별시	성동구	249	322	0.11%	0.13%	74	4	171	73	115
서울특별시	관악구	247	299	0.11%	0.12%	67	3	177	52	233
경상남도	창원시 마산합포구	247	296	0.11%	0.12%	87	22	138	50	375
경상북도	울진군	247	302	0.11%	0.12%	167	5	75	55	301
경기도	안양시 만안구	246	296	0.11%	0.12%	68	35	144	50	78
서울특별시	양천구	246	295	0.11%	0.12%	66	18	162	49	180
경기도	연천군	244	267	0.11%	0.11%	124	31	89	24	1,357
서울특별시	종로구	243	276	0.11%	0.11%	82	3	157	33	50
전라북도	임실군	242	262	0.11%	0.10%	141	10	91	21	1,316
충청남도	금산군	237	264	0.11%	0.11%	119	15	103	27	347
강원도	인제군	236	260	0.10%	0.10%	138	12	86	24	222

미세먼지 생성물질의 초미세먼지 환산계수(환경부): 황산화물 = 0.345; 질소산화물 = 0.079; VOCs = 0.024.

NAIR. (2023). 2019년 대기오염물질 배출량 통계—재산정. 국가미세먼지정보센터(National Air Emission Inventory and Research Center, NAIR).

우리나라 미세먼지는 어디에서 나오나요? II. 지역별 (8)

2019년 기준(배출량 단위: 톤)

지역		1차배출+2차생성		비율		1차(직접)	2차 생성			NH₃
광역	기초	VOCs 제외	VOCs 포함	VOCs 제외	VOCs 포함	배출(PM₂.₅)	SOₓ	NOₓ	VOCs	
경상남도	산청군	235	256	0.10%	0.10%	137	3	94	22	743
전라남도	담양군	234	265	0.10%	0.11%	116	8	110	31	1,075
대전광역시	동구	234	275	0.10%	0.11%	71	16	147	41	93
서울특별시	은평구	225	272	0.10%	0.11%	59	7	159	47	153
전라남도	신안군	224	245	0.10%	0.10%	147	3	73	21	537
전라남도	강진군	223	249	0.10%	0.10%	132	8	82	26	1,206
서울특별시	광진구	221	263	0.10%	0.11%	65	3	154	42	108
경상북도	고령군	217	243	0.10%	0.10%	107	9	102	25	1,499
광주광역시	남구	217	263	0.10%	0.11%	83	6	128	46	126
전라북도	무주군	216	260	0.10%	0.10%	154	6	56	44	306
부산광역시	중구	215	227	0.10%	0.09%	24	141	51	12	17
대구광역시	중구	212	254	0.09%	0.10%	79	9	125	42	32
서울특별시	동대문구	212	254	0.09%	0.10%	57	7	148	42	113
충청남도	청양군	211	236	0.09%	0.09%	129	7	76	24	1,240
경기도	군포시	211	273	0.09%	0.11%	61	10	140	62	121
경기도	구리시	210	238	0.09%	0.10%	64	14	132	28	130
전라북도	장수군	210	250	0.09%	0.10%	141	4	65	40	1,015
강원도	양양군	208	243	0.09%	0.10%	133	8	67	35	282
경상북도	영덕군	205	235	0.09%	0.09%	113	8	84	30	273
서울특별시	금천구	205	279	0.09%	0.11%	75	2	128	74	109
경기도	동두천시	204	226	0.09%	0.09%	82	15	107	23	497
강원도	속초시	202	242	0.09%	0.10%	96	25	81	40	45
전라남도	장흥군	201	228	0.09%	0.09%	121	7	73	27	1,816
부산광역시	동래구	198	235	0.09%	0.09%	72	10	116	37	95
서울특별시	도봉구	198	236	0.09%	0.09%	61	3	133	38	149
부산광역시	사상구	195	270	0.09%	0.11%	69	3	123	75	72
경기도	성남시 중원구	193	247	0.09%	0.10%	56	24	113	55	75
경기도	수원시 장안구	191	223	0.08%	0.09%	53	2	135	31	136
전라북도	진안군	191	213	0.08%	0.09%	118	3	71	22	495
서울특별시	동작구	191	229	0.08%	0.09%	49	4	138	38	132

미세먼지 생성물질의 초미세먼지 환산계수(환경부): 황산화물 = 0.345; 질소산화물 = 0.079; VOCs = 0.024.

NAIR. (2023). 2019년 대기오염물질 배출량 통계—재산정. 국가미세먼지정보센터(National Air Emission Inventory and Research Center, NAIR).

우리나라 미세먼지는 어디에서 나오나요? II. 지역별 (9)

2019년 기준(배출량 단위: 톤)

지역		1차배출+2차생성		비율		1차(직접)	2차 생성			NH₃
광역	기초	VOCs 제외	VOCs 포함	VOCs 제외	VOCs 포함	배출(PM₂.₅)	SOₓ	NOₓ	VOCs	
서울특별시	서대문구	190	224	0.08%	0.09%	50	3	137	33	92
부산광역시	수영구	187	232	0.08%	0.09%	93	2	93	45	54
부산광역시	금정구	186	221	0.08%	0.09%	65	5	116	35	85
강원도	철원군	184	203	0.08%	0.08%	109	13	62	19	2,245
전라남도	곡성군	182	200	0.08%	0.08%	100	6	76	18	921
경상남도	남해군	182	216	0.08%	0.09%	128	1	53	34	428
전라북도	순창군	177	196	0.08%	0.08%	113	3	61	19	1,144
울산광역시	중구	174	206	0.08%	0.08%	59	8	107	32	82
부산광역시	북구	168	200	0.07%	0.08%	63	2	103	32	102
경기도	의왕시	165	197	0.07%	0.08%	55	7	103	32	100
경기도	수원시 팔달구	164	190	0.07%	0.08%	52	2	110	26	94
부산광역시	연제구	157	187	0.07%	0.07%	56	3	98	30	64
서울특별시	강북구	157	190	0.07%	0.08%	40	6	110	33	106
경상남도	의령군	131	151	0.06%	0.06%	81	5	45	20	1,178
강원도	화천군	129	142	0.06%	0.06%	71	8	50	13	320
강원도	태백시	123	134	0.05%	0.05%	30	54	39	10	140
부산광역시	동구	123	138	0.05%	0.06%	35	28	59	15	29
경상북도	영양군	120	143	0.05%	0.06%	90	2	28	23	101
광주광역시	동구	119	142	0.05%	0.06%	41	6	72	23	32
강원도	양구군	118	134	0.05%	0.05%	70	10	38	16	236
대구광역시	남구	118	139	0.05%	0.06%	32	12	74	21	47
전라남도	구례군	111	123	0.05%	0.05%	63	2	46	12	677
전라남도	진도군	111	124	0.05%	0.05%	68	2	41	13	353
경기도	과천시	102	114	0.05%	0.05%	36	10	56	11	31
충청북도	증평군	100	117	0.04%	0.05%	48	5	47	17	281
충청남도	계룡시	49	57	0.02%	0.02%	18	3	29	8	57
경상북도	울릉군	23	25	0.01%	0.01%	8	2	13	2	18
합계		225,709	249,982	100.0%	100.0%	61,551	81,626	82,532	24,272	268,913

미세먼지 생성물질의 초미세먼지 환산계수(환경부): 황산화물 = 0.345; 질소산화물 = 0.079; VOCs = 0.024.

NAIR. (2023). 2019년 대기오염물질 배출량 통계—재산정. 국가미세먼지정보센터(National Air Emission Inventory and Research Center, NAIR).

35 플라스틱 폐기물과 코로나19

- 코로나바이러스감염증-19(코로나19; COVID-19)의 영향은 사회 모든 부문에서 큰 변화를 일으켰습니다. 코로나19가 발생하기 전에도 우리나라의 플라스틱 폐기물 문제는 날로 심화하는 중이었습니다. 일인당 플라스틱 폐기물(폐합성수지류 폐기물) 배출량이 1996~1998년에는 하루 평균 53g이었는데, 2019~2021년에는 209g으로 4배 가까이 증가했습니다.

- 플라스틱 폐기물의 2020년 통계를 추정할 수 있는 자료를 정리했습니다. 우리나라는 감염 위험을 높이는 대면접촉을 피하고자 온라인 쇼핑이 증가해서 택배 물동량이 급증했습니다. 배달음식 소비액도 급증했습니다. 온라인 쇼핑과 배달음식 소비로 인해, 대부분 일회용인 플라스틱 포장재와 플라스틱 음식용기의 수요도 급증할 수밖에 없습니다.

정영선·김태형. (2019). 국가 에너지통계에 따른 건물부문 온실가스 배출량 추계 및 특성. 대한건축학회 논문집 - 구조계, 35(7), 187–195.
GIR. (2020). 2020 국가 온실가스 인벤토리 보고서. 온실가스종합정보센터(GIR).
KEEI. (2020). 2020 에너지통계연보. 에너지경제연구원(KEEI).

플라스틱 폐기물과 코로나19 (1)

주민 1인당 **폐합성수지류 폐기물** 배출량(3년 이동평균)

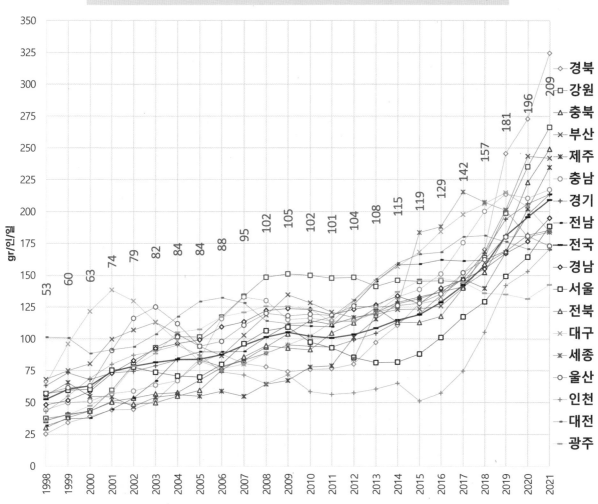

y축: gr/인/일

데이터 레이블(전국 추세): 53, 60, 63, 74, 79, 82, 84, 84, 88, 95, 102, 105, 102, 101, 104, 108, 115, 119, 129, 142, 157, 181, 196, 209

범례: 경북, 강원, 충북, 부산, 제주, 충남, 경기, 전남, 전국, 경남, 서울, 전북, 대구, 세종, 울산, 인천, 대전, 광주

x축: 1998 1999 2000 2001 2002 2003 2004 2005 2006 2007 2008 2009 2010 2011 2012 2013 2014 2015 2016 2017 2018 2019 2020 2021

행정안전부. (2023). 주민등록인구현황: 행정구역별, 성별 인구수.
환경부. (2022). 폐기물 발생현황: 생활계폐기물.

플라스틱 폐기물과 코로나19 (2)

2020년 국내시장 **택배 물동량**: 전년 대비 20.9% 증가

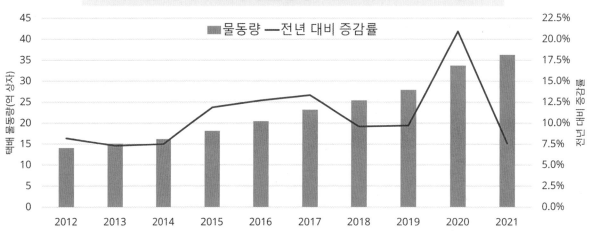

월별 **온라인 쇼핑몰** 거래액: 2020~2021 계속 증가

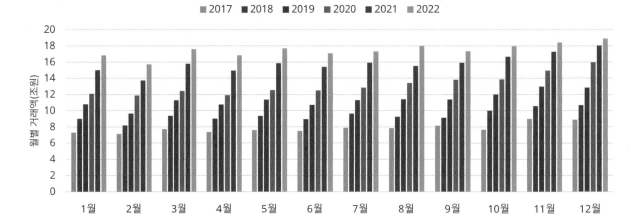

한국통합물류협회(KILA). (2023). 생활물류통계. 국가물류통합정보센터.
통계청. (2023). 온라인쇼핑동향조사. 국가통계포털(KOSIS).

플라스틱 폐기물과 코로나19 (3)

월별 온라인 음식서비스(배달음식) 거래액: 2020~2021 급증 후 소폭 감소

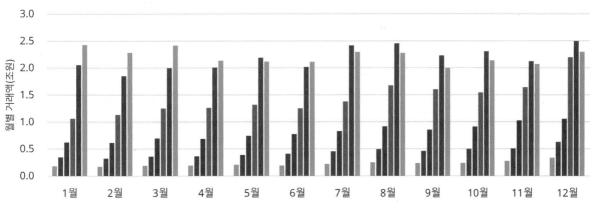

월별 온라인 음·식료품 거래액: 2020~2022 계속 급증

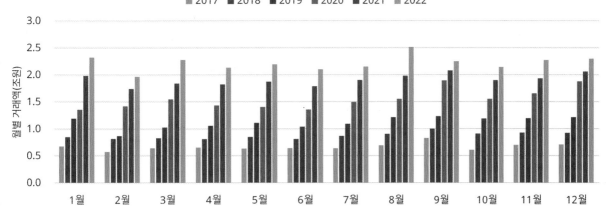

통계청. (2021). 온라인쇼핑동향조사. 국가통계포털(KOSIS).

IV
**기후변화의
원인**

36 온실가스와 기후변화: 닭이 먼저냐, 달걀이 먼저냐

- "닭(GHGs; 온실가스)이 먼저냐, 달걀(climate change; 기후변화)이 먼저냐?"라는 질문에 답하기 위해 요약하면 다음과 같습니다.

  1) 먼 옛날부터 제4기(the Quaternary) 시작(약 258만 년 전)까지: 야생 닭(온실가스)이 먼저.
  2) 제4기부터 산업화 이전까지: 닭(온실가스)과 달걀(기후변화) 사이에 선후관계 불분명.
  3) 산업화(1750년 경~) 이후: 양계장 닭(인간활동이 유발한 온실가스)이 먼저.

- 참고로, '제4기부터 산업화 이전까지' 지구의 대기 중 온실가스 농도와 표면온도에 가장 큰 영향을 미친 밀란코비치 주기(Milankovitch cycles)는 3대 주기(공전궤도 이심률[orbital eccentricity; 10만 년], 자전축 경사[axial tilt; obliquity; 4.1만 년], 세차운동[axial precession; 2.6만 년])가 복합적으로 작용합니다. 그러나 더 두드러진 영향을 끼치는 주기가 있기는 합니다. 제4기의 기후변화 주기는 125만 년 전까지는 4.1만 년이었다가, 변동기를 거쳐서, 70만 년 전 이후부터는 10만 년이 더 우세하게 되었습니다(Hasenfratz et al., 2019).

Blunden, J., & Boyer, T. (Eds.). (2022). State of the Climate in 2021. Bulletin of the American Meteorological Society, 103(8), Si–S465.
Francés, G., Mena, A., & Diz, P. (2018). Climate change at different time levels. EduCO2cean Magazine, 2(2), 20–46.
Hasenfratz, A. P. et al. (2019). The residence time of Southern Ocean surface waters and the 100,000-year ice age cycle. Science, 363(6431), 1080–1084.
IPCC. (2021). Climate Change 2021: The Physical Science Basis. Cambridge University Press.
Rae, J. W. B., Zhang, Y. G., Liu, X., Foster, G. L., Stoll, H. M., & Whiteford, R. D. M. (2021). Atmospheric CO_2 over the Past 66 Million Years from Marine Archives. Annual Review of Earth and Planetary Sciences, 49(1), 609–641.
von der Heydt, A. S. et al. (2021). Quantification and interpretation of the climate variability record. Global and Planetary Change, 197, 103399.
Westerhold, T. et al. (2020). An astronomically dated record of Earth's climate and its predictability over the last 66 million years. Science, 369(6509), 1383–1387.

온실가스와 기후변화: 닭이 먼저냐, 달걀이 먼저냐 (1)

- **먼 옛날부터 제4기(the Quaternary) 시작(약 258만 년 전)까지:** 지각 변동(lithosphere tectonics), 이에 따른 바닷물(해류 흐름 및 이온 변화), 그리고 이에 따른 생물권 탄소순환은 CO_2 및 CH_4의 대규모 대기 배출/저장을 일으켜서 전 지구적 온난화 또는 냉각을 유발했습니다. 온실가스의 변화가 먼저였다고 할 수 있습니다.

- **제4기부터 산업화 이전까지:** 밀란코비치 주기(Milankovitch cycles)가 주도하는 태양 복사에너지(에너지의 양 및 도달 위도)의 주기적 변화가 빙하기와 간빙기를 유발했습니다. 이 시기 CO_2 및 CH_4 농도의 변화는 양의 되먹임(외부 원인의 영향을 강화함. 즉, 온난화 시기에는 더 더워지는 되먹임 강화, 빙하기에는 더 추워지는 되먹임 강화)만 유발합니다. 즉, 외부(우주)의 영향이 먼저였고, 온실가스와 표면온도는 종속변수였습니다.

- **산업화(1750년경~) 이후:** 인류가 석탄으로 대표되는 화석연료를 써서 산업혁명을 일으키고, 그 온난화 효과가 전 세계적으로 확연히 드러나기 시작한 1850~1900년쯤부터는 확실히 온실가스(CO_2 및 CH_4) 농도의 변화가 온난화에 선행하고 있습니다. 산업화 직전 약 278ppm이었던 대기 중 이산화탄소 농도가 2021년에는 그 1.5배인 415ppm까지 상승했습니다. IPCC는 인류가 획기적인 온실가스 감축에 실패한다면 CO_2 농도가 2100년에 적어도 600ppm(SSP2-4.5; 현재 국가들의 자발적 온실가스 감축 목표 반영), 자칫하면 850~1,150ppm(SSP3-7.0, SSP5-8.5) 수준까지 상승할 수 있다고 경고합니다. 그러면 산업화 이후 약 350년이라는 극히 짧은 기간에 2°C 후반~4°C 후반 정도의 지구표면온도 상승이 일어날 수 있습니다.

Blunden & Boyer (2022); Francés, Mena & Diz (2018); IPCC (2021); Rae et al. (2021); von der Heydt et al. (2021). 세부 서지사항은 설명문에 표시.

온실가스와 기후변화: 닭이 먼저냐, 달걀이 먼저냐 (2)

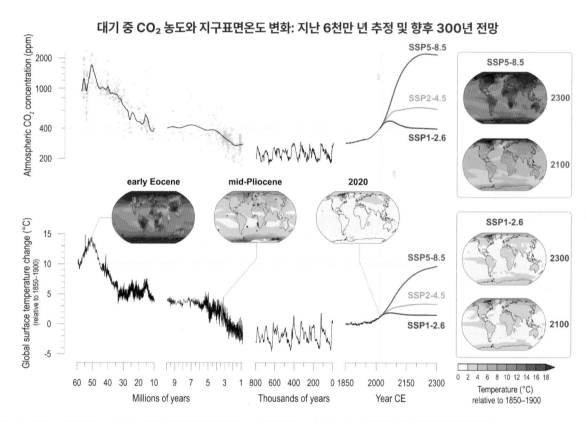

대기 중 CO₂ 농도와 지구표면온도 변화: 지난 6천만 년 추정 및 향후 300년 전망

Blunden & Boyer (2022); Francés, Mena & Diz (2018); IPCC (2021); Rae et al. (2021); von der Heydt et al. (2021). 세부 서지사항은 설명문에 표시.

37 온실가스로 인해 지구에 축적되는 에너지

- '태양에서 지구로 들어온 에너지'만큼의 열이 우주로 빠져나가서 에너지 평형을 이루면 온실효과가 악화하지 않습니다. 그러나 온실가스*는 열이 지구를 빠져나가지 못하게 붙잡습니다.

- 지구를 떠나지 못한 열은 해양에 91%(수온 상승), 육지에 5%(육지 온도 상승), 빙권에 3%(얼음 융해), 대기에 1%(기온 상승)씩 나뉘어 축적되고 있습니다. 이렇게 지구의 곳곳에 축적되는 열이 지구의 생물과 자연환경이 전혀 경험하지 못한 변화를 일으킵니다.

* 온실가스: 이산화탄소(CO_2), 아산화질소(N_2O), 메탄(CH_4), 수소불화탄소(HFCs), 과불화탄소(PFCs), 육불화황(SF_6), 삼불화질소(NF_3) 등

IPCC. (2021). Climate Change 2021: The Physical Science Basis. Contribution of Working Group I to the Sixth Assessment Report of the Intergovernmental Panel on Climate Change. Cambridge University Press.

온실가스로 인해 지구에 축적되는 에너지(1971~2020년 기준)

- 지구온난화로 인해, **'매일 원자폭탄 34만 5,000개'**(또는 **'초당 4개'**)가 폭발할 때 내뿜는 인공적 열이 지구에 끊임없이 쌓이고 있습니다.

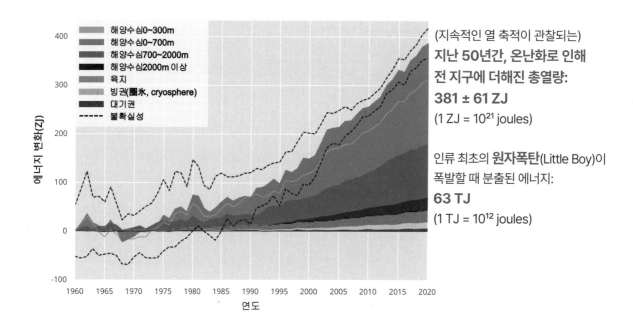

(지속적인 열 축적이 관찰되는)
지난 50년간, 온난화로 인해 전 지구에 더해진 총열량:
381 ± 61 ZJ
(1 ZJ = 10^{21} joules)

인류 최초의 **원자폭탄**(Little Boy)이 폭발할 때 분출된 에너지:
63 TJ
(1 TJ = 10^{12} joules)

- 인간의 활동이 아니었다면 지구에 더해지지 않았을 열이었다는 점에서, '온실가스로 인한 온난화'와 '원자폭탄 폭발'이 통하는 면이 있으므로:

  - $358{,}000{,}000{,}000{,}000 / (63 \cdot 48 \cdot 365) \approx$ **345,000**
  - $358{,}000{,}000{,}000{,}000 / (63 \cdot 48 \cdot 365 \cdot 24 \cdot 3600) \approx$ **4.00**

von Schuckmann, K. et al. (2023). Heat stored in the Earth system 1960–2020: where does the energy go? Earth System Science Data, 15(4), 1675–1709.

38 킬링곡선(the Keeling Curve)

- 킬링곡선은 가장 영향력이 큰 온실가스인 이산화탄소의 대기 농도를 직접 측정한 가장 오래되고 유명한 기록의 하나입니다.

- 지난 2021년 3월, 킬링곡선은 417ppm을 기록하여, 산업화 이전 수준의 꼭 1.5배 수준을 처음으로 넘어섰습니다.

- 지구의 에너지 균형을 위해서는 대기 중 이산화탄소 농도가 353ppm으로 내려가야 합니다.

von Schuckmann, K. et al. (2020). Heat stored in the Earth system: where does the energy go? Earth System Science Data, 12(3), 2013–2041.

킬링곡선(the Keeling Curve)

킬링(Charles David Keeling, 1928~2005)이 1958년
부터 기록을 시작한, **하와이 '마우나로아 산' 측정소의
대기 중 이산화탄소 농도 변화**

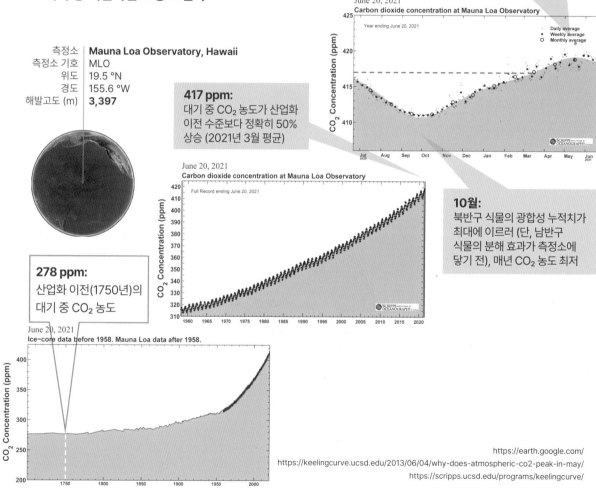

측정소	**Mauna Loa Observatory, Hawaii**
측정소 기호	MLO
위도	19.5 °N
경도	155.6 °W
해발고도 (m)	**3,397**

5월:
북반구에서 (떨어진 낙엽 등의) 식물체를
분해하는 미생물의 호흡량 누적치가 최대에
이르러(단, 남반구 식물의 광합성 효과가
측정소까지 퍼지기 전), CO_2 농도 최고

417 ppm:
대기 중 CO_2 농도가 산업화
이전 수준보다 정확히 50%
상승 (2021년 3월 평균)

10월:
북반구 식물의 광합성 누적치가
최대에 이르러 (단, 남반구
식물의 분해 효과가 측정소에
닿기 전), 매년 CO_2 농도 최저

278 ppm:
산업화 이전(1750년)의
대기 중 CO_2 농도

June 20, 2021
Carbon dioxide concentration at Mauna Loa Observatory

June 20, 2021
Carbon dioxide concentration at Mauna Loa Observatory

June 20, 2021
Ice-core data before 1958. Mauna Loa data after 1958.

https://earth.google.com/
https://keelingcurve.ucsd.edu/2013/06/04/why-does-atmospheric-co2-peak-in-may/
https://scripps.ucsd.edu/programs/keelingcurve/

39 지구온난화로 수증기가 증가합니다

- 지구온난화로 바닷물이 점점 더 많이 증발하고 있습니다. 육지 (특히 북반구)도 마찬가지입니다. 수증기량이 많은 만큼, 강력한 태풍도 더 증가하리라 예상됩니다.

Knutson, T., Camargo, S. J., Chan, J. C. L., Emanuel, K., Ho, C.-H., Kossin, J., Mohapatra, M., Satoh, M., Sugi, M., Walsh, K., & Wu, L. (2020). Tropical Cyclones and Climate Change Assessment: Part II. Projected Response to Anthropogenic Warming. Bulletin of the American Meteorological Society, 101(3), E303–E322.

지구온난화로 수증기가 증가합니다

● 온도가 1°C 올라갈 때마다 저고도 대기의 수증기량이 2~3%씩 늘어납니다(이론상으로는 최대 7%/°C 증가). 열대성저기압(태풍, 허리케인, 사이클론) 생성·성장의 주에너지원은 바다 위 '수증기가 응축하면서 방출하는 잠열'(응축열)입니다. **즉, 바다 위 수증기가 많을수록 태풍이 강해집니다.**

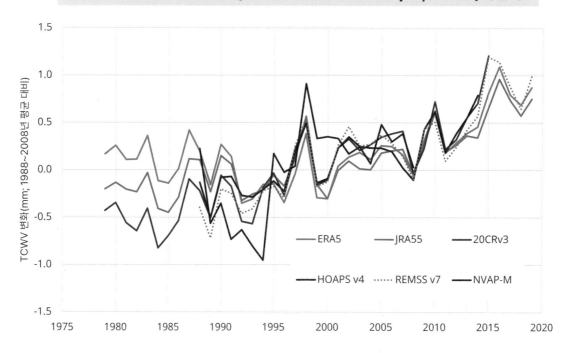

전 지구 해양 총연직수증기량(Total Column Water Vapor, TCWV)의 변화

Allan, R. P. et al. (2020). Advances in understanding large-scale responses of the water cycle to climate change. Annals of the New York Academy of Sciences, 1472(1), 49–75.

IPCC. (2021). Climate Change 2021: The Physical Science Basis. Contribution of Working Group I to the Sixth Assessment Report of the Intergovernmental Panel on Climate Change. Cambridge University Press.

40 인간에 의한 지구온난화는 6,500년 전에 시작됐습니다

- Bova 등(2021)의 논문에서 6,500년 전부터 온실가스 농도가 상승했다고 주장한 이유는, 정확히는 CO_2, CH_4, N_2O의 합산 복사강제력이 상승하기 시작한 것이 그때이기 때문입니다. 그래서 인간에 의한 지구온난화는 1750년경부터 시작한 산업혁명이 아니라, 6,500년 전의 농업에서 시작했다고 보는 것이 더 맞을 것 같습니다.

- 그런데 CO_2 농도는 7,000년 전부터, CH_4 농도는 5,000년 전부터 상승했습니다. 마지막 빙하기가 끝나고 점차 하강하던 온실가스 농도가 예전 6번의 간빙기와는 달리 특정 시기부터 상승하기 시작한 것입니다.

- CO_2 농도 상승은 본격적으로 농사를 짓기 시작하면서 삼림을 개간하기 시작한 증거가 나온 7천 년 전과 일치합니다. CH_4 농도 상승은 벼를 논에서 키우기 시작한 시기 및 반추동물을 가축화하기 시작한 5,000년 전과 일치한다고 합니다. 또 유럽과 중국에서 대규모 주거지역이 확산하기 시작한 것도 7,000~5,500년 전 사이라고 합니다.

- '인류세(Anthropocene)의 시작'은 기존의 추정(석탄이 많이 증가하기 시작한 1760년이나 방사성 탄소가 증가한 1945년)보다 훨씬 이른 6,500년 전인지도 모르겠습니다.

Lewis, S. L., & Maslin, M. A. (2015). Defining the Anthropocene. Nature, 519(7542), 171–180.
Ruddiman, W. F., He, F., Vavrus, S. J., & Kutzbach, J. E. (2020). The early anthropogenic hypothesis: A review. Quaternary Science Reviews, 240, 106386.

인간에 의한 지구온난화는 6,500년 전에 시작됐습니다

● 간빙기의 '빙하 쇠퇴'나 '대기 중 온실가스 농도 상승' 추이와는 달리, 6,000년 전부터 산업화 이전까지 전 지구 온도가 하강했다는 추정(아래 그림의 노란 선)이 기후모형 학자들을 골치 아프게 했었습니다. 그런데 미국 럿거스대학교 학자들이 기존의 온도 추정 근거였던 해수면 온도가 실제로는 여름에 만발했던 미생물이 초래한 과거 온도 추정값 편향(계절 편향) 때문이었다고 합니다. 편향을 제거하고 연평균 수온을 복원하니 지난 12,000년 (홀로세) 동안 전 지구 온도가 꾸준히 상승(파란 선)한 것으로 나타났습니다.

● 12,000년 전부터 6,500년 전까지(1950년 기준. 지금으로부터는 약 6,570년 전)의 온도 상승은 빙하 쇠퇴, **6,500년 전부터 지금까지의 온난화는 인간에 의한 온실가스 농도 상승 때문입니다.**

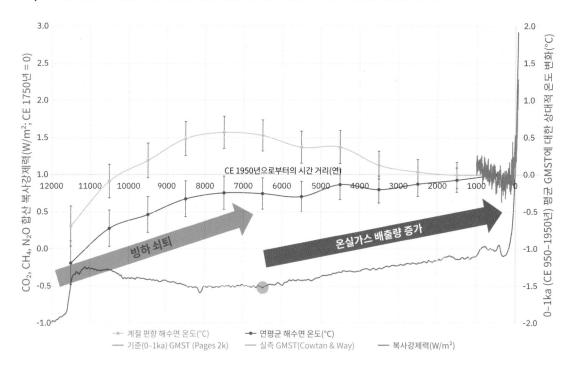

Marcott, S. A., Shakun, J. D., Clark, P. U., & Mix, A. C. (2013). A Reconstruction of Regional and Global Temperature for the Past 11,300 Years. Science, 339(6124), 1198–1201.

Bova, S., Rosenthal, Y., Liu, Z., Godad, S. P., & Yan, M. (2021). Seasonal origin of the thermal maxima at the Holocene and the last interglacial. Nature, 589(7843), 548–553.

41 2022년까지의 전 지구 대기 중 온실가스 농도 변화

- 코로나19로 인한 활동 제한으로 2020년 전 세계 이산화탄소 배출량은 약 5.4% 감소했습니다. 다른 온실가스 배출량도 대체로 감소했을 것으로 예측됩니다. 그러나 2020년에도 대기 중의 온실가스가 증가한다는 사실은 바뀌지 않습니다. 한시바삐 적극적인 기후행동으로 전 세계 온실가스 순배출량 0(zero)을 달성하고, 자연기반해법(nature-based solutions)과 안전한 기후기술을 써서 순-음수 배출(net-negative emissions)까지 나아가야 합니다.

UNEP. (2021). Emissions Gap Report 2021: The Heat Is On – A World of Climate Promises Not Yet Delivered. United Nations Environment Programme (UNEP).

2022년까지의 전 지구 대기 중 온실가스 농도 변화

● 세계기상기수(WMO)의 최신 평가 결과에 따르면, 3대 온실가스를 비롯해서 **대부분의 온실가스는 코로나19로 전 세계가 멈춘 것 같았던 2020년에도 대기 중 농도가 상승**했습니다. 전년보다 조금 감소하긴 했지만 여전히 사람의 활동이 온실가스를 대기 중으로 내뿜었기 때문입니다.

● 세계 많은 나라가 서로에게 책임을 전가하면서 기후행동을 미루는 사이에, 미래세대가 살아갈 지구의 환경은 시시각각 악화하고 있습니다.

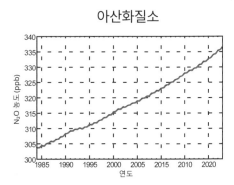

3대 온실가스	2022년 지구 평균	[2022] [1750]
CO_2	417.9 ±0.2 ppm	150%
CH_4	1923 ±2 ppb	264%
N_2O	335.8 ±0.1 ppb	124%

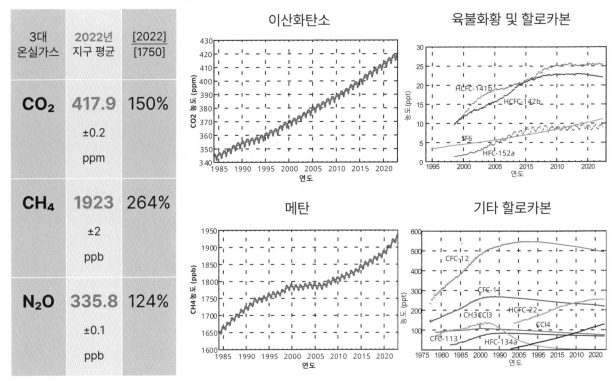

WMO. (2023). WMO Greenhouse Gas Bulletin: The State of Greenhouse Gases in the Atmosphere Based on Global Observations through 2022. World Meteorological Organization (WMO).

노벨상으로 보는 기후변화 과학

- 기후변화 과학의 신뢰도(2021년 물리학상), 기후변화 영향의 심각성(2007년 평화상), 기후변화의 경제적 영향(2018년 경제학상) 등, 노벨상은 기후변화가 인간의 화석연료 사용과 자연생태계 전용 때문이라는 사실이 신뢰를 얻는 데 결정적으로 이바지했습니다. 리튬 이온 배터리가 일상생활을 편리하게 해주기도 했지만, 기후변화 완화의 핵심 수단인 점도 과학자들이 2019년에 화학상을 받은 중요한 이유였으리라 짐작합니다.

노벨상으로 보는 기후변화 과학

기후변화 대응의 중요성은 노벨상으로도 체감할 수 있습니다. 부문도 다양합니다. 2019년 화학상을 봐도 알 수 있듯이, 기후변화 완화를 위한 에너지 전환의 핵심 조치 중 하나가 최종에너지 소비의 전기화(electrification)*임을 고려하면, 전기화 달성을 향한 전기차 보급과 전력수급 유연화를 위해 리튬 이온 전력저장장치의 중요성은 분명합니다.

2007 평화상
IPCC (Intergovernmental Panel on Climate Change)
앨고어(Albert Arnold [Al] Gore Jr.)

"인간이 유발한 기후변화에 관한 더 많은 지식을 구축·보급하고, 그 변화 대응에 필요한 조치의 기반을 마련하려는 노력에 대해"

2018 경제학상

윌리엄 노드하우스
(William D. Nordhaus)

"기후변화를 장기 거시경제 분석에 통합한 데 대해"

2019 화학상

존 구디너프(John B. Goodenough)
스탠리 휘팅엄(M. Stanley Whittingham)
요시노 아키라(Yoshino, Akira; 吉野, 彰)

"리튬 이온 배터리 개발에 대해"

2021 물리학상

마나베 슈쿠로
(Manabe, Syukuro; 眞鍋, 淑郎)
클라우스 하셀만
(Klaus Hasselmann)

"지구 기후를 물리적으로 모델링하고, 지구온난화의 변동성을 정량화할 뿐만 아니라 신뢰도 있게 예측한 데 대해"

* IPCC(2022)는 2030년까지 온실가스 배출량을 지금 수준의 50%로 줄이기 위해서 에너지 부문에서 시행해야 하는 가장 대표적인 수단으로 화석연료 사용 대폭 감축, 발전 부문의 이산화탄소 순배출량 영점화, 광범위한 전기화, 에너지 효율 향상, 수소 등으로 연료 대체, 섹터 커플링 등을 언급했습니다.

IPCC (Ed.). (2022). Climate Change 2022: Mitigation of Climate Change. Cambridge University Press.
The Nobel Foundation.

V
전망과
시나리오

43

UNFCCC 장기 전 지구 목표 정례검토의 결론 10가지

● 2022년 11월 6~12일, 이집트 샤름 엘 셰이크에서 개최된 제27차 유엔기후변화협약 (UNFCCC) 당사국총회(COP27)에서는 제57차 UNFCCC 부속기구 회의(SBSTA/SBI*) 도 열렸습니다. 이 회의는 IPCC의 특별보고서(SR15, SROCC, SRCCL; 2018~2019) 및 제6차 평가보고서(AR6; 2021~2023)를 종합한 『장기 전 지구 목표의 제2차 정례 검토 (2022~2022년)』 보고서를 채택했고, COP27의 협상에 가장 정확한 기후시스템 및 기후행 동 평가 정보를 제공했습니다. SBSTA/SBI 회의에서 채택한 『장기 전 지구 목표의 제2차 정 례 검토(2022~2022년)』 보고서의 주요 결론을 소개합니다.

● 2022년 말, 저명 학술지 『사이언스(Science)』에 기후급변점(tipping points)에 관한 논 문이 실렸습니다. 이 논문의 저자들은 몇몇 기후급변요소의 돌이킬 수 없는 변화가 지구온난 화 1.5°C 수준에서도 촉발될 가능성이 있다고 지적했습니다. 특히 그린란드와 서남극의 빙 상(ice sheet)이 가장 한계점에 가깝다고 경고했습니다. 물론 둘 중 더 작은 빙상인 그린란 드의 얼음만 해도 다 녹는 데 3,000~8,000년이 걸리고 급변점에 대해서는 아직 논란이 크 기 때문에 기후급변점이 오늘 우리에게 기후행동을 촉구할 이유가 되기 힘들 수도 있습니다.

● 그래서 UNFCCC의 가장 최근 보고서를 요약하여, 지구인으로서의 기후행동 필요성을 다시 한번 고민하려고 합니다.

* SBSTA = Subsidiary Body for Scientific and Technological Advice(과학 및 기술 자문 부속기구)
* SBI = Subsidiary Body for Implementation(이행 부속기구)

SBSTA, & SBI. (2022). Structured expert dialogue on the second periodic review of the long-term global goal under the Convention (2020–2022): Synthesis report by the co-facilitators of the structured expert dialogue. (FCCC/SB/2022/3). UNFCCC Secretariat.

UNFCCC의 장기 전 지구 목표 정례 검토 결론 10가지 (1)

장기 전 지구 목표의 제2차 정례 검토(2020~2022년)에 관한 구조화된 전문가 대화(SED2)의 주요 결론

결론 1~5: 장기 전 지구 목표와 목표 달성을 위한 시나리오

결론 1. 지구온난화 1.1°C 수준에도 전 세계는 이미 극한 기후변화를 겪고 있다.

1. 전 지구 표면 온도는 산업화 이전 수준보다 1.1°C 상승했다.

2. 자연 시스템에 미치는 영향은 심각하고 가속화 중이다.

3. 기후변화로 사막화와 토지 황폐화가 심화하면서 육지는 점점 더 압력을 받고 있다.

4. 기후변화는 인류의 후생에 명확한 위협이 되었다.

결론 2. 제1차 정례 검토(2013~2015년) 이래 지식이 상당히 진보했으나 여전히 공백이 있다.

5. IPCC의 제6차 평가보고서(AR6)는 기후변화의 과학적 근거에 관해 진전된 지식을 제공한다.

6. 자연적 기후 변동성에 대한 이해가 발전하면서, 지구온난화 수준과 극한 기후 현상 강도 사이의 선형 관계가 정립되었다.

7. 사회과학과 지속가능발전의 중요성이 점점 더 인식되고 있다.

8. 위험 전환이 점진적이다가 비선형으로 바뀌는 지구온난화 수준(특정 인자의 비가역적 변화[기후급변점]를 유발하는 지구온난화 온도)에 대해서는 불확실성이 있다.

9. 데이터 공백을 메우고 온실가스 흡수·배출 계정 체계를 개선하면, 기후변화 완화(온실가스 배출량 저감) 노력의 효과를 추적하는 데 도움이 될 것이다.

10. (기후변화에 대응하는) 변화의 지원 요소와 제한 요소에 대한 이해를 촉진하려면 사회과학이 발전해야 한다.

SBSTA, & SBI. (2022). Structured-expert dialogue on the second periodic review of the long-term global goal under the Convention (2020–2022): Synthesis report by the co-facilitators of the structured expert dialogue. (FCCC/SB/2022/3). UNFCCC Secretariat.

UNFCCC의 장기 전 지구 목표 정례 검토 결론 10가지 (2)

장기 전 지구 목표의 제2차 정례 검토(2020~2022년)에 관한 구조화된 전문가 대화(SED2)의 주요 결론

결론 3. 지구온난화가 조금씩이라도 점증하면 그만큼 기후 영향과 위험(불가역적인 영향 포함)이 증가한다.

11. 지구온난화가 조금씩이라도 점증하면, 지역적으로는 평균온도, 강수량, 토양수분이 더 많이 변화한다.

12. 기후 위험이 증가하고 있으며, 이전의 평가(IPCC AR5)에서 예측한 것보다 빠른 속도로 심화하고 있다.

13. 제1차 정례 검토 이래, 지구온난화 수준 1.5°C와 2°C는 기후 영향과 위험에서 유의하게 차이가 난다는 증거가 증가하고 있다.

14. 온도가 상승할수록 자연 시스템의 보호 능력(이산화탄소 흡수 등)은 감소한다.

15. 온실가스 배출량 감축을 미루면 회복하는 데 수백 년이 걸리거나 아예 회복이 불가능한 부정적 영향이 발생할 수 있다.

16. 온도 오버슛(전 지구 평균온도가 한계를 초과했다가 나중에 다시 한계 수준 아래로 돌아가는 것)은 급속히 이산화탄소를 제거한다고 해도 (이미 시작했을 수도 있는) 멈출 수 없는 해수면 상승을 촉발할 수 있다.

17. 행동을 늦추면 기후변화 완화와 적응을 위한 수단이 상당히 감소한다.

18. 가장 파국적인 영향을 피하기 위해서는 지구온난화 1.5°C 한계를 넘어서지 않는 장기 전 지구 목표의 달성이 필수적이다.

결론 4. 지금 당장 온실가스를 감축을 시행하고 그 행동을 지속한다면, 아직은 장기 전 지구 목표를 달성할 수 있다.

19. 지구온난화 1.5°C 이내 억제 목표를 오버슛 없이 또는 0.1°C 이내의 오버슛으로 달성할 수 있다.

20. 지구온난화 1.5°C 한계를 일시적으로 넘어서는 오버슛 시나리오는, 21세기 하반기에 첨단 기술, 특별히 이산화탄소 제거 기술에 의존해야 할 수 있다.

21. 급속히 비용이 하락 중인 재생에너지는 2030년 이전에도 온실가스를 감축하는 데 기회를 제공한다.

22. 메탄 배출량을 줄이면, 단기적으로는 온난화 속도를 늦추고 21세 전체에 걸쳐서는 최대 온난화 수준을 낮추는 데 이바지할 수 있다.

23. 탄소시장은 배출량을 실질적으로 줄일 수 있는 잠재력이 있으나 제대로 발전하지 않고 있다.

SBSTA, & SBI. (2022). Structured expert dialogue on the second periodic review of the long-term global goal under the Convention (2020–2022): Synthesis report by the co-facilitators of the structured expert dialogue. (FCCC/SB/2022/3). UNFCCC Secretariat.

UNFCCC의 장기 전 지구 목표 정례 검토 결론 10가지 (3)

결론 5. 기후 회복탄력적 발전을 달성할 수 있는 기회의 창이 급속히 닫히고 있다.

24. 기후 회복탄력적 발전은 기후변화를 넘어서는 고민을 요구한다.

25. 기후 회복탄력적 발전을 위해서는 포용적이고, 여러 부문을 동시에 고려하고, 장래를 내다보는 계획이 필요하다.

26. 앞으로 10년 동안 더 많은 자원이 필요하다.

27. 기후 회복탄력적 발전은 현재의 지구온난화 수준에서도 달성하기가 상당히 만만치 않다.

결론 6~10: 당사국들이 시행한 정책의 전반적인 복합 효과 평가

결론 6. 세계는 장기 전 지구 목표를 달성할 수 없는 경로로 가고 있다.

28. 전 세계 온실가스 배출량은 사상 최고치를 기록했다.

29. 각국이 국가결정기여(NDCs)에서 약속한 온실가스 감축목표로는 지구온난화 1.5°C 이내 억제는커녕 2°C 이내 억제도 달성할 수 없다.

30. 지구온난화의 1.5°C 또는 2°C 이내 억제를 위한 경로와 각국 온실가스 감축목표 사이에는 상당한 격차가 있다.

31. 2030년까지의 온실가스 감축목표에 더하여 순배출량 영점화 목표를 완전히 실행한다면, 지구온난화 수준이 장기 전 지구 목표에 근접할 수 있다.

32. 장기 전 지구 목표 달성을 위해서는 더욱 강력한 기후행동이 필요하다.

SBSTA, & SBI. (2022). Structured expert dialogue on the second periodic review of the long-term global goal under the Convention (2020–2022): Synthesis report by the co-facilitators of the structured expert dialogue. (FCCC/SB/2022/3). UNFCCC Secretariat.

UNFCCC의 장기 전 지구 목표 정례 검토 결론 10가지 (4)

결론 7. 기후변화 완화와 적응에 일정 정도 진전이 있었으나, 노력이 더 요구된다.

33. 선진국과 개발도상국 모두 온실가스 배출량을 줄이는 조처를 하고 있다.

34. 기후 입법 및 제도 도입이 가파르게 증가해 왔다.

35. 여러 증거에 따르면, 기후변화 완화 정책으로 연간 온실가스 배출량을 최소 18억 이산화탄소상당량 톤 회피했다.

36. 국제협력이 긍정적인 결과를 낳고 있다.

37. 기후변화 적응 행동이 광범위하게 확산했으나 대체로 단편적이고 점진적인 수준에 머무르고 있다.

38. 기후변화 적응 계획이 발전하고 있으나 그 성과의 추적은 어렵다.

39. 몇몇 부문은 적응 한계(위험 수준이 높아져서 현재의 수단으로 대응할 수 없게 됨)에 이미 이르렀거나 심지어   초과했을 수 있다.

결론 8. 장기 전 지구 목표를 달성하려면 형평성(equity)이 중요하다.

40. 기후변화는 원인과 결과가 불공평하다.

41. 당사국들은 출발점이 다르고, 처한 환경이 다르고, 순배출 영점화 및 장기 전 지구 목표 달성에 이바지할 수 있는 능력도 다르다.

42. 기후행동은 시급하기도 하지만 형평성 있게 실천할 필요가 있다.

SBSTA, & SBI. (2022). Structured expert dialogue on the second periodic review of the long-term global goal under the Convention (2020–2022): Synthesis report by the co-facilitators of the structured expert dialogue. (FCCC/SB/2022/3). UNFCCC Secretariat.

UNFCCC의 장기 전 지구 목표 정례 검토 결론 10가지 (5)

장기 전 지구 목표의 제2차 정례 검토(2020~2022년)에 관한 구조화된 전문가 대화(SED2)의 주요 결론

결론 9. 기후행동의 주요 지원 요소는 급속하고 형평성 있는 저탄소 전환의 시급성과 보조를 맞추지 못했다.

43. 제1차 정례 검토 이래 기후 재원 흐름이 상당히 증가했다.

44. 현재의 기후 재원 흐름은 필요에 비해 부족하다.

45. 금융 시스템은 여전히 파리협정 목표 및 장기 전 지구 목표를 만족하는 것과는 대체로 거리가 있다.

46. 기후변화 대응 능력은 향상하고 있으나, 위험이 가장 큰 부문에서 대응 능력이 가장 부족하다.

47. 데이터와 방법론의 부족이 기후 시스템의 보고를 저해하고 이해에도 한계를 지운다.

48. 저탄소 및 적응 기술이 성공적으로 개발되고 도입되었으나 기술이전에는 장벽이 없어지지 않았다.

49. 개발도상국에는 경제적·재무적 난제가 기술의 이전 및 확산에 가장 중요한 장벽이다.

결론 10. 전 지구 시스템을 저배출 경로 및 기후 회복탄력적 발전에 맞게 변혁하려면 지식, 기술, 자원이 필요하다.

50. 금융시스템을 파리협정 목표에 맞추려면 재원 흐름을 단기 투자에서 장기 투자로 바꿔야 한다.

51. 개발도상국에 대한 선진국의 재정 지원 가속화는 기후행동의 주요 지원 요소다.

52. 지속적인 역량 강화는 특별히 개발도상국에서 (기후행동 및 기후시스템에 관한) 보고 능력을 향상하고 국제협력을 강화할 수 있다.

53. 기후서비스 강화에 투자하면 기후시스템 이해와 효과적인 기후변화 적응에 도움이 된다.

SBSTA, & SBI. (2022). Structured expert dialogue on the second periodic review of the long-term global goal under the Convention (2020–2022): Synthesis report by the co-facilitators of the structured expert dialogue. (FCCC/SB/2022/3). UNFCCC Secretariat.

44

IPCC와 IPBES 과학자들이 시나리오에 함께 쓰는 5가지 '공동 사회·경제 경로'

● IPCC[기후변화]와 IPBES[생태계] 과학자들이 시나리오에 함께 쓰는 5가지 '공동 사회·경제 경로'(Shared Socio-economic Pathways, SSPs)입니다. 어떤 길이 인류와 생태계의 지속 가능한 미래로 인도하는지는 직관적으로 알 수 있습니다. 인류와 생태계의 지속 가능한 미래를 위해, 우리가 지금 선택하고 행동해야 합니다.

Meinshausen, M. et al. (2020). The shared socio-economic pathway (SSP) greenhouse gas concentrations and their extensions to 2500. Geoscientific Model Development, 13(8), 3571–3605.

우리는 어느 길을 걸어가야 하는가?

지속가능성 – 녹색 진로
(완화와 적응의 어려움이 적음)

SSP1

- 세계는 모든 부문과 지역에서 지속가능한 방향으로 점진적으로 이동한다.
- '인지된 환경 경계'를 존중하는, 포용적인 발전이 강조된다.
- 인류공동자산(global commons)의 관리가 개선된다.
- 교육 및 보건 투자가 인구구조 전환을 가속한다.
- 경제성장보다는 인간복지에 더 중점을 두는 변화가 일어난다.
- 국가 사이에서, 그리고 국가 내에서 불평등이 감소한다.
- 소비도 물질적 성장보다는 자원·에너지 집약도를 낮추는 쪽으로 변화한다.

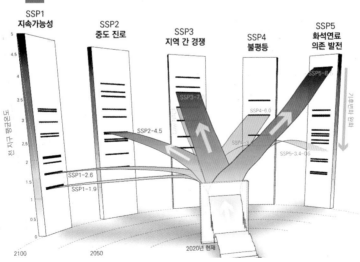

Riahi, K. et al. (2017). The Shared Socioeconomic Pathways and their energy, land use, and greenhouse gas emissions implications: An overview. Global Environmental Change, 42, 153–168.

우리는 어느 길을 걸어가야 하는가?

중도 진로
(중간 난이도의 완화·적응 과제)

SSP2

- 사회적, 경제적, 기술적 경향이 과거 양상과 뚜렷하게는 다르지 않다.
- 발전과 소득 증가가 국가별로 불균등하게 진행된다.
- 국제 및 국가별 기관들의 지속가능발전목표 달성 노력은 진척이 느리다.
- 몇몇 부문이 좋아지지만(자원·에너지 집약도 감소 등), 환경체계는 악화한다.
- 세계 인구 증가가 심하지 않으며 21세기 후반에는 안정된다.
- 소득 불평등은 여전하거나 아주 천천히 나아진다.
- 사회적·환경적 변화에 대한 취약성을 줄여야 하는 도전 과제가 없어지지 않는다.

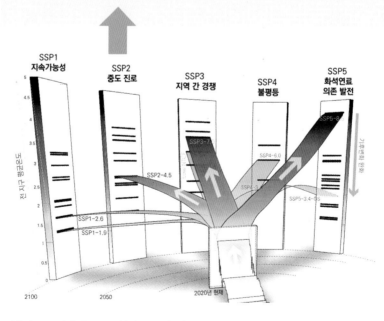

Riahi, K. et al. (2017). The Shared Socioeconomic Pathways and their energy, land use, and greenhouse gas emissions implications: An overview. Global Environmental Change, 42, 153–168.

우리는 어느 길을 걸어가야 하는가?

지역간경쟁 - 험난한 진로
(완화·적응을 위한 과제 달성이 어려움)

SSP3

- 다시 유행하는 민족주의, 경쟁력 및 안보에 대한 우려, 그리고 지역 내 갈등
- 국가들은 국내 또는 기껏해야 지역 내 문제에 집중하게 된다.
- 국가들은 각 지역 내의 에너지 및 식량 안보 목표를 달성하는 데 중점을 둔다.
- 교육 및 기술 개발에 대한 투자가 감소한다.
- 경제 발전이 느리고, 소비는 물질 집약적이며, 불평등은 지속하거나 악화한다.
- 인구 증가는 선진국에서는 적고 개발도상국에서는 많다.
- 환경 문제가 관심에서 멀어져서, 일부 지역에서는 심한 환경 악화가 발생한다.

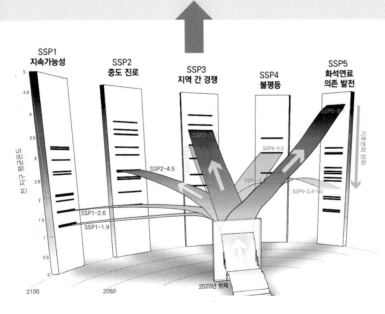

Riahi, K. et al. (2017). The Shared Socioeconomic Pathways and their energy, land use, and greenhouse gas emissions implications: An overview. Global Environmental Change, 42, 153–168.

우리는 어느 길을 걸어가야 하는가?

SSP4	**불평등 - 갈라진 진로** (완화 과제는 쉽고, 적응 과제는 어려움) • 다시 유행하는 민족주의, 경쟁력 및 안보에 대한 우려, 그리고 지역 내 갈등 • 국가들은 국내 또는 기껏해야 지역 내 문제에 집중하게 된다. • 국가들은 각 지역 내의 에너지 및 식량 안보 목표를 달성하는 데 중점을 둔다. • 교육 및 기술 개발에 대한 투자가 감소한다. • 경제 발전이 느리고, 소비는 물질 집약적이며, 불평등은 지속하거나 악화한다. • 인구 증가는 선진국에서는 적고 개발도상국에서는 많다. • 환경 문제가 관심에서 멀어져서, 일부 지역에서는 심한 환경 악화가 발생한다.

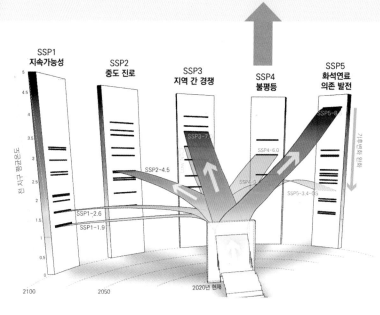

Riahi, K. et al. (2017). The Shared Socioeconomic Pathways and their energy, land use, and greenhouse gas emissions implications: An overview. Global Environmental Change, 42, 153–168.

우리는 어느 길을 걸어가야 하는가?

SSP5	**화석연료 의존 발전 – 고성장 진로** (완화를 위한 도전 과제가 크고, 적응에 필요한 도전 과제는 작음)
	• 경쟁시장, 혁신 및 참여사회에 대한 신념으로, 세계 시장은 점점 더 통합된다. • 빠른 기술 진보와 인적 자본 개발을 지향한다. • 건강·교육·제도에 대한 집중 투자로 인적·사회적 자본이 증대된다. • 화석연료가 대규모로 개발되고, 자원·에너지 집약적인 생활 방식이 지배적이다. • 세계 경제가 급속하게 성장한다. • 세계 인구는 21세기 내에 최고점을 찍고 하락한다. • 대기오염과 같은 지역 환경 문제는 성공적으로 관리된다. • 사회와 생태계의 관리 능력을 신뢰한다(필요하다면 지구공학도 도입 가능).

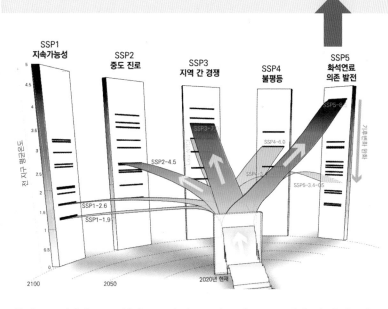

Riahi, K. et al. (2017). The Shared Socioeconomic Pathways and their energy, land use, and greenhouse gas emissions implications: An overview. Global Environmental Change, 42, 153–168.

우리는 어느 길을 걸어가야 하는가?

● IPCC[기후]와 IPBES[생태계] 과학자들이 시나리오에 함께 쓰는 5가지 '공동 사회·경제 경로'(Shared Socio-economic Pathways, SSPs)

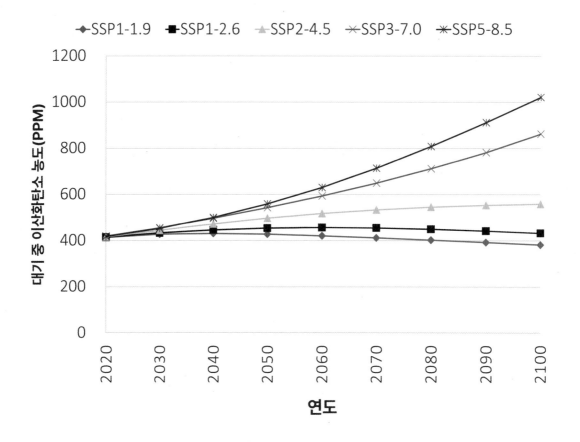

Riahi, K. et al. (2017). The Shared Socioeconomic Pathways and their energy, land use, and greenhouse gas emissions implications: An overview. Global Environmental Change, 42, 153–168.

45 전 세계 기후목표 실현에 의한 우리나라의 기후변화

- 유엔환경계획(UNEP)이 2023년 9월 30일까지 제출된 전 세계의 국가결정기여(Nationally Determined Contributions, NDCs)를 종합하여 2100년까지의 기후변화를 예측한 배출 격차 보고서 2023년판(Emissions Gap Report 2023)을 발표했습니다. 보고서에 따르면, 모든 나라가 자국의 NDCs에 담긴 2030년 온실가스 감축 목표를 달성하면 2100년까지 지구온난화는 산업화 이전 수준보다 2.9°C 수준(그림의 공통 사회·경제 경로 중 SSP2-4.5와 유사)에 이릅니다. UNEP은 여기에 더해, 모든 나라가 외부의 지원 등을 받으면 추가로 온실가스를 감축하겠다는 약속(conditional NDCs)을 제대로 이행하면 21세기 말 지구온난화는 2.5°C(그림의 SSP1-2.6에 근접)로 억제할 수 있다고 합니다.

- 국가별로는 어떨까요? 1820년부터 기록된 전 지구 기후자료를 수집하여 분석하는 미국의 버클리지구(Berkeley Earth)에서 각국의 영토에 맞게 잘라서 '역사적 변화 수준'과 '3가지 공통 사회·경제 경로에 따른 2100년까지의 전망'을 공개했습니다. 전 세계의 기후행동을 반영하여 우리나라의 기후 미래를 전망한, 유력 연구기관의 가장 최근 자료라 하겠습니다.

- 이에 따르면, 2.5°C 온난화도 전 세계, 특히 저소득국과 취약계층에 치명적인 수준입니다만, 우리나라는 전 세계 평균보다 훨씬 심한 온난화가 기다립니다. 전 세계가 NDCs를 실현하는 SSP2-4.5 경로대로 가면, 2020년 현재 이미 1.9°C 뜨거워진 우리나라는 2030년에 약 2.6°C 상승합니다. 9년 만에 0.7°C 상승하는 셈입니다. 한 세대가 채 지나지 않는 미래인 2050년에는 약 3.5°C, 2100년에는 약 4.9°C 까지 대한민국이 가열됩니다.

UNEP. (2023). Emissions Gap Report 2023: Broken Record – Temperatures hit new highs, yet world fails to cut emissions (again). United Nations Environment Programme (UNEP).

전 세계 기후목표 실현에 의한 우리나라의 기후변화

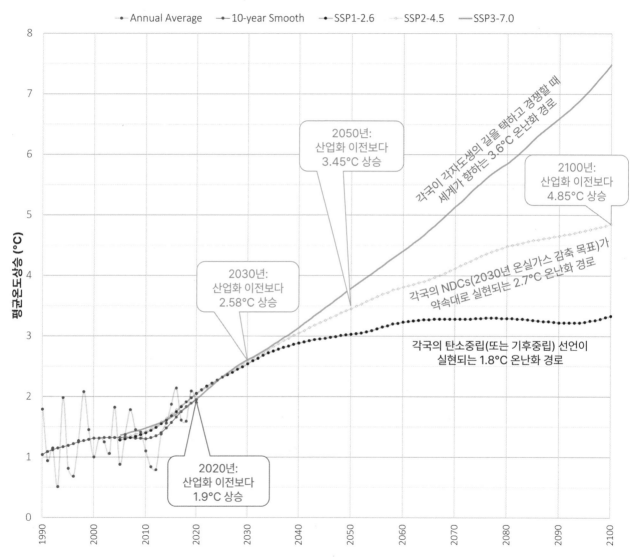

Berkeley Earth. (2021). Actionable Climate Science for Policymakers.
https://berkeleyearth.org/policy-insights/#

46 기후변화 대응 정도에 따른 우리나라 GDP 전망

● 2020년 기준으로 우리나라 수출액의 10.2%를 차지하여 중국(25.8%), 미국(14.5%)에 이어 3번째로 중요한 무역 상대인 유럽연합의 탄소국경조정메커니즘(CBAM; EU보다 탄소가격이 낮은 국가로부터 도입하는 제품에 세금 부과)이 2023년 10월부터 시행되어서 EU에 수입되는 제품은 온실가스 배출량 보고의무가 생겼고, 2026년부터는 본격적으로 탄소가격 부과가 시행될 예정입니다. 그러면 "온실가스 감축규제가 강화될수록 온실가스 한계저감비용이 빠르게 상승"할 수 있습니다. 먼 미래의 변화가 아닙니다. 우리나라 상품의 두 번째로 큰 수입국인 미국도 CBAM과 비슷한 제도(Foreign Pollution Fee Act, Clean Competition Act 등) 도입을 검토 중이기 때문에 결국 피할 수도 없습니다. 그렇다면 최대한 빨리 탈탄소 정책을 강화해서 GDP 부담을 최소화하고 전화위복의 기회로 삼는 것이 낫습니다.

European Commission. (2021). Proposal for a Regulation of the European Parliament and of the Council Establishing a Carbon Border Adjustment Mechanism. COM(2021) 564 final.
JEC. (2024). What is a carbon border adjustment mechanism (CBAM) and what are some legislative proposals to make one? U.S. Congress Joint Economic Committee (JEC).

기후변화 대응 정도에 따른 우리나라 GDP 전망

● 기후변화 대응이 처음에는 힘들지만 미래를 위해 불가피하고, 나중에는 단순히 금전적인 손익만 따져도 득이 됨을 알 수 있습니다. 유럽연합이나 미국과 같이 물자와 인력이 풍부치 못한 우리나라도 지금 당장 강력한 기후변화 대응 정책을 시행해야 함을 이번 녹색금융협의체(Network for Greening the Financial System, NGFS) 분석이 확인해 줍니다.

● 각국 중앙은행의 모임인 녹색금융협의체(NGFS; 한국은행은 2019년 가입)가 IPCC 모형 전문가들의 도움을 받아서 기후변화의 경제적 영향을 2100년까지 예측했습니다. 우리나라는, **지금의 약한 기후정책**을 유지하면 단기적으로는 "온실가스 감축규제가 강화될수록 온실가스 한계저감비용이 빠르게 상승하여 고탄소산업을 중심으로 생산비용이 급격히 증가"(한국은행, 2021)하는 강력한 기후변화 대응 정책(**2℃ 이내 온난화[Below 2℃]** 또는 **'탄소중립'[Net Zero 2050]**)보다 GDP 부담이 적을 수 있지만, 기후변화의 피해가 점점 심해지기 때문에 2075~2085년부터는 '2℃ 이내 온난화' 경로보다, 2080~2090년부터는 '탄소중립' 경로보다 경제가 어려워지고 점점 격차가 커질 것으로 전망합니다.

한국은행. (2021). 기후변화 이행리스크를 고려한 은행부문 스트레스 테스트. 금융안정보고서, 2021년 6월. Pp. 96–99.
NGFS. (2021). Scenarios Portal. Network for Greening the Financial System.
    https://www.ngfs.net/ngfs-scenarios-portal/

기후변화/전환의 거시경제 피해로 인한 실질 GDP (단위: 2005년 미국 달러 기준 10억 달러)

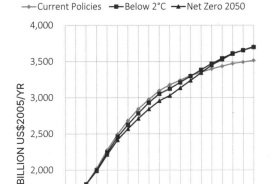

기후변화/전환의 거시경제 피해 및 정책비용으로 인한 실질 GDP(단위: 2005년 미국 달러 기준 10억 달러)

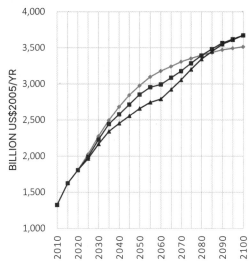

기후변화/전환의 거시경제 피해만을 고려한 GDP 변화: 현재정책과 기후변화대응정책의 상대적 차이(%)

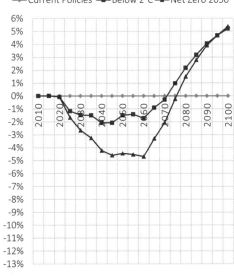

기후변화/전환의 거시경제 피해 및 정책비용으로 인한 GDP 변화: 현재정책과 기후변화대응정책의 상대적 차이(%)

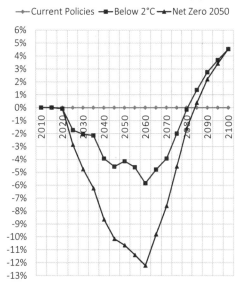

VI

기후행동과
그 효과

'탄소중립'이란? 다른 용어와의 비교 이해

● 기후변화 관련 용어가, 그 뜻이 분명한 것 같지만, 실제로는 전문지식이 적은 사람의 기후변화 이해를 방해한다고 합니다. 그 중에서도 가장 유명하지만 여전히 잘 와 닿지 않는 용어, '탄소중립'은 무엇을 의미할까요?

Bruine de Bruin, W., Rabinovich, L., Weber, K., Babboni, M., Dean, M., & Ignon, L. (2021). Public understanding of climate change terminology. Climatic Change, 167(3), 37.

'탄소중립'이란? 다른 용어와의 비교 이해

● 아래의 표에서 '목표를 달성해야 하는 시한이 명확하기 때문에 가장 적극적인 기후행동 목표'로 볼 수 있는 1.5°C 경로를 제외하고 **'기후변화 완화 목표의 적극성순'**으로 용어를 나열하면 다음과 같습니다.

기후 긍정(기후 양성) = 순-음수 배출 > 탄소 음성 > 제로 배출 = 무배출 > 제로 탄소 = 무탄소 > 기후 중립 = 순배출 영점화 > 탄소중립 = 이산화탄소 순배출 영점화 > 심층 탈탄소화

용어	정의
1.5°C 경로 1.5°C pathway	지구온난화를 산업화 이전 수준과 비교해 1.5°C 이내로 제한하는 일련의 행동으로서, 2050년까지 '이산화탄소 순배출 영점화' 달성을 내포.
기후 긍정(기후 양성) Climate positive	순-음수 배출과 비슷하게, '기후 긍정'은 국가가 배출하는 것보다 더 많은 온실가스를 제거함을 의미.
기후 중립 Climate neutrality	국가 전체의 활동이 주변 기후에 영향을 미치지 않는 상태. 특히 지구 기후 시스템과 관련하여 사용. 종종 '직접 배출량 감소'와 '잔여 배출량에 대한 상쇄'의 조합으로 설명됨. 탄소중립은 이산화탄소 배출에만 적용되지만, 기후 중립은 모든 인위적인 온실가스 배출에 적용.
무(無)배출 Emissions-free	배출량 없음; 이산화탄소 배출량을 구체적으로 언급하거나 온실가스 배출량을 더 광범위하게 가리킬 수 있음.
무(無)탄소 Carbon-free	기술적으로는 이산화탄소 배출량이 없음을 의미하지만, 종종 "탄소중립"의 동의어로 사용.
순배출 영점화 Net-zero emissions	국가가 대기 중에 배출한 만큼의 온실가스를 대기에서 제거하는 상태 달성.
순-음수 배출 Net-negative emissions	국가가 대기에 배출하는 것보다 더 많은 온실가스를 대기에서 제거하는 상태. 이산화탄소 배출량을 구체적으로 언급하거나 온실가스 배출량을 더 광범위하게 가리킬 수 있음.
심층 탈탄소화 Deep decarbonization	특정 활동과 관련된 이산화탄소 배출량을 줄이는 것을 목표로 하는 개발 전략.
이산화탄소 순배출 영점화 Net-zero CO_2 emissions	국가의 이산화탄소 배출량이 상쇄에 의해 균형이 이뤄지는 상태 달성.
제로 배출 Zero-emissions	"무배출"의 동의어.
제로 탄소 Zero-carbon	"무탄소"와 비슷하게, 국가가 이산화탄소를 전혀 배출하지 않음을 의미.
탄소 음성 Carbon negative	"순-음수 배출"의 동의어이지만, 일반적으로 이산화탄소 배출만을 가리킴.
탄소중립 Carbon neutrality	국가의 이산화탄소 순배출량이 제로가 되는 상태.

Day, T. et al. (2020). Navigating the Nuances of Net-Zero Targets. NewClimate Institute & Data-Driven EnviroLab.

48 '2050년 탄소중립', 목표가 같아도 행동 속도가 추가 CO₂ 배출량을 좌우합니다

- '2050년 탄소중립 달성(Net Zero CO₂ Emissions by 2050)'은 달성 방법에 따라 '남은 27년간(2024~2050년) 이산화탄소 총배출량'이 많이 차이 납니다(2024년 CO₂ 배출량이 2023년과 같이 409억 톤이라면, 27년 동안 총 2,282억 톤을 배출할 수도 있고 8,352억 톤을 배출할 수도 있습니다). 온실가스 저감을 뒤로 미룰수록 무책임하다는 비판을 피하기 힘듭니다.

- '천천히 감축'하는 것은 인류의 미래를 진정성 있게 고민하는 시민이나 정부에게는 고려할 대상이 아닙니다. 그리고 '선형으로 꾸준히 감축'하기보다는 당연히 더 과감하게 감축하고, '되도록 빨리 감축'하는 경로도 초과 달성해야 1.5°C 이내로 억제할 수 있는 확률이 절반 이상으로 커집니다.

Forster, P. M. et al. (2024). Indicators of Global Climate Change 2023: annual update of key indicators of the state of the climate system and human influence. Earth System Science Data, 16(6), 2625–2658.

2050년 탄소중립 달성
(Net Zero CO₂ Emissions by 2050)

● 목표가 같아도, '빨리 행동에 옮길수록' 이산화탄소 추가 배출량을 훨씬 더 많이 줄일 수 있습니다.

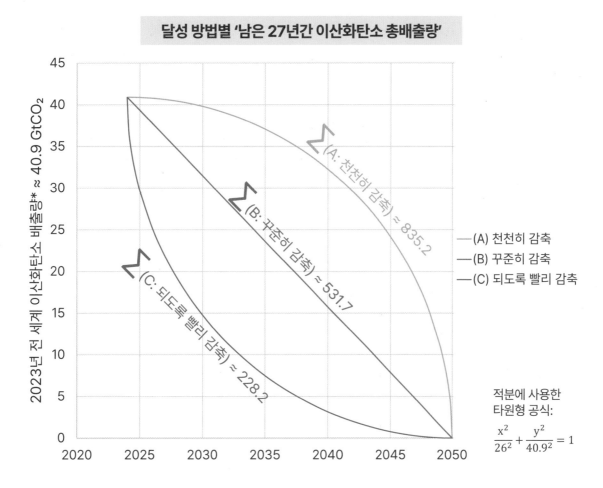

달성 방법별 '남은 27년간 이산화탄소 총배출량'

세로축: 2023년 전 세계 이산화탄소 배출량* ≈ 40.9 GtCO₂

∑(A: 천천히 감축) ≈ 835.2
∑(B: 꾸준히 감축) ≈ 531.7
∑(C: 되도록 빨리 감축) ≈ 228.2

— (A) 천천히 감축
— (B) 꾸준히 감축
— (C) 되도록 빨리 감축

적분에 사용한 타원형 공식:
$$\frac{x^2}{26^2} + \frac{y^2}{40.9^2} = 1$$

* 화석연료 연소 + 토지이용변화(Forster, P. M. et al. [2024]. Indicators of Global Climate Change 2023: annual update of key indicators of the state of the climate system and human influence. Earth System Science Data, 16(6), 2625–2658.)

49 전 세계 '부문별 온실가스 감축 수단'의 잠재량·비용 범위

● 기후변화에 관한 정부간 협의체(Intergovernmental Panel on Climate Change, IPCC)의 제3실무그룹(Working Group III)이 최근 공개한 제6차 평가보고서(Sixth Assessment Report, AR6)에서 가장 중요한 그림 중 하나입니다. 전 세계 부문별 온실가스 감축 수단 43가지의 온실가스 배출량 저감 잠재량과 비용을 한곳에서 비교했습니다. 이 중 '이산화탄소상당량 1톤당 저감비용 100달러 이하인 수단'만 다 시행해도 2030년까지 전 세계 온실가스 배출량을 2019년(약 590억 이산화탄소상당량 톤; 59[±6.6] $GtCO_2$-eq)의 절반 아래로 줄일 수 있습니다.

● 태양에너지와 풍력은 저감 잠재량도 가장 많은 편이지만 비용마저 매우 저렴합니다. 자연생태계의 전용(轉用, conversion)을 줄여도 온실가스 배출량 저감 잠재량이 막대합니다. 재생에너지 보급과 자연생태계 보전이 기후변화 완화에 얼마나 중요한지 수치로 확인할 수 있습니다. 에너지 수요를 줄이고 건물·수송 부문의 에너지효율화를 가속하는 수단들도 비용 대비 효과가 우수합니다.

전 세계 '부문별 온실가스 감축 수단'의 잠재량·비용 범위

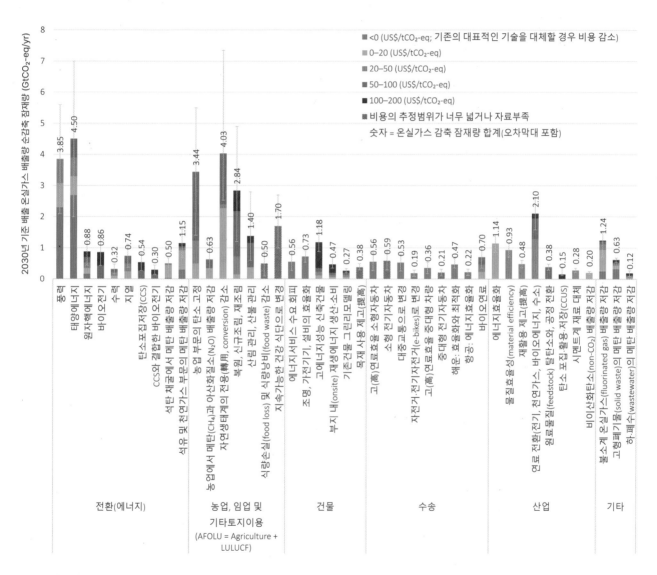

IPCC. (2022). Climate Change 2022: Mitigation of Climate Change. Contribution of Working Group III to the Sixth Assessment Report of the Intergovernmental Panel on Climate Change. Cambridge University Press.

50 OECD 회원국의 지난 30년간 에너지전환 추이

- 국제에너지기구에 따르면 2019년 에너지 관련 이산화탄소 배출량의 증가 수준을 낮추는 데 가장 도움이 된 것은 재생에너지를 통한 화석연료 연소 회피였습니다. 그런데 OECD 39개 회원국 중에서 우리나라는 1차에너지, 최종에너지, 발전량의 모든 기준에서 재생에너지가 차지하는 비중이 가장 낮은 수준입니다.

- 재생에너지 누적보급량 증가가 가져오는 발전 비용 감소라는 학습효과는 전 세계적으로 확연합니다만, 국가별로는 차이가 큽니다. 그래서 누적보급량이 적은 우리나라가 절망할 필요가 없다는 역설도 설득력이 있습니다.

- 같은 설비, 같은 부품을 써도 지역별 지리 환경, 제도, 이해당사자 관계 등에 따라서 최종 발전비용은 상당히 차이가 나는데, 지역별 특성을 이해하고 예상치 못한 문제를 해결하는 노력이 국가별로, 지방별로 부단히 이뤄지면, 어느 순간 재생에너지 누적보급량이 덴마크나 독일, 영국과 같이 급격히 증가하면서 비용이 예상을 넘어서서 감소하기 때문입니다(Neij & Nemet, 2022). 게다가 누적보급량 증가로 비용만 감소하는 것이 아닙니다. 발전효율도 계속 개선됩니다. 재생에너지 후발국인 우리나라도 2010년에 25% 정도였던 육상풍력의 이용률(capacity factors)이 2021년에는 30%대 후반으로 상승했습니다.

IRENA. (2022). Renewable Power Generation Costs in 2021. International Renewable Energy Agency (IRENA).
Neij, L., & Nemet, G. (2022). Accelerating the low-carbon transition will require policy to enhance local learning. Energy Policy, 167, 113043.

OECD 회원국의 지난 30년간 에너지전환 추이 (1)

총에너지공급(TES)* 중 재생에너지 비율

국가/지역	1990	1995	2000	2005	2010	2015	2020
아이슬란드	70.2%	69.4%	75.2%	73.8%	88.5%	88.3%	89.7%
노르웨이	54.1%	49.1%	51.5%	44.4%	37.0%	51.9%	53.2%
코스타리카	40.6%	40.6%	42.4%	53.0%	51.6%	52.8%	53.9%
스웨덴	24.4%	25.5%	30.9%	28.3%	32.8%	42.5%	47.0%
라트비아	13.2%	27.4%	31.1%	32.6%	31.8%	36.1%	42.3%
뉴질랜드	32.7%	31.6%	29.6%	30.4%	37.0%	39.4%	41.2%
덴마크	5.9%	6.7%	9.6%	15.0%	20.0%	29.4%	38.1%
핀란드	19.3%	21.2%	23.9%	23.5%	25.4%	32.3%	36.1%
오스트리아	20.2%	22.0%	23.0%	21.1%	27.4%	29.8%	31.9%
칠레	27.8%	30.0%	25.1%	25.1%	22.1%	27.2%	29.0%
포르투갈	19.5%	16.4%	15.3%	13.1%	23.2%	22.6%	28.0%
에스토니아	1.8%	8.8%	10.9%	10.8%	14.5%	19.2%	29.5%
콜롬비아	32.3%	30.1%	23.9%	24.5%	25.0%	24.9%	24.3%
스위스	14.7%	17.0%	17.4%	15.6%	18.3%	21.2%	23.8%
리투아니아	2.0%	5.7%	9.4%	9.9%	15.1%	20.1%	21.8%
이탈리아	4.4%	4.9%	5.9%	7.6%	12.6%	17.2%	19.5%
슬로베니아	9.1%	8.9%	13.8%	13.4%	15.7%	16.5%	17.8%
스페인	6.9%	5.5%	5.6%	5.9%	11.8%	14.0%	16.6%
그리스	5.2%	5.7%	5.4%	5.6%	7.9%	12.2%	14.9%
캐나다	17.3%	17.9%	17.1%	16.4%	16.5%	17.4%	16.9%
독일	1.5%	1.8%	2.7%	5.5%	9.3%	12.6%	16.4%
튀르키예	18.8%	17.7%	13.2%	12.1%	11.0%	12.2%	16.4%
세계	12.5%	12.9%	12.5%	11.9%	12.0%	12.8%	14.6%
슬로바키아	1.5%	2.8%	2.8%	4.3%	7.4%	9.6%	12.7%
영국	0.5%	0.8%	1.0%	1.8%	3.3%	7.6%	13.4%
체코	2.3%	3.4%	3.9%	4.6%	6.9%	10.2%	12.2%
폴란드	1.5%	3.9%	4.3%	4.9%	7.2%	11.5%	12.4%
헝가리	2.6%	3.4%	3.3%	6.0%	10.5%	12.0%	11.2%
프랑스	6.8%	7.1%	6.2%	5.7%	7.9%	8.9%	11.8%
아일랜드	1.7%	1.5%	1.7%	2.5%	4.6%	8.3%	13.1%
룩셈부르크	0.5%	1.1%	1.2%	1.6%	3.1%	5.5%	11.5%
네덜란드	1.1%	1.2%	1.8%	2.8%	3.9%	4.9%	9.3%
멕시코	12.1%	12.2%	11.2%	9.8%	8.5%	8.4%	9.6%
벨기에	1.0%	1.0%	1.1%	2.0%	4.9%	7.0%	9.5%
호주	5.9%	6.0%	5.9%	5.7%	5.3%	6.3%	7.4%
미국	5.0%	5.1%	4.5%	4.5%	5.7%	6.8%	8.3%
일본	3.3%	3.1%	3.0%	3.2%	3.7%	5.1%	7.0%
이스라엘	3.2%	3.0%	3.3%	4.0%	5.0%	2.4%	4.2%
대한민국	1.1%	0.3%	0.4%	0.5%	0.7%	1.5%	2.1%

* TES = Total Energy Supply. 예전 용어인 TPES [Total Primary Energy Supply, 총일차에너지공급]와 의미가 같음.)

IEA. (2023). IEA World Energy Statistics and Balances. International Energy Agency (IEA).

OECD 회원국의 지난 30년간 에너지전환 추이 (2)

최종에너지소비량(TFC)‡ 중 재생에너지 비율

국가/지역	1990	1995	2000	2005	2010	2015	2020
아이슬란드	54.7%	55.7%	60.7%	62.7%	75.9%	77.8%	82.8%
노르웨이	59.2%	60.0%	60.2%	58.6%	56.7%	57.3%	61.3%
스웨덴	34.1%	33.9%	39.8%	39.3%	44.7%	51.9%	58.4%
핀란드	24.5%	27.3%	31.7%	31.5%	33.4%	43.2%	47.5%
라트비아	17.6%	32.4%	35.8%	36.3%	33.1%	38.1%	43.8%
에스토니아	3.5%	17.9%	19.8%	18.9%	25.3%	28.2%	40.0%
덴마크	7.1%	7.5%	10.7%	16.1%	21.2%	32.5%	39.7%
코스타리카	45.4%	35.0%	33.0%	41.7%	40.4%	38.3%	36.4%
오스트리아	25.2%	25.7%	26.4%	24.4%	31.2%	34.8%	35.8%
리투아니아	3.1%	10.3%	17.2%	17.5%	21.5%	29.0%	31.7%
콜롬비아	38.1%	33.5%	27.9%	28.9%	29.6%	31.5%	31.3%
포르투갈	27.0%	23.7%	20.1%	18.1%	27.8%	27.2%	31.2%
뉴질랜드	28.0%	28.7%	26.4%	26.8%	29.4%	29.3%	28.6%
칠레	34.0%	34.2%	31.4%	32.3%	27.0%	25.1%	26.7%
스위스	16.8%	17.6%	18.2%	18.7%	20.6%	23.9%	26.4%
캐나다	22.5%	22.4%	22.0%	21.3%	21.1%	21.8%	23.9%
슬로베니아	12.4%	11.5%	18.0%	18.6%	20.1%	21.4%	22.4%
룩셈부르크	1.7%	4.0%	6.8%	1.9%	3.7%	9.1%	20.8%
그리스	7.8%	8.3%	7.8%	8.0%	11.4%	17.5%	20.1%
스페인	10.6%	8.3%	7.9%	7.3%	14.4%	16.3%	19.4%
세계	16.1%	16.8%	16.9%	16.0%	16.0%	16.7%	19.1%
이탈리아	3.8%	4.5%	5.1%	6.7%	12.8%	16.6%	18.7%
독일	2.1%	2.3%	3.7%	7.3%	11.6%	14.6%	18.6%
슬로바키아	2.2%	4.2%	3.7%	6.3%	10.3%	13.4%	17.6%
체코	3.6%	5.3%	5.9%	7.5%	11.0%	14.8%	17.0%
프랑스	10.5%	10.8%	9.3%	8.7%	12.0%	13.3%	16.9%
폴란드	2.5%	6.3%	6.9%	7.2%	9.5%	11.9%	16.1%
헝가리	3.9%	5.4%	5.2%	7.3%	13.5%	15.6%	14.8%
튀르키예	24.4%	21.9%	17.3%	15.3%	14.2%	13.3%	13.7%
아일랜드	2.3%	1.9%	2.0%	2.9%	5.3%	9.5%	13.7%
영국	0.7%	1.1%	1.0%	1.4%	3.1%	7.7%	13.5%
멕시코	14.4%	13.3%	12.2%	10.3%	9.4%	9.2%	12.3%
벨기에	1.3%	1.3%	1.4%	2.4%	6.3%	9.4%	12.3%
미국	4.2%	4.7%	5.4%	5.8%	7.4%	9.0%	11.2%
호주	8.0%	8.2%	8.4%	6.7%	8.2%	9.3%	10.9%
네덜란드	1.2%	1.3%	1.7%	2.7%	3.9%	5.8%	10.8%
일본	4.3%	3.7%	3.7%	4.0%	4.7%	6.2%	8.5%
이스라엘	5.8%	5.4%	6.0%	7.0%	8.6%	3.7%	5.6%
대한민국	1.6%	0.4%	0.7%	0.9%	1.3%	2.7%	3.6%

100%
97.5%
95.0%
92.5%
90.0%
87.5%
85.0%
82.5%
80.0%
77.5%
75.0%
72.5%
70.0%
67.5%
65.0%
62.5%
60.0%
57.5%
55.0%
52.5%
50.0%
47.5%
45.0%
42.5%
40.0%
37.5%
35.0%
32.5%
30.0%
27.5%
25.0%
22.5%
20.0%
17.5%
15.0%
12.5%
10.0%
7.5%
5.0%
2.5%
0.0%

‡ TFC = Total Final Consumption.
IEA. (2023). IEA World Energy Statistics and Balances. International Energy Agency (IEA).

OECD 회원국의 지난 30년간 에너지전환 추이 (3)

전력 생산량 중 재생에너지 비율

국가/지역	1990	1995	2000	2005	2010	2015	2020
아이슬란드	99.9%	99.8%	99.9%	99.9%	100%	100%	100%
코스타리카	97.5%	82.7%	99.1%	96.7%	93.3%	99.0%	99.8%
노르웨이	99.8%	99.7%	99.7%	99.5%	95.7%	97.7%	98.4%
뉴질랜드	80.2%	84.0%	71.9%	64.6%	73.4%	80.5%	80.4%
룩셈부르크	13.2%	22.1%	40.7%	6.3%	8.3%	32.3%	79.3%
덴마크	3.2%	5.0%	15.5%	27.1%	32.0%	65.4%	81.6%
오스트리아	66.2%	70.5%	72.5%	63.4%	66.2%	76.9%	80.1%
콜롬비아	76.4%	76.4%	75.5%	80.2%	70.7%	63.6%	65.8%
캐나다	62.4%	61.0%	60.6%	59.9%	61.3%	64.0%	67.1%
스웨덴	51.0%	47.6%	57.2%	51.3%	55.3%	63.3%	68.5%
스위스	55.0%	57.2%	57.0%	55.9%	56.7%	62.2%	62.2%
포르투갈	34.7%	28.3%	29.7%	17.9%	52.8%	47.5%	58.4%
라트비아	67.6%	73.8%	68.3%	69.6%	54.9%	50.2%	63.7%
리투아니아	1.5%	2.8%	3.1%	3.2%	18.2%	39.4%	54.4%
핀란드	29.5%	30.5%	33.4%	33.2%	30.0%	44.5%	51.9%
칠레	53.8%	72.4%	48.5%	53.9%	40.2%	43.6%	48.7%
스페인	17.2%	14.7%	15.6%	14.6%	32.8%	35.0%	43.8%
이탈리아	16.4%	17.5%	18.8%	16.3%	25.8%	38.7%	42.0%
그리스	5.1%	8.6%	7.8%	10.8%	18.4%	28.7%	36.5%
영국	1.8%	2.1%	2.7%	4.3%	6.9%	24.9%	43.6%
에스토니아		0.1%	0.2%	1.1%	8.1%	15.4%	48.9%
독일	3.5%	4.9%	6.2%	10.3%	16.8%	29.4%	44.2%
아일랜드	4.9%	4.1%	5.0%	7.3%	13.2%	28.0%	42.1%
튀르키예	40.4%	41.6%	24.9%	24.5%	26.4%	32.0%	41.8%
슬로베니아	23.7%	25.2%	28.7%	23.6%	29.2%	29.4%	33.0%
네덜란드	1.1%	1.7%	3.3%	7.5%	9.4%	12.4%	26.6%
세계	19.4%	19.9%	18.3%	18.0%	19.5%	22.7%	28.0%
호주	9.7%	9.6%	8.4%	8.8%	8.6%	13.3%	22.5%
벨기에	0.8%	0.9%	1.3%	2.5%	7.1%	21.1%	26.5%
슬로바키아	7.4%	18.5%	15.0%	14.9%	21.6%	22.7%	24.0%
프랑스	13.1%	15.1%	12.7%	9.6%	13.6%	16.0%	23.7%
일본	11.4%	9.3%	9.2%	8.8%	9.1%	13.8%	19.6%
미국	11.5%	10.8%	8.2%	8.6%	10.1%	13.2%	19.5%
멕시코	24.7%	23.7%	19.8%	15.2%	16.6%	15.3%	19.8%
헝가리	0.7%	0.6%	0.7%	5.2%	8.1%	10.6%	15.8%
폴란드	1.1%	1.4%	1.6%	2.5%	6.9%	13.8%	18.0%
체코	1.9%	4.0%	3.1%	3.8%	6.9%	11.4%	13.0%
이스라엘	0.0%	0.1%	0.1%	0.1%	0.3%	1.9%	6.0%
대한민국	6.0%	1.7%	1.4%	1.0%	1.2%	1.9%	5.9%

IEA. (2023). IEA World Energy Statistics and Balances. International Energy Agency (IEA).

OECD 회원국의 지난 30년간 에너지전환 추이 (4)

- 덴마크나 영국의 에너지전환 성공 원인은 재생에너지 발전기술과 (재생에너지 대량보급에 필수적인) 배터리의 비용이 그 누적보급량 증가에 따라 급감한다는 학습곡선(learning curves)으로도 이해할 수 있습니다. 최근의 연구에 따르면, 누적보급량 대비 비용 감소를 나타내는 학습률(learning rates)은 최근에 올수록 더 가파르게 상승하고 있습니다. 즉, 누적보급량이 증가할수록 비용 감소 속도는 빨라집니다.

재생에너지 발전 및 배터리 비용: 누적보급량 증가에 따라 급감

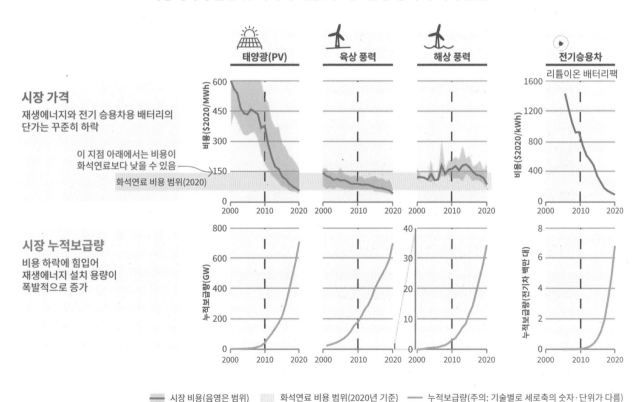

Bolinger, M., Wiser, R., & O'Shaughnessy, E. (2022). Levelized cost-based learning analysis of utility-scale wind and solar in the United States. iScience, 25(6), 104378.
IPCC. (2023). Climate Change 2023: Synthesis Report. Intergovernmental Panel on Climate Change.

51

2050년 에너지 부문 탄소중립 달성을 위한 중간단계별 목표

- 국제에너지기구(IEA)에서 8개월 동안 연구하여 2021년 5월 18일 공개한, 2050년 전 세계 에너지 부문 탄소중립 달성을 위한 중간단계별 목표를 요약한 그림입니다. IEA 사무총장 파티 비롤(Fatih Birol) 박사는 "각국이 서로 다른 처지에서 시작하지만, 함께 탄소중립이라는 목표를 향해 달려가야 한다"고 호소합니다. 그리고 이 달리기는 나라 사이의 경쟁이 아니라 '시간과의 싸움'이라고 합니다.

- 그렇습니다. 시간과의 싸움입니다. 이제 명실공히 선진국으로 인정받는 대한민국은 더 시간이 없습니다. 긴박하게 기후행동을 펼쳐야 합니다.

보고서 발표 동영상 다시 보기: http://j.mp/NZE2050

2050년 에너지 부문 탄소중립 달성을 위한 주요 중간단계 목표

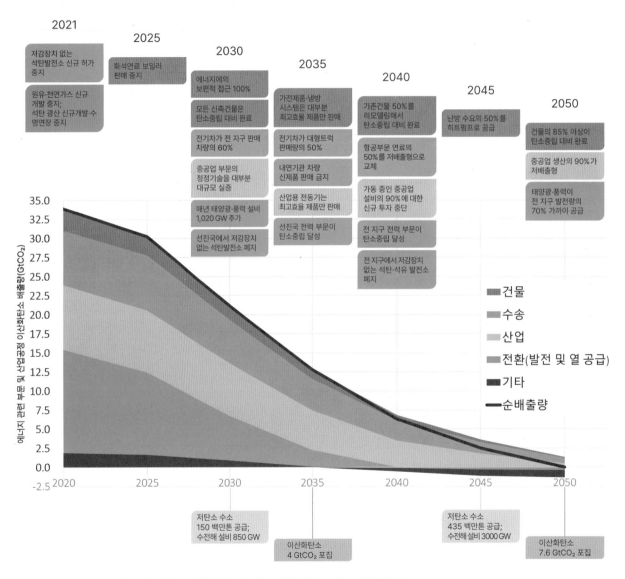

2021
- 저감장치 없는 석탄발전소 신규 허가 중지
- 원유·천연가스 신규 개발 중지; 석탄 광산 신규개발·수명연장 중지

2025
- 화석연료 보일러 판매 중지

2030
- 에너지에의 보편적 접근 100%
- 모든 신축건물은 탄소중립 대비 완료
- 전기차가 전 지구 판매 차량의 60%
- 중공업 부문의 청정기술을 대부분 대규모 실증
- 매년 태양광·풍력 설비 1,020 GW 추가
- 선진국에서 저감장치 없는 석탄발전소 폐지

2035
- 가전제품·냉방 시스템은 대부분 최고효율 제품만 판매
- 전기차가 대형트럭 판매량의 50%
- 내연기관 차량 신제품 판매 금지
- 산업용 전동기는 최고효율 제품만 판매
- 선진국 전력 부문이 탄소중립 달성

2040
- 기존건물 50%를 리모델링해서 탄소중립 대비 완료
- 항공부문 연료의 50%를 저배출형으로 교체
- 가동 중인 중공업 설비의 90%에 대한 신규 투자 중단
- 전 지구 전력 부문이 탄소중립 달성
- 전 지구에서 저감장치 없는 석탄·석유 발전소 폐지

2045
- 난방 수요의 50%를 히트펌프로 공급

2050
- 건물의 85% 이상이 탄소중립 대비 완료
- 중공업 생산의 90%가 저배출형
- 태양광·풍력이 전 지구 발전량의 70% 가까이 공급

범례:
- 건물
- 수송
- 산업
- 전환(발전 및 열 공급)
- 기타
- 순배출량

세로축: 에너지 관련 부문 및 산업공정 이산화탄소 배출량(GtCO2)

저탄소 수소 150 백만톤 공급; 수전해 설비 850 GW

이산화탄소 4 GtCO2 포집

저탄소 수소 435 백만톤 공급; 수전해 설비 3000 GW

이산화탄소 7.6 GtCO2 포집

International Energy Agency. (2021). Net Zero by 2050: A Roadmap for the Global Energy Sector. IEA Publications.

VI. 기후행동과 그 효과

52 2가지 기후행동 시나리오에 따른 전력 생산 비용의 국가(지역)별 비교

● 균등화발전원가(levelized cost of electricity, LCOE) 기준으로 비교하면, '태양광과 풍력은 2040년이 되면 모든 나라에서 발전원 중에서 가장 저렴한 전력을 공급하게 된다'고 국제에너지기구가 전망합니다. 즉, 에너지 전환의 변화 폭은 중국이나 인도도 예외가 아닙니다.

Friedlingstein, P. et al. (2020). Global Carbon Budget 2020. Earth System Science Data, 12(4), 3269–3340.
KEEI. (2020). 에너지통계월보(2020.11.). 에너지경제연구원(KEEI).

2가지 기후행동 시나리오에 따른 전력 생산 비용의 국가(지역)별 비교

● 어떤 시나리오에서도, **모든 지역**에서 **태양광**이 가장 저렴해지고, **풍력**(육상풍력 또는 해상풍력)이 그다음으로 싸집니다.

지역	발전 기술	국가·지역이 현재의 기후 정책·목표 실행				전 세계가 2070년까지 CO_2 순배출 영점화 달성 (산업화 이전 수준 대비 1.8℃ 이내로 지구온난화 억제)			
		2019		2040		2019		2040	
		순공사비 ($/kW)	균등화발전원가 ($/MWh)	순공사비 ($/kW)	균등화발전원가 ($/MWh)	순공사비 ($/kW)	균등화발전원가 ($/MWh)	순공사비 ($/kW)	균등화발전원가 ($/MWh)
미국	원자력	5,000	105	4,500	100	5,000	105	4,500	100
	석탄	2,100	75	2,100	75	2,100	115	2,100	185
	가스 복합화력	1,000	55	1,000	65	1,000	65	1,000	95
	태양광	1,220	50	680	30	1,220	50	580	25
	육상풍력	1,560	35	1,440	35	1,560	35	1,400	35
	해상풍력	4,260	115	2,160	55	4,260	115	1,960	50
유럽연합	원자력	6,600	150	4,500	110	6,600	150	4,500	110
	석탄	2,000	130	2,000	150	2,000	150	2,000	225
	가스 복합화력	1,000	90	1,000	115	1,000	80	1,000	105
	태양광	840	55	490	35	840	55	440	30
	육상풍력	1,560	55	1,420	50	1,560	55	1,380	45
	해상풍력	3,800	75	2,040	40	3,800	75	1,820	35
중국	원자력	2,600	65	2,500	60	2,600	65	2,500	60
	석탄	800	55	800	75	800	75	800	155
	가스 복합화력	560	85	560	105	560	90	560	125
	태양광	790	40	450	25	790	40	390	20
	육상풍력	1,220	50	1,140	40	1,220	50	1,100	40
	해상풍력	3,000	100	1,640	45	3,000	100	1,480	40
인도	원자력	2,800	70	2,800	70	2,800	70	2,800	70
	석탄	1,200	55	1,200	55	1,200	55	1,200	55
	가스 복합화력	700	70	700	85	700	60	700	60
	태양광	610	35	350	20	610	35	310	15
	육상풍력	1,060	50	1,020	45	1,060	50	980	45
	해상풍력	3,140	130	1,700	60	3,140	130	1,540	55

International Energy Agency (IEA). (2020). World Energy Outlook 2020. IEA Publications.

53 원자력 발전에 대한 유럽과 미국 사람 다수의 생각

● 기후변화에 대응하기 위해, 재생에너지 외에도 발전원 중 온실가스 배출량이 적다고 알려진 원자핵에너지를 활용해야 한다는 의견이 적지 않습니다. 그런데 기술이 앞선 유럽이나 미국은, 발전원 중 원자핵에너지를 가장 기피하거나, 다수의 국민이 원자력발전소를 자신이 사는 나라에 추가로 설치하는 것을 지지하지 않고 있습니다.

Friedlingstein, P. et al. (2020). Global Carbon Budget 2020. Earth System Science Data, 12(4), 3269–3340.

KEEI. (2020). 에너지통계월보(2020.11.). 에너지경제연구원(KEEI).

원자력 발전에 대한 유럽과 미국의 여론

유럽 국민의 발전원 선호

(유럽연합 28개국 및 EFTA 국가 [스위스, 노르웨이, 리히텐슈타인, 아이슬란드])

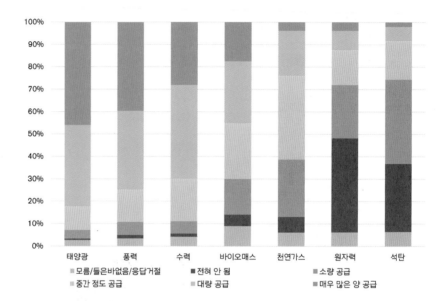

■ 모름/들은바없음/응답거절	■ 전혀 안 됨	■ 소량 공급
■ 중간 정도 공급	■ 대량 공급	■ 매우 많은 양 공급

미국 국민의 원자력 발전에 대한 태도

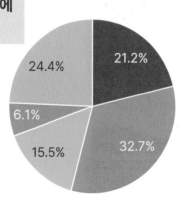

- ■ 원자핵에너지로 발전하면 안 된다
- ■ 기존의 원자력발전소는 그대로 두되, 새로 원자력발전소를 지으면 안 된다
- ■ 기존의 원자력발전소도 계속 운영하고, 원자력발전소를 추가로 지어야 한다
- ■ 기존 원전도 운영하고, 원전을 추가로 설치할 뿐만 아니라 외국에서도 원자핵에너지 프로그램을 장려해야 한다
- ■ 잘 모름 / 의견 없음

유럽: Poortinga, W. et al. (2018). European Attitudes to Climate Change and Energy: Topline Results from Round 8 of the European Social Survey. European Social Survey (ESS) European Research Infrastructure Consortium (ERIC).

미국: Morning Consult. (2020). National Tracking Poll #200897, August 24-27, 2020. Crosstabulation Results.

54

온실가스 감축을 위한 에너지전환,
빠를수록 좋습니다: 수송 부문 사례

● 전기화(electrification; 최종단계에서 소비하는 에너지원을 기존의 화석연료 등에서 전기로 바꾸기)는 에너지전환과 함께 이뤄질 때 효과가 배가됩니다. 하지만 에너지전환 초기부터 바로 전기화하면 시간이 흐를수록 점점 더 온실가스 감축량이 증가합니다. 전기차는 처음에도 동급의 내연기관 자동차보다 온실가스를 덜 배출하지만, 에너지전환과 함께 점점 더 배출량이 감소합니다. 수명 기간 내내 똑같은 양의 온실가스를 배출하는 내연기관 자동차와 비교할 수 없습니다.

온실가스 감축을 위한 에너지전환, 빠를수록 좋습니다: 수송 부문 사례

주요 차종별 전체 수명 CO₂ 배출량 비교:

2050년까지 발전 부문 탈탄소 달성
(2035년까지 배출계수 50%로 선형 감소) 가정

주요 추가 가정

- 전력 배출계수: 456.7gCO₂/kWh(온실가스종합정보센터)
- 자동차 연평균 주행거리: 12,500km('19년 비사업용 기준 12,483km; 한국교통안전공단)
- 승용차 평균 폐차 주기: 15년('20년 기준 15.3년; 한국자동차해체재활용업협회)
- 수소 배출계수: 그레이수소 10 tCO₂/tH₂, 옐로우수소 25.7 tCO₂/tH₂(전력배출계수 적용)

차종 및 연료	CO₂ 배출량 (g/km) 2020년 기준	연간 배출량 (kg) 2020년 기준	2021	2022	2023	2024	2025	2026	2027	2028	2029	2030	2031	2032	2033	2034	2035	절대 배출량 kg/수명(15년)	상대 배출량 (니로EV=100)	저배출 순위
EV6																				
전기	89.4	1,117	1,080	1,042	1,005	968	931	894	856	819	782	745	707	670	633	596	558	12,286	106	2
G80																				
휘발유	186.2	2,327	2,327	2,327	2,327	2,327	2,327	2,327	2,327	2,327	2,327	2,327	2,327	2,327	2,327	2,327	2,327	34,911	300	16
경유	143.6	1,795	1,795	1,795	1,795	1,795	1,795	1,795	1,795	1,795	1,795	1,795	1,795	1,795	1,795	1,795	1,795	26,928	231	11
전기	106.2	1,328	1,283	1,239	1,195	1,151	1,106	1,062	1,018	974	929	885	841	797	752	708	664	14,604	126	4
K5																				
휘발유	116.0	1,450	1,450	1,450	1,450	1,450	1,450	1,450	1,450	1,450	1,450	1,450	1,450	1,450	1,450	1,450	1,450	21,750	187	9
LPG	134.3	1,679	1,679	1,679	1,679	1,679	1,679	1,679	1,679	1,679	1,679	1,679	1,679	1,679	1,679	1,679	1,679	25,181	216	10
그랜저																				
휘발유	145.7	1,822	1,822	1,822	1,822	1,822	1,822	1,822	1,822	1,822	1,822	1,822	1,822	1,822	1,822	1,822	1,822	27,325	235	12
LPG	179.8	2,247	2,247	2,247	2,247	2,247	2,247	2,247	2,247	2,247	2,247	2,247	2,247	2,247	2,247	2,247	2,247	33,703	290	15
넥쏘																				
수소(기존)	105.3	1,317	1,317	1,317	1,317	1,317	1,317	1,317	1,317	1,317	1,317	1,317	1,317	1,317	1,317	1,317	1,317	19,751	170	6
수소(수전해 가정)	270.7	3,384	3,271	3,158	3,046	2,933	2,820	2,707	2,594	2,482	2,369	2,256	2,143	2,030	1,918	1,805	1,692	37,223	320	18
니로																				
휘발유	85.5	1,069	1,069	1,069	1,069	1,069	1,069	1,069	1,069	1,069	1,069	1,069	1,069	1,069	1,069	1,069	1,069	16,031	138	5
전기	84.6	1,058	1,022	987	952	917	881	846	811	776	740	705	670	635	599	564	529	11,633	100	1
봉고																				
경유	212.4	2,655	2,655	2,655	2,655	2,655	2,655	2,655	2,655	2,655	2,655	2,655	2,655	2,655	2,655	2,655	2,655	39,829	342	21
LPG	202.0	2,525	2,525	2,525	2,525	2,525	2,525	2,525	2,525	2,525	2,525	2,525	2,525	2,525	2,525	2,525	2,525	37,875	326	19
전기	147.3	1,842	1,780	1,719	1,657	1,596	1,535	1,473	1,412	1,350	1,289	1,228	1,166	1,105	1,044	982	921	20,257	174	7
아이오닉5																				
전기	93.2	1,164	1,126	1,087	1,048	1,009	970	932	893	854	815	776	737	699	660	621	582	12,808	110	3
카니발																				
휘발유	202.0	2,525	2,525	2,525	2,525	2,525	2,525	2,525	2,525	2,525	2,525	2,525	2,525	2,525	2,525	2,525	2,525	37,882	326	20
경유	168.7	2,109	2,109	2,109	2,109	2,109	2,109	2,109	2,109	2,109	2,109	2,109	2,109	2,109	2,109	2,109	2,109	31,632	272	14
팰리세이드																				
휘발유	186.3	2,328	2,328	2,328	2,328	2,328	2,328	2,328	2,328	2,328	2,328	2,328	2,328	2,328	2,328	2,328	2,328	34,922	300	17
경유	163.1	2,039	2,039	2,039	2,039	2,039	2,039	2,039	2,039	2,039	2,039	2,039	2,039	2,039	2,039	2,039	2,039	30,586	263	13
포터																				
경유	212.8	2,660	2,660	2,660	2,660	2,660	2,660	2,660	2,660	2,660	2,660	2,660	2,660	2,660	2,660	2,660	2,660	39,904	343	22
전기	147.3	1,842	1,780	1,719	1,657	1,596	1,535	1,473	1,412	1,350	1,289	1,228	1,166	1,105	1,044	982	921	20,257	174	7

KEA. (2021). 자동차 표시연비. 한국에너지공단(KEA).

55 개인이 온실가스 배출량을 줄이는 60가지 방법

● 정부(중앙정부와 지방지차단체)나 기업이 온실가스 배출량을 줄이는 것 (VI-49. 전 세계 '부문별 온실가스 감축 수단'의 잠재량·비용 범위 참고)과 별개로, 시민 한 사람, 한 사람은 어떻게 온실가스 배출량을 줄일 수 있을까요? IPCC에서 정리해서 소개하는 온실가스 배출 저감 방법을 순위에 따라 살펴보면, 지금 우리가 당연히 받아들이고, 편리하게 쓰며, 기꺼이 즐기는 많은 삶의 방식을 바꾸거나 과감하게 다른 방법으로 대체해야 함을 알 수 있습니다. 그리고 순위가 낮은 방법보다는 높은 방법이 더 효과가 크므로, 우리의 관심도 그에 따라 경중을 조절해야 할 수도 있습니다.

기후변화행동연구소. (2022). 전 세계 '부문별 온실가스 감축 수단'의 잠재량·비용 범위, [ICCA 카드뉴스 #98]. http://j.mp/Card-News

개인이 온실가스 배출량을 줄이는 60가지 방법

● 최근의 대규모 연구를 토대로, IPCC 제3실무그룹이 대표적인 에너지 수요 부문의 온실가스 저감 방법 60 가지를 배출 회피(avoid), 효율 개선(improve), 전환(shift)의 3가지 범주로 나누어 제시했습니다. 이 비교자료가 연간 일인당 온실가스 저감 잠재량의 중앙값(median) 순으로 제시되었기에, '개인'이 온실가스 배출량을 줄이는 60가지 방법으로 이름을 붙여서 다시 한번 소개합니다.

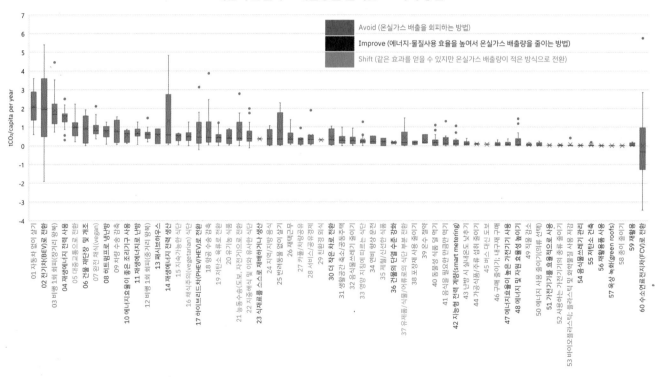

개인이 온실가스 배출량을 줄이는 60가지 방법

IPCC (Ed.). (2022). Climate Change 2022: Mitigation of Climate Change. Contribution of Working Group III to the Sixth Assessment Report of the Intergovernmental Panel on Climate Change. Cambridge University Press.

Ivanova, D., et al. (2020). Quantifying the potential for climate change mitigation of consumption options. Environmental Research Letters, 15(9), 093001.

56 우리나라 기후변화 완화정책은 온실가스 배출량에 영향을 미쳤는가

- 우리나라는 2021년 12월 31일 유엔기후변화협약(UNFCCC) 사무국에 제출한 보고서를 통해 2030년까지 온실가스 배출량을 2018년 수준보다 40% 줄이겠다고 국제사회에 약속했습니다. 또한, 같은 해 제정된 「기후위기 대응을 위한 탄소중립·녹색성장 기본법」(약칭: 탄소중립기본법)에서 2050년까지 탄소중립 달성을 명문화했습니다. 용어상으로는 탄소중립이 이산화탄소 순배출 영점화를 가리키므로 온실가스 순배출 영점화보다 소극적인 목표로 오해받을 수 있습니다. 그러나 우리나라는 '탄소중립'을 기후변화완화정책의 목표로 세웠으면서도 실제로는 다른 온실가스 배출량도 순배출 영점화를 달성하겠다고 명문화*했으므로 온실가스 순배출 영점화, 기후중립을 이루도록 적극적인 정책을 시행해야 합니다.

- 우리나라의 온실가스 배출량 추이와 각종 기후변화 완화정책의 발표시기를 겹쳐서 보면, 정책의 시행과 온실가스 감축은 별로 상관관계가 없었던 것처럼 보입니다. 치밀한 온실가스 감축·흡수 방안, 재원 마련, 국민의 지원 등을 갖추지 못했던 것 같습니다.

> *** 「탄소중립기본법」 제2조:**
>
> "탄소중립"이란 대기 중에 배출·방출 또는 누출되는 온실가스의 양에서 온실가스 흡수의 양을 상쇄한 순배출량이 영(零)이 되는 상태를 말한다.
>
> "온실가스"란 적외선 복사열을 흡수하거나 재방출하여 온실효과를 유발하는 대기 중의 가스 상태의 물질로서 이산화탄소(CO_2), 메탄(CH_4), 아산화질소(N_2O), 수소불화탄소(HFCs), 과불화탄소(PFCs), 육불화황(SF_6) 및 그 밖에 대통령령으로 정하는 물질을 말한다.

우리나라 기후변화 완화정책은 온실가스 배출량에 영향을 미쳤는가 (1)

- 우리나라 기후변화 완화(온실가스 배출량 감축)정책은 중앙정부 수준의 종합대책 또는 기본계획만 해도 2~4년에 한 번 꼴로 수립·시행되었습니다. 그러나 실제로 우리나라 배출량이 감소한 때는 기후정책이 아니라 경제 위축, 대기오염 저감대책, 인수공통감염병의 범유행(pandemic)이 더 큰 영향을 끼쳤습니다.

우리나라 연도별 온실가스 배출량, 1990~2021

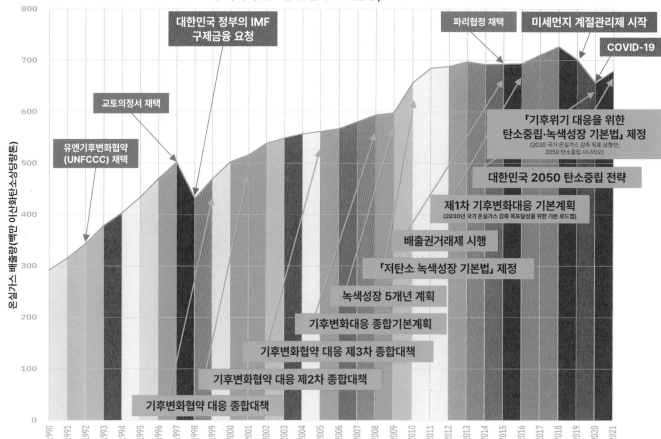

박훈. (2022). 기후위기, 미래를 만드는 방법. 품.

GIR. (2022, 6월 28일). 2021년 국가 온실가스 배출량, 6억 7,960만톤 예상. 보도자료. 온실가스종합정보센터(GIR).

GIR. (2022). 국가 온실가스 인벤토리 1990~2020. 온실가스종합정보센터(GIR).

Hawkins, E. (2022). Temperature change in South Korea — Reltative to average of 1971-2000. #ShowYourStripes.

우리나라 기후변화 완화정책은 온실가스 배출량에 영향을 미쳤는가 (2)

- 유일하게 정책이 온실가스 배출량을 줄인 사례는 2019년부터 시행되고 있는 미세먼지 계절관리제입니다. 비록 미세먼지 감축이 주목표였지만, 이를 위해 석탄화력발전소의 가동을 상당히 줄임으로써 경제위기나 팬데믹이 아니어도 온실가스 감축에 성공할 수 있음을 보여주었습니다.

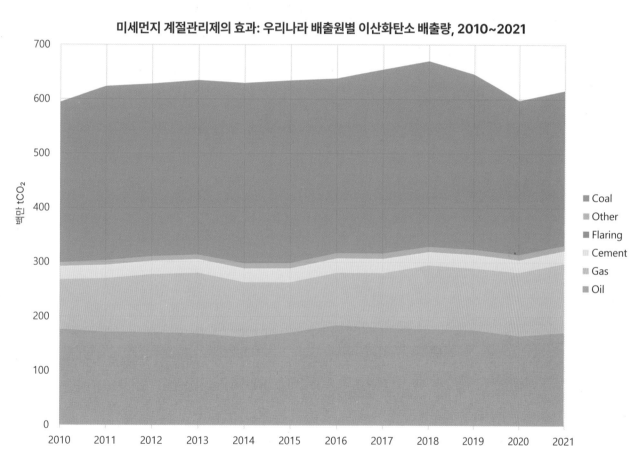

미세먼지 계절관리제의 효과: 우리나라 배출원별 이산화탄소 배출량, 2010~2021

박훈. (2022). 기후위기, 미래를 만드는 방법. 품.
GIR. (2022, 6월 28일). 2021년 국가 온실가스 배출량, 6억 7,960만톤 예상. 보도자료. 온실가스종합정보센터(GIR).
GIR. (2022). 국가 온실가스 인벤토리 1990~2020. 온실가스종합정보센터(GIR).
Hawkins, E. (2022). Temperature change in South Korea — Reltative to average of 1971–2000. #ShowYourStripes.

지방자치단체의 탄소중립: 누가 더 책임져야 하는가?

- 국가 탄소중립 달성이 매우 긴급하고 어려운 일입니다. 그렇다면 지방자치단체의 탄소중립 목표는 어떨까요? 229개 기초지자체별로 최종에너지 소비에 따른 온실가스 배출량을 산정해 봤습니다. 그리고 소비 부문별로 기초지자체 배출량에서 차지하는 비율을 구했습니다. 분석 결과, 우선 세 가지 질문이 떠오릅니다.

- **첫째,** 사람도 많이 살지 않은 몇몇 지방 기초지자체의 일인당 온실가스 배출량이 많다고(또는 표에서 일인당 온실가스 배출량 전국 순위가 높다고) 무조건 해당 지역이 책임지라고 할 수 있을까요?

- **둘째,** 인구가 많은 도시는 대체로 가정과 상업 부문이 온실가스 배출량 비율이 높지만, 다른 지역은 대체로 산업 부문이 대부분의 온실가스 배출량을 차지합니다. 온실가스를 더 많이 배출하는 부문에서 감축을 위해 더 많이 노력해야 하는 것 아닐까요?

- **셋째,** (이 분석에는 포함하지 않았지만) 직접배출량과 간접배출량을 구분하면, 간접배출량의 원인이 되는 전력 및 열 사용은 지역 간 형평성 문제의 또 다른 원인입니다. 간접배출량이 많은 지역에 전력이나 열을 공급하는 화석연료 발전소(대부분 다른 지역 소재)가 재생에너지 발전소로 바뀌도록, 간접배출량이 많은 지역이 도와야 하지 않을까요?

2021년 기초지자체 최종에너지 사용 기준 일인당 온실가스 배출량 (1)

기초지자체	부문					온실가스 배출량(tCO₂-eq)		전국 순위
	산업	수송	가정	상업	공공	총배출량	일인당 배출량	
서울 강남구	11.29%	1.68%	31.26%	50.75%	5.02%	3,804,633	7.239	159
서울 강동구	10.46%	1.88%	51.39%	29.02%	7.25%	1,442,588	3.163	224
서울 강북구	14.90%	2.59%	55.91%	23.15%	3.46%	987,303	3.299	222
서울 강서구	37.09%	1.01%	47.32%	12.15%	2.43%	6,253,467	10.940	91
서울 관악구	8.19%	1.07%	53.34%	28.98%	8.43%	1,496,066	3.090	227
서울 광진구	13.78%	8.60%	47.11%	25.34%	5.16%	1,449,213	4.275	209
서울 구로구	15.71%	7.03%	45.08%	27.84%	4.35%	1,669,423	4.207	210
서울 금천구	18.13%	1.52%	36.36%	42.62%	1.36%	1,231,212	5.393	188
서울 노원구	12.12%	2.58%	57.08%	22.77%	5.45%	1,533,280	2.993	229
서울 도봉구	17.37%	6.00%	55.33%	18.57%	2.73%	1,035,248	3.258	223
서울 동대문구	16.31%	2.63%	49.05%	26.96%	5.05%	1,350,199	4.030	214
서울 동작구	9.01%	0.41%	55.83%	28.44%	6.31%	1,150,079	2.998	228
서울 마포구	5.16%	2.30%	39.83%	47.55%	5.17%	1,561,301	4.287	208
서울 서대문구	12.34%	0.20%	47.86%	29.94%	9.66%	1,182,770	3.902	215
서울 서초구	15.88%	10.62%	34.30%	35.41%	3.79%	3,019,960	7.340	158
서울 성동구	17.65%	6.32%	33.46%	31.08%	11.49%	1,710,913	5.994	175
서울 성북구	16.69%	1.11%	54.00%	20.41%	7.79%	1,592,037	3.721	218
서울 송파구	21.59%	14.97%	35.02%	25.62%	2.80%	3,642,711	5.558	185
서울 양천구	16.00%	6.13%	49.36%	25.92%	2.59%	2,279,058	5.105	194
서울 영등포구	19.27%	6.64%	33.28%	36.03%	4.77%	2,617,592	7.028	163
서울 용산구	37.07%	0.58%	28.18%	26.20%	7.96%	1,609,482	7.370	155
서울 은평구	10.84%	8.63%	54.91%	21.94%	3.67%	1,458,510	3.104	226
서울 종로구	7.66%	0.28%	24.17%	58.41%	9.49%	1,175,213	8.232	138
서울 중구	11.87%	3.03%	14.70%	66.10%	4.30%	1,504,486	12.493	68
서울 중랑구	16.28%	4.45%	55.41%	21.68%	2.18%	1,217,762	3.150	225
부산 강서구	68.71%	1.46%	20.30%	8.09%	1.44%	3,841,405	27.477	14
부산 금정구	23.25%	4.56%	40.76%	21.36%	10.07%	1,037,976	4.541	203
부산 기장군	42.96%	4.54%	29.94%	19.52%	3.05%	1,350,451	7.710	146
부산 남구	37.08%	4.12%	39.49%	14.78%	4.54%	1,849,747	7.040	162
부산 동구	26.57%	2.91%	36.38%	30.32%	3.82%	580,316	6.676	170

기초지자체	부문					온실가스 배출량(tCO₂-eq)		전국 순위
	산업	수송	가정	상업	공공	총배출량	일인당 배출량	
부산 동래구	17.37%	0.11%	48.63%	26.33%	7.55%	888,347	3.331	221
부산 부산진구	13.90%	0.49%	41.62%	31.84%	12.14%	1,351,541	3.828	216
부산 북구	20.80%	4.12%	50.77%	18.81%	5.50%	1,012,931	3.591	219
부산 사상구	48.27%	4.77%	31.13%	12.68%	3.15%	1,876,125	8.986	127
부산 사하구	54.60%	2.96%	26.74%	12.56%	3.13%	2,164,825	7.058	161
부산 서구	34.42%	1.70%	33.65%	23.00%	7.24%	546,089	5.195	192
부산 수영구	16.38%	0.77%	50.88%	29.49%	2.48%	596,220	3.419	220
부산 연제구	23.25%	7.47%	44.46%	20.69%	4.13%	944,272	4.570	202
부산 영도구	42.59%	24.00%	24.01%	6.94%	2.47%	1,421,266	12.851	62
부산 중구	21.27%	1.98%	26.01%	46.87%	3.86%	311,532	7.754	145
부산 해운대구	18.83%	0.46%	45.95%	30.94%	3.82%	1,661,724	4.198	211
대구 남구	18.66%	4.24%	42.97%	26.42%	7.70%	636,337	4.444	205
대구 달서구	43.20%	3.54%	34.77%	15.70%	2.78%	3,251,142	5.917	176
대구 달성군	63.01%	2.29%	22.59%	8.10%	4.00%	3,106,887	11.942	79
대구 동구	31.29%	1.66%	40.14%	21.34%	5.59%	1,942,496	5.725	182
대구 북구	33.32%	4.13%	38.74%	19.11%	4.71%	2,487,093	5.697	183
대구 서구	41.09%	1.71%	35.41%	16.71%	5.08%	1,229,537	7.406	154
대구 수성구	19.10%	2.37%	49.16%	22.51%	6.86%	1,803,955	4.313	207
대구 중구	11.36%	0.78%	26.44%	56.27%	5.15%	479,290	6.435	171
인천 강화군	39.77%	6.98%	20.98%	26.80%	5.46%	574,670	8.327	136
인천 계양구	29.08%	4.70%	47.44%	16.47%	2.32%	1,480,274	5.037	195
인천 남동구	44.73%	2.44%	35.07%	15.24%	2.53%	3,495,630	6.746	167
인천 동구	86.43%	0.55%	8.09%	4.30%	0.62%	2,317,444	37.902	7
인천 미추홀구	26.40%	2.79%	46.06%	21.24%	3.52%	1,745,056	4.347	206
인천 부평구	33.13%	2.12%	43.04%	18.76%	2.96%	2,349,178	4.832	200
인천 서구	49.90%	29.95%	15.41%	4.10%	0.64%	19,466,704	35.688	8
인천 연수구	33.83%	3.35%	35.69%	22.50%	4.63%	2,882,821	7.466	152
인천 옹진군	36.22%	4.53%	11.21%	34.59%	13.45%	187,184	9.230	123
인천 중구	45.91%	4.33%	33.37%	15.00%	1.39%	4,418,710	31.519	11
광주 광산구	50.58%	0.85%	32.86%	13.00%	2.70%	3,493,117	8.656	133

IPCC. (2006). 2006 IPCC Guidelines for National Greenhouse Gas Inventories, Prepared by the National Greenhouse Gas Inventories Programme. IGES (Institute for Global Environmental Strategies).

KECO(한국환경공단). (2021). 제3차 계획기간 배출량 산정계획서 작성 가이드라인. 환경부.

KEEI. (2023). 2021년 기준 시군구 에너지통계. 에너지경제연구원(KEEI).

2021년 기초지자체 최종에너지 사용 기준 일인당 온실가스 배출량 (2)

기초지자체	부문					온실가스 배출량(tCO₂-eq)		전국 순위
	산업	수송	가정	상업	공공	총배출량	일인당 배출량	
광주 남구	21.00%	3.21%	50.82%	21.09%	3.88%	880,057	4.112	212
광주 동구	18.43%	3.55%	35.42%	31.62%	10.98%	615,693	6.041	174
광주 북구	33.91%	1.33%	41.88%	18.14%	4.74%	2,363,083	5.536	186
광주 서구	28.02%	2.25%	40.43%	26.99%	2.32%	1,693,802	5.790	181
대전 대덕구	58.81%	1.61%	23.38%	12.94%	3.26%	2,363,971	13.533	58
대전 동구	28.33%	3.52%	44.88%	19.43%	3.83%	1,283,840	5.812	179
대전 서구	15.19%	0.58%	47.70%	32.68%	3.86%	1,912,594	4.043	213
대전 유성구	24.76%	3.05%	30.87%	27.65%	13.68%	2,658,072	7.598	147
대전 중구	24.02%	0.72%	44.18%	26.47%	4.62%	1,160,952	5.022	196
울산 남구	60.56%	34.01%	3.66%	1.59%	0.18%	51,649,724	163.842	4
울산 동구	56.90%	7.75%	21.96%	11.27%	2.11%	1,208,767	7.811	143
울산 북구	63.19%	2.63%	24.16%	8.20%	1.83%	2,327,261	10.656	95
울산 울주군	56.79%	38.53%	3.43%	0.88%	0.37%	45,277,024	204.404	3
울산 중구	20.25%	0.43%	52.70%	23.17%	3.45%	803,269	3.751	217
세종시	42.63%	1.37%	26.22%	22.78%	7.00%	3,229,658	8.899	130
경기 가평군	33.28%	2.38%	28.97%	28.34%	7.03%	791,057	12.808	63
경기 고양시	27.64%	1.86%	45.07%	21.12%	4.32%	6,205,200	5.799	180
경기 과천시	15.80%	0.09%	42.79%	25.07%	16.25%	366,092	5.420	187
경기 광명시	32.26%	2.77%	44.37%	17.70%	2.90%	1,396,141	4.761	201
경기 광주시	41.13%	2.64%	34.78%	17.61%	3.84%	3,175,406	8.301	137
경기 구리시	24.40%	2.01%	48.93%	20.39%	4.27%	998,799	5.174	193
경기 군포시	31.10%	2.35%	38.31%	20.04%	8.20%	1,313,551	4.876	199
경기 김포시	47.76%	2.09%	30.80%	16.82%	2.53%	3,520,883	7.368	156
경기 남양주시	29.63%	4.01%	43.84%	17.43%	5.09%	4,038,620	5.616	184
경기 동두천시	33.69%	0.83%	36.05%	20.54%	8.88%	631,008	6.826	165
경기 부천시	32.26%	3.41%	40.93%	20.72%	2.69%	3,928,811	4.878	198
경기 성남시	16.73%	3.84%	39.85%	32.64%	6.94%	4,910,515	5.302	189
경기 수원시	22.79%	2.35%	42.91%	27.45%	4.50%	6,146,850	5.221	190
경기 시흥시	51.17%	2.07%	32.96%	12.33%	1.47%	4,640,518	9.221	124
경기 안산시	59.72%	2.95%	23.62%	11.06%	2.65%	6,277,845	9.678	117
경기 안성시	56.42%	2.79%	24.60%	13.59%	2.60%	3,451,553	18.447	28
경기 안양시	22.88%	3.11%	39.63%	28.98%	5.40%	2,704,670	4.970	197
경기 양주시	49.96%	4.30%	28.82%	13.65%	3.28%	2,646,807	11.415	84
경기 양평군	34.31%	3.03%	31.92%	26.18%	4.56%	1,077,702	9.048	126
경기 여주시	48.41%	13.50%	20.54%	14.91%	2.64%	2,030,977	18.231	29
경기 연천군	44.60%	5.04%	19.37%	20.02%	10.96%	529,075	12.396	70
경기 오산시	39.02%	1.72%	37.48%	17.06%	4.72%	1,347,146	5.888	177
경기 용인시	43.52%	1.42%	31.77%	20.24%	3.05%	9,531,782	8.914	128
경기 의왕시	30.67%	2.66%	43.31%	20.58%	2.77%	1,034,801	6.372	172
경기 의정부시	20.75%	1.78%	49.93%	21.55%	5.98%	2,035,856	4.446	204
경기 이천시	73.86%	1.43%	13.84%	9.41%	1.46%	5,606,068	25.527	17
경기 파주시	65.38%	2.64%	18.17%	10.61%	3.20%	6,338,977	13.455	59
경기 평택시	66.61%	1.92%	18.39%	9.11%	3.97%	11,094,887	20.341	24
경기 포천시	54.68%	4.36%	21.36%	14.65%	4.95%	2,658,766	18.098	31
경기 하남시	27.43%	6.01%	38.76%	17.35%	10.45%	2,286,005	7.493	149
경기 화성시	67.70%	2.44%	17.79%	10.55%	1.52%	14,810,677	17.056	36
강원 강릉시	42.89%	6.59%	26.66%	20.03%	3.83%	2,164,477	10.217	104
강원 고성군	35.18%	5.70%	20.31%	27.62%	11.19%	331,529	12.350	71
강원 동해시	69.21%	3.08%	15.59%	9.59%	2.53%	1,556,640	17.345	35
강원 삼척시	57.97%	5.60%	17.92%	12.09%	6.43%	1,216,883	19.040	25
강원 속초시	26.44%	1.16%	32.03%	35.36%	5.01%	614,918	7.486	150
강원 양구군	33.77%	0.66%	23.40%	27.26%	14.91%	179,232	8.180	139
강원 양양군	34.90%	2.73%	24.83%	29.67%	7.87%	337,528	12.163	75
강원 영월군	65.46%	6.02%	13.36%	11.92%	3.24%	848,055	22.366	22
강원 원주시	38.42%	2.15%	36.10%	19.28%	4.05%	2,836,112	8.011	140
강원 인제군	37.70%	2.92%	26.21%	22.95%	10.22%	395,565	12.436	69
강원 정선군	42.18%	2.89%	16.13%	32.15%	6.65%	499,997	13.962	53
강원 철원군	41.25%	5.89%	15.99%	25.07%	11.81%	438,417	10.020	107
강원 춘천시	25.85%	2.24%	37.70%	27.45%	6.75%	1,914,486	6.792	166
강원 태백시	37.35%	1.48%	27.26%	24.26%	9.65%	302,019	7.347	157

IPCC. (2006). 2006 IPCC Guidelines for National Greenhouse Gas Inventories, Prepared by the National Greenhouse Gas Inventories Programme. IGES (Institute for Global Environmental Strategies).

KECO(한국환경공단). (2021). 제3차 계획기간 배출량 산정계획서 작성 가이드라인. 환경부.

KEEI. (2023). 2021년 기준 시군구 에너지통계. 에너지경제연구원(KEEI).

2021년 기초지자체 최종에너지 사용 기준 일인당 온실가스 배출량 (3)

기초지자체	부문					온실가스 배출량(tCO₂-eq)		전국 순위	기초지자체	부문					온실가스 배출량(tCO₂-eq)		전국 순위
	산업	수송	가정	상업	공공	총배출량	일인당 배출량			산업	수송	가정	상업	공공	총배출량	일인당 배출량	
강원 평창군	33.81%	2.65%	22.44%	34.38%	6.73%	668,614	16.283	39	전북 고창군	51.18%	4.52%	23.74%	17.49%	3.07%	671,192	12.511	67
강원 홍천군	40.74%	2.81%	28.52%	23.28%	4.64%	892,183	13.039	61	전북 군산시	68.34%	5.56%	16.18%	7.87%	2.05%	5,039,506	19.031	26
강원 화천군	35.66%	2.51%	18.31%	24.04%	19.48%	229,254	9.396	121	전북 김제시	57.70%	3.66%	22.25%	13.79%	2.61%	1,116,202	13.752	57
강원 횡성군	48.32%	2.31%	24.35%	20.82%	4.20%	637,709	13.808	55	전북 남원시	44.49%	6.02%	26.65%	19.21%	3.63%	730,946	9.168	125
충북 괴산군	51.33%	3.08%	23.86%	16.66%	5.07%	605,792	15.718	42	전북 무주군	37.56%	3.69%	24.56%	27.50%	6.69%	230,651	9.687	116
충북 단양군	76.59%	4.50%	9.87%	7.28%	1.76%	1,180,818	41.368	5	전북 부안군	45.80%	7.16%	21.00%	20.17%	5.87%	523,678	10.241	102
충북 보은군	50.75%	6.02%	20.42%	18.47%	4.34%	392,661	12.298	72	전북 순창군	51.80%	2.78%	25.21%	17.21%	3.01%	293,479	10.786	94
충북 영동군	47.71%	6.21%	21.06%	19.65%	5.38%	455,643	9.823	112	전북 완주군	63.06%	3.53%	17.82%	11.22%	4.37%	1,697,127	18.658	27
충북 옥천군	43.69%	5.09%	24.21%	13.72%	13.29%	638,872	12.768	64	전북 익산시	53.41%	2.91%	25.84%	13.62%	4.22%	2,834,657	10.176	106
충북 음성군	69.53%	2.96%	17.26%	8.24%	2.01%	2,681,125	29.138	13	전북 임실군	53.90%	1.94%	27.29%	13.33%	3.55%	412,687	15.355	44
충북 제천시	51.34%	3.17%	26.26%	15.13%	4.10%	1,558,458	11.845	82	전북 장수군	47.41%	5.94%	21.84%	18.60%	6.22%	218,020	9.990	109
충북 증평군	62.41%	1.38%	20.96%	11.14%	4.11%	528,267	14.488	50	전북 전주시	38.44%	2.28%	37.56%	18.31%	3.40%	4,505,344	6.880	164
충북 진천군	74.67%	2.44%	13.34%	8.05%	1.50%	2,144,648	25.501	18	전북 정읍시	60.80%	2.45%	19.07%	14.43%	3.25%	1,393,392	13.054	60
충북 청주시	60.73%	1.32%	22.74%	11.23%	3.97%	10,267,687	12.181	73	전북 진안군	43.85%	3.77%	24.27%	22.27%	5.84%	243,701	9.725	114
충북 충주시	54.33%	2.11%	25.80%	13.53%	4.23%	2,653,861	12.715	66	전남 강진군	52.75%	2.84%	21.96%	17.44%	5.01%	358,849	10.565	99
충남 계룡시	19.95%	0.38%	36.20%	21.80%	21.67%	224,072	5.220	191	전남 고흥군	48.10%	10.36%	20.15%	17.16%	4.24%	601,216	9.539	120
충남 공주시	47.96%	1.78%	32.20%	15.30%	2.76%	1,563,843	15.150	46	전남 곡성군	62.90%	1.53%	21.41%	11.92%	2.24%	424,878	15.384	43
충남 금산군	64.80%	4.46%	16.88%	11.44%	2.43%	878,430	17.346	34	전남 광양시	83.00%	0.93%	11.56%	3.51%	0.99%	6,073,624	40.309	6
충남 논산시	51.82%	2.58%	24.90%	16.16%	4.53%	1,463,433	12.746	65	전남 구례군	38.16%	4.51%	24.21%	27.39%	5.73%	189,479	7.469	151
충남 당진시	77.91%	1.75%	12.75%	6.46%	1.14%	5,016,409	30.230	12	전남 나주시	52.55%	4.44%	22.59%	16.80%	3.63%	1,317,010	11.389	85
충남 보령시	46.49%	4.25%	22.65%	22.68%	3.93%	1,198,063	12.133	77	전남 담양군	53.51%	3.76%	20.50%	18.53%	3.71%	514,782	11.204	88
충남 부여군	50.81%	7.64%	21.96%	16.17%	3.42%	717,373	11.185	89	전남 목포시	29.70%	4.26%	40.56%	21.96%	3.52%	1,386,035	6.300	173
충남 서산시	52.55%	45.81%	1.17%	0.40%	0.08%	77,572,832	442.130	1	전남 무안군	39.06%	3.57%	29.08%	22.84%	5.45%	687,410	7.784	144
충남 서천군	58.64%	5.15%	14.76%	20.12%	1.34%	927,301	18.205	30	전남 보성군	45.81%	6.59%	25.74%	18.29%	3.57%	417,245	10.519	100
충남 아산시	79.49%	1.83%	10.82%	6.47%	1.39%	8,677,780	27.228	15	전남 순천시	48.80%	4.06%	28.40%	14.51%	4.22%	2,474,809	8.813	131
충남 예산군	60.11%	2.51%	20.54%	14.43%	2.42%	1,159,296	15.054	47	전남 신안군	45.48%	5.89%	18.68%	26.74%	3.22%	290,694	7.594	148
충남 천안시	56.32%	2.47%	26.01%	12.91%	2.30%	6,970,947	10.638	96	전남 여수시	52.98%	43.86%	2.45%	0.62%	0.09%	96,534,946	348.207	2
충남 청양군	52.81%	5.53%	17.80%	20.17%	3.67%	298,294	9.761	113	전남 영광군	35.66%	4.67%	15.80%	16.15%	27.72%	616,197	11.808	83
충남 태안군	34.83%	4.76%	21.72%	35.25%	3.44%	731,155	11.886	80	전남 영암군	64.08%	5.53%	19.10%	8.82%	2.47%	1,200,347	22.676	20
충남 홍성군	48.09%	3.76%	27.39%	16.06%	4.71%	1,048,342	10.568	98	전남 완도군	65.39%	11.66%	7.72%	13.37%	1.86%	783,791	15.979	41

IPCC. (2006). 2006 IPCC Guidelines for National Greenhouse Gas Inventories, Prepared by the National Greenhouse Gas Inventories Programme. IGES (Institute for Global Environmental Strategies).

KECO(한국환경공단). (2021). 제3차 계획기간 배출량 산정계획서 작성 가이드라인. 환경부.

KEEI. (2023). 2021년 기준 시군구 에너지통계. 에너지경제연구원(KEEI).

2021년 기초지자체 최종에너지 사용 기준 일인당 온실가스 배출량 (4)

기초지자체	부문					온실가스 배출량(tCO₂-eq)		전국 순위
	산업	수송	가정	상업	공공	총배출량	일인당 배출량	
전남 장성군	55.60%	4.94%	23.98%	11.15%	4.33%	710,762	16.288	38
전남 장흥군	47.51%	6.03%	22.10%	19.84%	4.52%	377,886	10.230	103
전남 진도군	50.49%	11.80%	15.24%	19.87%	2.60%	346,180	11.359	86
전남 함평군	53.98%	3.22%	26.20%	13.76%	2.84%	532,155	16.936	37
전남 해남군	46.97%	4.45%	22.76%	22.92%	2.90%	738,028	10.918	92
전남 화순군	46.34%	3.38%	29.55%	17.83%	2.91%	597,721	9.605	118
경북 경산시	51.48%	3.55%	29.31%	11.97%	3.68%	2,635,073	9.958	110
경북 경주시	49.17%	2.08%	24.60%	21.55%	2.59%	3,619,292	14.402	51
경북 고령군	76.95%	2.56%	10.60%	7.71%	2.18%	814,836	26.422	16
경북 구미시	73.06%	0.94%	15.86%	8.69%	1.45%	6,622,055	16.043	40
경북 군위군	53.43%	3.09%	30.73%	9.64%	3.11%	567,639	24.700	19
경북 김천시	60.67%	1.92%	20.56%	12.01%	4.84%	2,026,855	14.498	49
경북 문경시	44.44%	2.84%	30.69%	17.92%	4.11%	750,440	10.606	97
경북 봉화군	83.17%	2.67%	6.72%	6.14%	1.30%	1,050,502	34.029	9
경북 상주시	45.73%	4.42%	27.88%	18.22%	3.75%	958,318	9.993	108
경북 성주군	65.97%	1.66%	22.87%	7.63%	1.86%	971,661	22.649	21
경북 안동시	38.50%	1.22%	32.04%	21.54%	6.69%	1,363,418	8.668	132
경북 영덕군	40.00%	6.38%	27.45%	22.51%	3.66%	390,363	10.984	90
경북 영양군	38.16%	9.28%	19.09%	25.64%	7.84%	129,115	7.871	142
경북 영주시	66.03%	1.48%	17.21%	12.44%	2.84%	1,404,825	13.766	56
경북 영천시	60.07%	2.46%	22.73%	11.83%	2.92%	1,544,802	15.229	45
경북 예천군	38.27%	3.64%	29.87%	22.59%	5.62%	394,303	7.109	160
경북 울릉군	31.11%	2.24%	20.88%	35.84%	9.92%	59,475	6.723	168
경북 울진군	26.11%	4.58%	19.80%	45.83%	3.68%	571,412	11.885	81
경북 의성군	47.27%	4.71%	26.84%	17.73%	3.46%	524,958	10.331	101
경북 청도군	52.27%	2.25%	26.81%	15.91%	2.77%	508,914	12.164	74
경북 청송군	39.58%	2.75%	26.64%	25.06%	5.98%	245,661	9.954	111
경북 칠곡군	55.90%	7.41%	24.89%	9.01%	2.79%	2,400,115	21.136	23
경북 포항시	73.95%	1.53%	14.77%	7.20%	2.55%	8,809,815	17.582	33
경남 거제시	48.55%	5.35%	27.86%	15.33%	2.91%	1,941,201	8.009	141
경남 거창군	44.11%	4.23%	29.19%	18.46%	4.01%	520,168	8.527	135
경남 고성군	43.48%	3.63%	20.00%	30.55%	2.34%	706,068	13.942	54
경남 김해시	51.90%	3.01%	29.62%	12.23%	3.24%	5,216,402	9.702	115
경남 남해군	36.14%	2.93%	22.78%	31.29%	6.87%	247,751	5.843	178
경남 밀양시	54.68%	5.49%	20.66%	16.21%	2.96%	1,124,986	10.872	93
경남 사천시	56.41%	1.88%	25.42%	12.42%	3.86%	1,320,458	12.017	78
경남 산청군	50.26%	4.57%	27.69%	14.23%	3.25%	480,350	13.973	52
경남 양산시	52.25%	13.21%	22.05%	9.32%	3.18%	4,273,534	12.134	76
경남 의령군	60.67%	5.68%	14.72%	15.07%	3.86%	298,043	11.266	87
경남 진주시	44.04%	2.84%	30.48%	18.00%	4.65%	2,570,559	7.421	153
경남 창녕군	61.36%	2.96%	21.65%	11.60%	2.43%	1,085,552	17.990	32
경남 창원시	54.36%	2.48%	26.01%	13.81%	3.34%	8,869,736	8.616	134
경남 통영시	35.78%	3.43%	34.33%	23.55%	2.91%	1,171,868	9.292	122
경남 하동군	43.79%	5.56%	24.85%	22.98%	2.81%	447,722	10.203	105
경남 함안군	75.19%	1.99%	14.55%	5.16%	3.11%	2,062,518	32.725	10
경남 함양군	43.57%	4.63%	28.73%	19.36%	3.72%	367,217	9.552	119
경남 합천군	47.75%	4.82%	20.59%	22.77%	4.07%	384,234	8.914	129
제주 서귀포시	48.17%	5.06%	25.74%	16.65%	4.38%	2,675,894	14.723	48
제주 제주시	35.54%	1.57%	29.28%	26.95%	6.65%	3,287,576	6.720	169
경남 함안군	75.19%	1.99%	14.55%	5.16%	3.11%	2,062,518	32.725	10
경남 함양군	43.57%	4.63%	28.73%	19.36%	3.72%	367,217	9.552	119
경남 합천군	47.75%	4.82%	20.59%	22.77%	4.07%	384,234	8.914	129
제주 서귀포시	48.17%	5.06%	25.74%	16.65%	4.38%	2,675,894	14.723	48
제주 제주시	35.54%	1.57%	29.28%	26.95%	6.65%	3,287,576	6.720	169

IPCC. (2006). 2006 IPCC Guidelines for National Greenhouse Gas Inventories, Prepared by the National Greenhouse Gas Inventories Programme. IGES (Institute for Global Environmental Strategies).

KECO(한국환경공단). (2021). 제3차 계획기간 배출량 산정계획서 작성 가이드라인. 환경부.

KEEI. (2023). 2021년 기준 시군구 에너지통계. 에너지경제연구원(KEEI).

2021년 기초지자체 최종에너지 사용 기준 온실가스 배출량 (1)

2021년 서울 기초지자체 부문별 온실가스 배출량(tCO$_2$-eq) 및 비율

기초지자체	직접배출량	간접배출량	합계	부문별 비율	직접배출량	간접배출량	합계
서울 강남구	1,443,081	2,361,552	3,804,633	합계	37.93%	62.07%	100.00%
산업부문	423,331	6,154	429,486	산업부문	11.13%	0.16%	11.29%
수송부문	39,726	24,153	63,879	수송부문	1.04%	0.63%	1.68%
가정부문	529,445	659,917	1,189,363	가정부문	13.92%	17.35%	31.26%
상업부문	328,883	1,601,967	1,930,850	상업부문	8.64%	42.11%	50.75%
공공부문	121,695	69,361	191,057	공공부문	3.20%	1.82%	5.02%
서울 강동구	630,347	812,241	1,442,588	합계	43.70%	56.30%	100.00%
산업부문	139,810	11,037	150,847	산업부문	9.69%	0.77%	10.46%
수송부문	24,604	2,531	27,135	수송부문	1.71%	0.18%	1.88%
가정부문	376,350	365,012	741,363	가정부문	26.09%	25.30%	51.39%
상업부문	83,711	334,940	418,651	상업부문	5.80%	23.22%	29.02%
공공부문	5,872	98,720	104,593	공공부문	0.41%	6.84%	7.25%
서울 강북구	568,157	419,146	987,303	합계	57.55%	42.45%	100.00%
산업부문	132,072	15,000	147,072	산업부문	13.38%	1.52%	14.90%
수송부문	25,007	540	25,548	수송부문	2.53%	0.05%	2.59%
가정부문	360,322	191,669	551,992	가정부문	36.50%	19.41%	55.91%
상업부문	44,438	184,085	228,523	상업부문	4.50%	18.65%	23.15%
공공부문	6,318	27,851	34,168	공공부문	0.64%	2.82%	3.46%
서울 강서구	5,025,353	1,228,114	6,253,467	합계	80.36%	19.64%	100.00%
산업부문	2,297,798	21,543	2,319,340	산업부문	36.74%	0.34%	37.09%
수송부문	43,754	19,361	63,115	수송부문	0.70%	0.31%	1.01%
가정부문	2,562,304	396,993	2,959,297	가정부문	40.97%	6.35%	47.32%
상업부문	107,479	652,586	760,065	상업부문	1.72%	10.44%	12.15%
공공부문	14,018	137,631	151,649	공공부문	0.22%	2.20%	2.43%
서울 관악구	709,790	786,277	1,496,066	합계	47.44%	52.56%	100.00%
산업부문	112,471	10,031	122,502	산업부문	7.52%	0.67%	8.19%
수송부문	15,298	641	15,940	수송부문	1.02%	0.04%	1.07%
가정부문	480,649	317,352	798,001	가정부문	32.13%	21.21%	53.34%
상업부문	96,030	337,464	433,494	상업부문	6.42%	22.56%	28.98%
공공부문	5,341	120,788	126,129	공공부문	0.36%	8.07%	8.43%
서울 광진구	725,223	723,990	1,449,213	합계	50.04%	49.96%	100.00%
산업부문	185,722	14,010	199,732	산업부문	12.82%	0.97%	13.78%
수송부문	330	124,374	124,704	수송부문	0.02%	8.58%	8.60%
가정부문	454,482	228,226	682,708	가정부문	31.36%	15.75%	47.11%
상업부문	82,402	284,879	367,281	상업부문	5.69%	19.66%	25.34%
공공부문	2,288	72,501	74,788	공공부문	0.16%	5.00%	5.16%
서울 구로구	811,616	857,807	1,669,423	합계	48.62%	51.38%	100.00%
산업부문	215,708	46,569	262,277	산업부문	12.92%	2.79%	15.71%
수송부문	15,721	101,590	117,311	수송부문	0.94%	6.09%	7.03%
가정부문	461,472	291,040	752,512	가정부문	27.64%	17.43%	45.08%
상업부문	79,210	385,530	464,741	상업부문	4.74%	23.09%	27.84%
공공부문	39,504	33,078	72,582	공공부문	2.37%	1.98%	4.35%

기초지자체	직접배출량	간접배출량	합계	부문별 비율	직접배출량	간접배출량	합계
서울 금천구	475,004	756,207	1,231,212	합계	38.58%	61.42%	100.00%
산업부문	118,040	105,120	223,160	산업부문	9.59%	8.54%	18.13%
수송부문	15,890	2,886	18,776	수송부문	1.29%	0.23%	1.52%
가정부문	284,990	162,709	447,699	가정부문	23.15%	13.22%	36.36%
상업부문	54,024	470,759	524,784	상업부문	4.39%	38.24%	42.62%
공공부문	2,060	14,733	16,793	공공부문	0.17%	1.20%	1.36%
서울 노원구	662,119	871,161	1,533,280	합계	43.18%	56.82%	100.00%
산업부문	170,215	15,641	185,856	산업부문	11.10%	1.02%	12.12%
수송부문	37,890	1,612	39,502	수송부문	2.47%	0.11%	2.58%
가정부문	376,060	499,164	875,224	가정부문	24.53%	32.56%	57.08%
상업부문	76,040	273,145	349,185	상업부문	4.96%	17.81%	22.77%
공공부문	1,914	81,600	83,514	공공부문	0.12%	5.32%	5.45%
서울 도봉구	629,650	405,598	1,035,248	합계	60.82%	39.18%	100.00%
산업부문	159,920	19,888	179,808	산업부문	15.45%	1.92%	17.37%
수송부문	60,939	1,154	62,092	수송부문	5.89%	0.11%	6.00%
가정부문	369,770	203,066	572,836	가정부문	35.72%	19.62%	55.33%
상업부문	36,645	155,643	192,288	상업부문	3.54%	15.03%	18.57%
공공부문	2,377	25,847	28,224	공공부문	0.23%	2.50%	2.73%
서울 동대문구	695,291	654,908	1,350,199	합계	51.50%	48.50%	100.00%
산업부문	185,163	35,055	220,218	산업부문	13.71%	2.60%	16.31%
수송부문	8,151	27,337	35,488	수송부문	0.60%	2.02%	2.63%
가정부문	418,175	244,115	662,290	가정부문	30.97%	18.08%	49.05%
상업부문	77,411	286,638	364,050	상업부문	5.73%	21.23%	26.96%
공공부문	6,391	61,762	68,153	공공부문	0.47%	4.57%	5.05%
서울 동작구	562,432	587,648	1,150,079	합계	48.90%	51.10%	100.00%
산업부문	96,529	7,097	103,627	산업부문	8.39%	0.62%	9.01%
수송부문	1,257	3,431	4,688	수송부문	0.11%	0.30%	0.41%
가정부문	388,833	253,271	642,104	가정부문	33.81%	22.02%	55.83%
상업부문	71,375	255,759	327,135	상업부문	6.21%	22.24%	28.44%
공공부문	4,437	68,088	72,525	공공부문	0.39%	5.92%	6.31%
서울 마포구	525,299	1,036,002	1,561,301	합계	33.64%	66.36%	100.00%
산업부문	70,972	9,548	80,521	산업부문	4.55%	0.61%	5.16%
수송부문	28,202	7,645	35,847	수송부문	1.81%	0.49%	2.30%
가정부문	306,044	315,789	621,833	가정부문	19.60%	20.23%	39.83%
상업부문	107,468	634,931	742,400	상업부문	6.88%	40.67%	47.55%
공공부문	12,612	68,089	80,701	공공부문	0.81%	4.36%	5.17%
서울 서대문구	590,445	592,325	1,182,770	합계	49.92%	50.08%	100.00%
산업부문	139,049	6,912	145,961	산업부문	11.76%	0.58%	12.34%
수송부문	312	2,033	2,345	수송부문	0.03%	0.17%	0.20%
가정부문	332,348	233,670	566,018	가정부문	28.10%	19.76%	47.86%
상업부문	114,836	239,332	354,169	상업부문	9.71%	20.23%	29.94%
공공부문	3,900	110,377	114,277	공공부문	0.33%	9.33%	9.66%

IPCC. (2006). 2006 IPCC Guidelines for National Greenhouse Gas Inventories, Prepared by the National Greenhouse Gas Inventories Programme. IGES (Institute for Global Environmental Strategies).

KECO(한국환경공단). (2021). 제3차 계획기간 배출량 산정계획서 작성 가이드라인. 환경부.

KEEI. (2023). 2021년 기준 시군구 에너지통계. 에너지경제연구원(KEEI).

2021년 기초지자체 최종에너지 사용 기준 온실가스 배출량 (2)

2021년 서울 기초지자체 부문별 온실가스 배출량(tCO$_2$-eq) 및 비율

기초지자체	직접배출량	간접배출량	합계	부문별 비율	직접배출량	간접배출량	합계
서울 서초구	**1,418,274**	**1,601,686**	**3,019,960**	합계	**46.96%**	**53.04%**	**100.00%**
산업부문	472,875	6,589	479,464	산업부문	15.66%	0.22%	15.88%
수송부문	140,746	180,060	320,806	수송부문	4.66%	5.96%	10.62%
가정부문	582,719	453,253	1,035,972	가정부문	19.30%	15.01%	34.30%
상업부문	207,057	862,188	1,069,245	상업부문	6.86%	28.55%	35.41%
공공부문	14,877	99,596	114,473	공공부문	0.49%	3.30%	3.79%
서울 성동구	**697,567**	**1,013,345**	**1,710,913**	합계	**40.77%**	**59.23%**	**100.00%**
산업부문	197,942	103,967	301,910	산업부문	11.57%	6.08%	17.65%
수송부문	16,056	92,111	108,168	수송부문	0.94%	5.38%	6.32%
가정부문	362,784	209,728	572,512	가정부문	21.20%	12.26%	33.46%
상업부문	101,947	429,727	531,674	상업부문	5.96%	25.12%	31.08%
공공부문	18,839	177,811	196,650	공공부문	1.10%	10.39%	11.49%
서울 성북구	**918,748**	**673,289**	**1,592,037**	합계	**57.71%**	**42.29%**	**100.00%**
산업부문	244,864	20,915	265,778	산업부문	15.38%	1.31%	16.69%
수송부문	15,275	2,438	17,713	수송부문	0.96%	0.15%	1.11%
가정부문	564,939	294,693	859,632	가정부문	35.49%	18.51%	54.00%
상업부문	79,974	244,969	324,943	상업부문	5.02%	15.39%	20.41%
공공부문	13,696	110,275	123,970	공공부문	0.86%	6.93%	7.79%
서울 송파구	**2,063,909**	**1,578,802**	**3,642,711**	합계	**56.66%**	**43.34%**	**100.00%**
산업부문	768,312	18,019	786,331	산업부문	21.09%	0.49%	21.59%
수송부문	518,246	27,213	545,459	수송부문	14.23%	0.75%	14.97%
가정부문	587,613	687,924	1,275,537	가정부문	16.13%	18.88%	35.02%
상업부문	179,269	754,071	933,341	상업부문	4.92%	20.70%	25.62%
공공부문	10,468	91,575	102,043	공공부문	0.29%	2.51%	2.80%
서울 양천구	**999,363**	**1,279,695**	**2,279,058**	합계	**43.85%**	**56.15%**	**100.00%**
산업부문	356,482	8,054	364,536	산업부문	15.64%	0.35%	16.00%
수송부문	136,389	3,430	139,820	수송부문	5.98%	0.15%	6.13%
가정부문	442,562	682,362	1,124,924	가정부문	19.42%	29.94%	49.36%
상업부문	51,368	539,444	590,812	상업부문	2.25%	23.67%	25.92%
공공부문	12,561	46,405	58,967	공공부문	0.55%	2.04%	2.59%
서울 영등포구	**1,324,540**	**1,293,052**	**2,617,592**	합계	**50.60%**	**49.40%**	**100.00%**
산업부문	454,363	50,050	504,413	산업부문	17.36%	1.91%	19.27%
수송부문	162,577	11,330	173,907	수송부문	6.21%	0.43%	6.64%
가정부문	542,322	328,848	871,170	가정부문	20.72%	12.56%	33.28%
상업부문	156,976	786,177	943,152	상업부문	6.00%	30.03%	36.03%
공공부문	8,302	116,648	124,950	공공부문	0.32%	4.46%	4.77%
서울 용산구	**920,253**	**689,230**	**1,609,482**	합계	**57.18%**	**42.82%**	**100.00%**
산업부문	588,690	7,911	596,601	산업부문	36.58%	0.49%	37.07%
수송부문	5,322	4,036	9,358	수송부문	0.33%	0.25%	0.58%
가정부문	217,900	235,732	453,632	가정부문	13.54%	14.65%	28.18%
상업부문	104,577	317,123	421,700	상업부문	6.50%	19.70%	26.20%
공공부문	3,764	124,428	128,191	공공부문	0.23%	7.73%	7.96%

기초지자체	직접배출량	간접배출량	합계	부문별 비율	직접배출량	간접배출량	합계
서울 은평구	**741,345**	**717,165**	**1,458,510**	합계	**50.83%**	**49.17%**	**100.00%**
산업부문	151,857	6,283	158,140	산업부문	10.41%	0.43%	10.84%
수송부문	61,258	64,547	125,805	수송부문	4.20%	4.43%	8.63%
가정부문	453,653	347,256	800,909	가정부문	31.10%	23.81%	54.91%
상업부문	69,485	250,578	320,063	상업부문	4.76%	17.18%	21.94%
공공부문	5,092	48,500	53,592	공공부문	0.35%	3.33%	3.67%
서울 종로구	**406,736**	**768,477**	**1,175,213**	합계	**34.61%**	**65.39%**	**100.00%**
산업부문	58,886	31,110	89,996	산업부문	5.01%	2.65%	7.66%
수송부문	2,719	530	3,248	수송부문	0.23%	0.05%	0.28%
가정부문	164,304	119,777	284,080	가정부문	13.98%	10.19%	24.17%
상업부문	153,072	533,338	686,411	상업부문	13.03%	45.38%	58.41%
공공부문	27,756	83,722	111,477	공공부문	2.36%	7.12%	9.49%
서울 중구	**476,976**	**1,027,511**	**1,504,486**	합계	**31.70%**	**68.30%**	**100.00%**
산업부문	84,410	94,156	178,566	산업부문	5.61%	6.26%	11.87%
수송부문	44,507	1,149	45,656	수송부문	2.96%	0.08%	3.03%
가정부문	124,356	96,859	221,215	가정부문	8.27%	6.44%	14.70%
상업부문	208,772	785,656	994,428	상업부문	13.88%	52.22%	66.10%
공공부문	14,930	49,691	64,621	공공부문	0.99%	3.30%	4.30%
서울 중랑구	**697,643**	**520,119**	**1,217,762**	합계	**57.29%**	**42.71%**	**100.00%**
산업부문	172,582	25,687	198,269	산업부문	14.17%	2.11%	16.28%
수송부문	52,448	1,697	54,144	수송부문	4.31%	0.14%	4.45%
가정부문	421,900	252,834	674,734	가정부문	34.65%	20.76%	55.41%
상업부문	44,601	219,426	264,027	상업부문	3.66%	18.02%	21.68%
공공부문	6,112	20,475	26,587	공공부문	0.50%	1.68%	2.18%

IPCC. (2006). 2006 IPCC Guidelines for National Greenhouse Gas Inventories, Prepared by the National Greenhouse Gas Inventories Programme. IGES (Institute for Global Environmental Strategies).

KECO(한국환경공단). (2021). 제3차 계획기간 배출량 산정계획서 작성 가이드라인. 환경부.

KEEI. (2023). 2021년 기준 시군구 에너지통계. 에너지경제연구원(KEEI).

2021년 기초지자체 최종에너지 사용 기준 온실가스 배출량 (3)

2021년 부산 기초지자체 부문별 온실가스 배출량(tCO₂-eq) 및 비율

기초지자체	직접배출량	간접배출량	합계	부문별 비율	직접배출량	간접배출량	합계
부산 강서구	1,819,168	2,022,237	3,841,405	합계	47.36%	52.64%	100.00%
산업부문	1,062,561	1,576,780	2,639,341	산업부문	27.66%	41.05%	68.71%
수송부문	55,328	913	56,241	수송부문	1.44%	0.02%	1.46%
가정부문	650,790	128,942	779,732	가정부문	16.94%	3.36%	20.30%
상업부문	31,732	278,988	310,719	상업부문	0.83%	7.26%	8.09%
공공부문	18,758	36,613	55,371	공공부문	0.49%	0.95%	1.44%
부산 금정구	536,916	501,060	1,037,976	합계	51.73%	48.27%	100.00%
산업부문	187,355	53,975	241,330	산업부문	18.05%	5.20%	23.25%
수송부문	35,517	11,809	47,326	수송부문	3.42%	1.14%	4.56%
가정부문	266,260	156,777	423,037	가정부문	25.65%	15.10%	40.76%
상업부문	31,761	189,999	221,760	상업부문	3.06%	18.30%	21.36%
공공부문	16,022	88,500	104,522	공공부문	1.54%	8.53%	10.07%
부산 기장군	738,698	611,754	1,350,451	합계	54.70%	45.30%	100.00%
산업부문	335,487	244,662	580,148	산업부문	24.84%	18.12%	42.96%
수송부문	53,709	7,565	61,274	수송부문	3.98%	0.56%	4.54%
가정부문	301,444	102,821	404,265	가정부문	22.32%	7.61%	29.94%
상업부문	30,110	233,532	263,642	상업부문	2.23%	17.29%	19.52%
공공부문	17,948	23,174	41,122	공공부문	1.33%	1.72%	3.05%
부산 남구	1,175,986	673,761	1,849,747	합계	63.58%	36.42%	100.00%
산업부문	494,647	191,148	685,796	산업부문	26.74%	10.33%	37.08%
수송부문	74,961	1,297	76,258	수송부문	4.05%	0.07%	4.12%
가정부문	540,363	190,046	730,409	가정부문	29.21%	10.27%	39.49%
상업부문	55,535	217,837	273,372	상업부문	3.00%	11.78%	14.78%
공공부문	10,479	73,433	83,912	공공부문	0.57%	3.97%	4.54%
부산 동구	339,966	240,350	580,316	합계	58.58%	41.42%	100.00%
산업부문	140,330	13,854	154,184	산업부문	24.18%	2.39%	26.57%
수송부문	16,798	101	16,899	수송부문	2.89%	0.02%	2.91%
가정부문	150,687	60,410	211,097	가정부문	25.97%	10.41%	36.38%
상업부문	23,972	151,984	175,956	상업부문	4.13%	26.19%	30.32%
공공부문	8,179	14,001	22,180	공공부문	1.41%	2.41%	3.82%
부산 동래구	448,833	439,514	888,347	합계	50.52%	49.48%	100.00%
산업부문	149,464	4,847	154,311	산업부문	16.82%	0.55%	17.37%
수송부문	265	726	991	수송부문	0.03%	0.08%	0.11%
가정부문	249,048	182,957	432,005	가정부문	28.04%	20.60%	48.63%
상업부문	35,011	198,933	233,944	상업부문	3.94%	22.39%	26.33%
공공부문	15,045	52,051	67,096	공공부문	1.69%	5.86%	7.55%
부산 부산진구	569,344	782,198	1,351,541	합계	42.13%	57.87%	100.00%
산업부문	174,305	13,627	187,931	산업부문	12.90%	1.01%	13.90%
수송부문	4,167	2,427	6,594	수송부문	0.31%	0.18%	0.49%
가정부문	303,989	258,498	562,488	가정부문	22.49%	19.13%	41.62%
상업부문	56,501	373,889	430,390	상업부문	4.18%	27.66%	31.84%
공공부문	30,382	133,756	164,138	공공부문	2.25%	9.90%	12.14%
부산 북구	602,177	410,753	1,012,931	합계	59.45%	40.55%	100.00%
산업부문	203,549	7,126	210,675	산업부문	20.10%	0.70%	20.80%
수송부문	31,976	9,782	41,758	수송부문	3.16%	0.97%	4.12%
가정부문	327,159	187,105	514,264	가정부문	32.30%	18.47%	50.77%
상업부문	30,919	159,593	190,512	상업부문	3.05%	15.76%	18.81%
공공부문	8,575	47,147	55,722	공공부문	0.85%	4.65%	5.50%

기초지자체	직접배출량	간접배출량	합계	부문별 비율	직접배출량	간접배출량	합계
부산 사상구	1,142,288	733,837	1,876,125	합계	60.89%	39.11%	100.00%
산업부문	546,296	359,291	905,587	산업부문	29.12%	19.15%	48.27%
수송부문	85,637	3,794	89,431	수송부문	4.56%	0.20%	4.77%
가정부문	452,206	131,802	584,009	가정부문	24.10%	7.03%	31.13%
상업부문	38,421	199,491	237,912	상업부문	2.05%	10.63%	12.68%
공공부문	19,727	39,458	59,186	공공부문	1.05%	2.10%	3.15%
부산 사하구	999,518	1,165,306	2,164,825	합계	46.17%	53.83%	100.00%
산업부문	494,621	687,432	1,182,053	산업부문	22.85%	31.75%	54.60%
수송부문	63,695	482	64,177	수송부문	2.94%	0.02%	2.96%
가정부문	376,182	202,746	578,927	가정부문	17.38%	9.37%	26.74%
상업부문	42,988	228,950	271,938	상업부문	1.99%	10.58%	12.56%
공공부문	22,033	45,697	67,730	공공부문	1.02%	2.11%	3.13%
부산 서구	263,997	282,092	546,089	합계	48.34%	51.66%	100.00%
산업부문	116,086	71,899	187,985	산업부문	21.26%	13.17%	34.42%
수송부문	9,122	140	9,262	수송부문	1.67%	0.03%	1.70%
가정부문	110,442	73,299	183,740	가정부문	20.22%	13.42%	33.65%
상업부문	19,766	105,824	125,590	상업부문	3.62%	19.38%	23.00%
공공부문	8,581	30,930	39,511	공공부문	1.57%	5.66%	7.24%
부산 수영구	307,346	288,874	596,220	합계	51.55%	48.45%	100.00%
산업부문	94,301	3,387	97,688	산업부문	15.82%	0.57%	16.38%
수송부문	2,380	2,192	4,572	수송부문	0.40%	0.37%	0.77%
가정부문	176,636	126,714	303,351	가정부문	29.63%	21.25%	50.88%
상업부문	29,892	145,948	175,840	상업부문	5.01%	24.48%	29.49%
공공부문	4,137	10,633	14,770	공공부문	0.69%	1.78%	2.48%
부산 연제구	575,309	368,963	944,272	합계	60.93%	39.07%	100.00%
산업부문	213,436	6,137	219,573	산업부문	22.60%	0.65%	23.25%
수송부문	51,598	18,925	70,523	수송부문	5.46%	2.00%	7.47%
가정부문	274,556	145,292	419,848	가정부문	29.08%	15.39%	44.46%
상업부문	29,036	166,305	195,342	상업부문	3.08%	17.61%	20.69%
공공부문	6,682	32,304	38,987	공공부문	0.71%	3.42%	4.13%
부산 영도구	1,201,979	219,287	1,421,266	합계	84.57%	15.43%	100.00%
산업부문	566,819	38,481	605,299	산업부문	39.88%	2.71%	42.59%
수송부문	339,825	1,265	341,090	수송부문	23.91%	0.09%	24.00%
가정부문	267,766	73,409	341,175	가정부문	18.84%	5.17%	24.01%
상업부문	18,777	79,881	98,659	상업부문	1.32%	5.62%	6.94%
공공부문	8,793	26,251	35,043	공공부문	0.62%	1.85%	2.47%
부산 중구	147,025	164,508	311,532	합계	47.19%	52.81%	100.00%
산업부문	63,921	2,348	66,268	산업부문	20.52%	0.75%	21.27%
수송부문	6,102	68	6,169	수송부문	1.96%	0.02%	1.98%
가정부문	53,692	27,343	81,035	가정부문	17.23%	8.78%	26.01%
상업부문	18,823	127,202	146,025	상업부문	6.04%	40.83%	46.87%
공공부문	4,487	7,548	12,035	공공부문	1.44%	2.42%	3.86%
부산 해운대구	735,761	925,963	1,661,724	합계	44.28%	55.72%	100.00%
산업부문	246,513	66,351	312,864	산업부문	14.83%	3.99%	18.83%
수송부문	5,373	2,317	7,690	수송부문	0.32%	0.14%	0.46%
가정부문	400,827	362,746	763,573	가정부문	24.12%	21.83%	45.95%
상업부문	69,617	444,524	514,141	상업부문	4.19%	26.75%	30.94%
공공부문	13,431	50,025	63,456	공공부문	0.81%	3.01%	3.82%

IPCC. (2006). 2006 IPCC Guidelines for National Greenhouse Gas Inventories, Prepared by the National Greenhouse Gas Inventories Programme. IGES (Institute for Global Environmental Strategies).

KECO(한국환경공단). (2021). 제3차 계획기간 배출량 산정계획서 작성 가이드라인. 환경부.

KEEI. (2023). 2021년 기준 시군구 에너지통계. 에너지경제연구원(KEEI).

2021년 기초지자체 최종에너지 사용 기준 온실가스 배출량 (4)

2021년 대구 및 광주 기초지자체 부문별 온실가스 배출량(tCO$_2$-eq) 및 비율

기초지자체	직접배출량	간접배출량	합계	부문별 비율	직접배출량	간접배출량	합계
대구 남구	361,595	274,742	636,337	합계	56.82%	43.18%	100.00%
산업부문	115,797	2,967	118,764	산업부문	18.20%	0.47%	18.66%
수송부문	26,460	528	26,989	수송부문	4.16%	0.08%	4.24%
가정부문	178,476	94,968	273,444	가정부문	28.05%	14.92%	42.97%
상업부문	30,360	137,786	168,146	상업부문	4.77%	21.65%	26.42%
공공부문	10,502	38,491	48,993	공공부문	1.65%	6.05%	7.70%
대구 달서구	1,304,052	1,947,090	3,251,142	합계	40.11%	59.89%	100.00%
산업부문	557,386	847,222	1,404,608	산업부문	17.14%	26.06%	43.20%
수송부문	52,671	62,399	115,071	수송부문	1.62%	1.92%	3.54%
가정부문	600,061	530,419	1,130,480	가정부문	18.46%	16.31%	34.77%
상업부문	61,935	448,597	510,532	상업부문	1.91%	13.80%	15.70%
공공부문	31,998	58,453	90,451	공공부문	0.98%	1.80%	2.78%
대구 달성군	1,307,288	1,799,599	3,106,887	합계	42.08%	57.92%	100.00%
산업부문	689,130	1,268,554	1,957,684	산업부문	22.18%	40.83%	63.01%
수송부문	62,715	8,526	71,242	수송부문	2.02%	0.27%	2.29%
가정부문	498,325	203,622	701,947	가정부문	16.04%	6.55%	22.59%
상업부문	38,729	213,078	251,807	상업부문	1.25%	6.86%	8.10%
공공부문	18,388	105,819	124,207	공공부문	0.59%	3.41%	4.00%
대구 동구	1,227,938	714,558	1,942,496	합계	63.21%	36.79%	100.00%
산업부문	559,394	48,370	607,764	산업부문	28.80%	2.49%	31.29%
수송부문	29,184	2,977	32,161	수송부문	1.50%	0.15%	1.66%
가정부문	539,993	239,637	779,630	가정부문	27.80%	12.34%	40.14%
상업부문	55,694	358,750	414,444	상업부문	2.87%	18.47%	21.34%
공공부문	43,672	64,824	108,497	공공부문	2.25%	3.34%	5.59%
대구 북구	1,421,364	1,065,729	2,487,093	합계	57.15%	42.85%	100.00%
산업부문	544,747	283,905	828,652	산업부문	21.90%	11.42%	33.32%
수송부문	86,510	16,091	102,600	수송부문	3.48%	0.65%	4.13%
가정부문	678,264	285,302	963,567	가정부문	27.27%	11.47%	38.74%
상업부문	63,119	412,133	475,252	상업부문	2.54%	16.57%	19.11%
공공부문	48,724	68,298	117,023	공공부문	1.96%	2.75%	4.71%
대구 서구	796,012	433,525	1,229,537	합계	64.74%	35.26%	100.00%
산업부문	400,371	104,835	505,207	산업부문	32.56%	8.53%	41.09%
수송부문	20,421	551	20,972	수송부문	1.66%	0.04%	1.71%
가정부문	329,670	105,762	435,432	가정부문	26.81%	8.60%	35.41%
상업부문	20,932	184,478	205,410	상업부문	1.70%	15.00%	16.71%
공공부문	24,618	37,899	62,517	공공부문	2.00%	3.08%	5.08%
대구 수성구	1,034,327	769,628	1,803,955	합계	57.34%	42.66%	100.00%
산업부문	335,006	9,493	344,499	산업부문	18.57%	0.53%	19.10%
수송부문	14,311	28,435	42,746	수송부문	0.79%	1.58%	2.37%
가정부문	607,197	279,580	886,777	가정부문	33.66%	15.50%	49.16%
상업부문	58,383	347,770	406,153	상업부문	3.24%	19.28%	22.51%
공공부문	19,429	104,351	123,780	공공부문	1.08%	5.78%	6.86%
대구 중구	165,965	313,324	479,290	합계	34.63%	65.37%	100.00%
산업부문	44,794	9,633	54,428	산업부문	9.35%	2.01%	11.36%
수송부문	3,197	520	3,717	수송부문	0.67%	0.11%	0.78%
가정부문	71,599	55,144	126,743	가정부문	14.94%	11.51%	26.44%
상업부문	37,067	232,638	269,704	상업부문	7.73%	48.54%	56.27%
공공부문	9,308	15,389	24,697	공공부문	1.94%	3.21%	5.15%

기초지자체	직접배출량	간접배출량	합계	부문별 비율	직접배출량	간접배출량	합계
광주 광산구	1,768,448	1,724,669	3,493,117	합계	50.63%	49.37%	100.00%
산업부문	848,087	918,864	1,766,952	산업부문	24.28%	26.31%	50.58%
수송부문	24,931	4,753	29,684	수송부문	0.71%	0.14%	0.85%
가정부문	813,705	334,179	1,147,883	가정부문	23.29%	9.57%	32.86%
상업부문	65,232	388,976	454,208	상업부문	1.87%	11.14%	13.00%
공공부문	16,493	77,897	94,390	공공부문	0.47%	2.23%	2.70%
광주 남구	535,945	344,112	880,057	합계	60.90%	39.10%	100.00%
산업부문	174,767	10,052	184,819	산업부문	19.86%	1.14%	21.00%
수송부문	27,512	781	28,293	수송부문	3.13%	0.09%	3.21%
가정부문	297,084	150,120	447,204	가정부문	33.76%	17.06%	50.82%
상업부문	29,270	156,364	185,634	상업부문	3.33%	17.77%	21.09%
공공부문	7,311	26,795	34,107	공공부문	0.83%	3.04%	3.88%
광주 동구	325,661	290,032	615,693	합계	52.89%	47.11%	100.00%
산업부문	109,205	4,267	113,471	산업부문	17.74%	0.69%	18.43%
수송부문	15,097	6,755	21,852	수송부문	2.45%	1.10%	3.55%
가정부문	141,067	77,039	218,107	가정부문	22.91%	12.51%	35.42%
상업부문	41,182	153,490	194,671	상업부문	6.69%	24.93%	31.62%
공공부문	19,110	48,482	67,592	공공부문	3.10%	7.87%	10.98%
광주 북구	1,271,140	1,091,942	2,363,083	합계	53.79%	46.21%	100.00%
산업부문	484,393	317,036	801,430	산업부문	20.50%	13.42%	33.91%
수송부문	29,189	2,207	31,396	수송부문	1.24%	0.09%	1.33%
가정부문	677,480	312,125	989,605	가정부문	28.67%	13.21%	41.88%
상업부문	68,928	359,829	428,757	상업부문	2.92%	15.23%	18.14%
공공부문	11,150	100,745	111,895	공공부문	0.47%	4.26%	4.74%
광주 서구	947,457	746,344	1,693,802	합계	55.94%	44.06%	100.00%
산업부문	382,628	91,979	474,606	산업부문	22.59%	5.43%	28.02%
수송부문	28,382	9,739	38,121	수송부문	1.68%	0.57%	2.25%
가정부문	474,268	210,464	684,732	가정부문	28.00%	12.43%	40.43%
상업부문	54,536	402,572	457,108	상업부문	3.22%	23.77%	26.99%
공공부문	7,643	31,592	39,234	공공부문	0.45%	1.87%	2.32%

IPCC. (2006). 2006 IPCC Guidelines for National Greenhouse Gas Inventories, Prepared by the National Greenhouse Gas Inventories Programme. IGES (Institute for Global Environmental Strategies).

KECO(한국환경공단). (2021). 제3차 계획기간 배출량 산정계획서 작성 가이드라인. 환경부.

KEEI. (2023). 2021년 기준 시군구 에너지통계. 에너지경제연구원(KEEI).

2021년 기초지자체 최종에너지 사용 기준 온실가스 배출량 (5)

2021년 인천 및 세종 기초지자체 부문별 온실가스 배출량(tCO$_2$-eq) 및 비율

기초지자체	직접배출량	간접배출량	합계	부문별 비율	직접배출량	간접배출량	합계
인천 강화군	292,509	282,161	574,670	합계	50.90%	49.10%	100.00%
산업부문	136,593	91,965	228,558	산업부문	23.77%	16.00%	39.77%
수송부문	38,709	1,429	40,138	수송부문	6.74%	0.25%	6.98%
가정부문	80,754	39,826	120,581	가정부문	14.05%	6.93%	20.98%
상업부문	26,986	127,002	153,989	상업부문	4.70%	22.10%	26.80%
공공부문	9,466	21,938	31,404	공공부문	1.65%	3.82%	5.46%
인천 계양구	834,201	646,073	1,480,274	합계	56.35%	43.65%	100.00%
산업부문	320,512	109,916	430,427	산업부문	21.65%	7.43%	29.08%
수송부문	980	68,521	69,501	수송부문	0.07%	4.63%	4.70%
가정부문	473,896	228,306	702,202	가정부문	32.01%	15.42%	47.44%
상업부문	35,266	208,597	243,862	상업부문	2.38%	14.09%	16.47%
공공부문	3,548	30,733	34,281	공공부문	0.24%	2.08%	2.32%
인천 남동구	1,570,385	1,925,245	3,495,630	합계	44.92%	55.08%	100.00%
산업부문	652,359	911,153	1,563,512	산업부문	18.66%	26.07%	44.73%
수송부문	78,066	7,194	85,260	수송부문	2.23%	0.21%	2.44%
가정부문	743,442	482,474	1,225,916	가정부문	21.27%	13.80%	35.07%
상업부문	87,159	445,463	532,623	상업부문	2.49%	12.74%	15.24%
공공부문	9,359	78,960	88,319	공공부문	0.27%	2.26%	2.53%
인천 동구	605,157	1,712,287	2,317,444	합계	26.11%	73.89%	100.00%
산업부문	417,494	1,585,584	2,003,078	산업부문	18.02%	68.42%	86.43%
수송부문	12,732	128	12,860	수송부문	0.55%	0.01%	0.55%
가정부문	146,508	41,077	187,585	가정부문	6.32%	1.77%	8.09%
상업부문	21,440	78,168	99,608	상업부문	0.93%	3.37%	4.30%
공공부문	6,984	7,329	14,313	공공부문	0.30%	0.32%	0.62%
인천 미추홀구	934,948	810,108	1,745,056	합계	53.58%	46.42%	100.00%
산업부문	310,358	150,291	460,649	산업부문	17.78%	8.61%	26.40%
수송부문	13,182	35,514	48,696	수송부문	0.76%	2.04%	2.79%
가정부문	521,498	282,246	803,744	가정부문	29.88%	16.17%	46.06%
상업부문	71,464	299,117	370,581	상업부문	4.10%	17.14%	21.24%
공공부문	18,446	42,940	61,386	공공부문	1.06%	2.46%	3.52%
인천 부평구	1,201,970	1,147,208	2,349,178	합계	51.17%	48.83%	100.00%
산업부문	479,947	298,258	778,204	산업부문	20.43%	12.70%	33.13%
수송부문	43,765	6,009	49,774	수송부문	1.86%	0.26%	2.12%
가정부문	583,845	427,144	1,010,989	가정부문	24.85%	18.18%	43.04%
상업부문	83,226	357,412	440,638	상업부문	3.54%	15.21%	18.76%
공공부문	11,187	58,386	69,574	공공부문	0.48%	2.49%	2.96%
인천 서구	16,427,004	3,039,700	19,466,704	합계	84.39%	15.61%	100.00%
산업부문	8,169,861	1,544,319	9,714,180	산업부문	41.97%	7.93%	49.90%
수송부문	5,826,223	3,219	5,829,442	수송부문	29.93%	0.02%	29.95%
가정부문	2,286,254	713,291	2,999,545	가정부문	11.74%	3.66%	15.41%
상업부문	108,569	689,454	798,024	상업부문	0.56%	3.54%	4.10%
공공부문	36,096	89,416	125,513	공공부문	0.19%	0.46%	0.64%
인천 연수구	1,354,782	1,528,039	2,882,821	합계	47.00%	53.00%	100.00%
산업부문	680,059	295,271	975,330	산업부문	23.59%	10.24%	33.83%
수송부문	82,054	14,376	96,431	수송부문	2.85%	0.50%	3.35%
가정부문	534,903	494,001	1,028,905	가정부문	18.55%	17.14%	35.69%
상업부문	53,198	595,571	648,769	상업부문	1.85%	20.66%	22.50%
공공부문	4,568	128,819	133,387	공공부문	0.16%	4.47%	4.63%

기초지자체	직접배출량	간접배출량	합계	부문별 비율	직접배출량	간접배출량	합계
인천 옹진군	73,499	113,685	187,184	합계	39.27%	60.73%	100.00%
산업부문	44,610	23,180	67,790	산업부문	23.83%	12.38%	36.22%
수송부문	8,454	31	8,485	수송부문	4.52%	0.02%	4.53%
가정부문	9,462	11,520	20,982	가정부문	5.06%	6.15%	11.21%
상업부문	8,435	56,321	64,756	상업부문	4.51%	30.09%	34.59%
공공부문	2,536	22,634	25,171	공공부문	1.36%	12.09%	13.45%
인천 중구	3,216,752	1,201,958	4,418,710	합계	72.80%	27.20%	100.00%
산업부문	1,628,657	400,095	2,028,753	산업부문	36.86%	9.05%	45.91%
수송부문	186,159	5,044	191,203	수송부문	4.21%	0.11%	4.33%
가정부문	1,333,945	140,687	1,474,632	가정부문	30.19%	3.18%	33.37%
상업부문	56,500	606,232	662,731	상업부문	1.28%	13.72%	15.00%
공공부문	11,490	49,901	61,391	공공부문	0.26%	1.13%	1.39%

기초지자체	직접배출량	간접배출량	합계	부문별 비율	직접배출량	간접배출량	합계
세종시	1,065,868	2,163,790	3,229,658	합계	33.00%	67.00%	100.00%
산업부문	542,492	834,314	1,376,806	산업부문	16.80%	25.83%	42.63%
수송부문	40,218	4,036	44,254	수송부문	1.25%	0.12%	1.37%
가정부문	408,970	437,916	846,886	가정부문	12.66%	13.56%	26.22%
상업부문	55,693	680,027	735,719	상업부문	1.72%	21.06%	22.78%
공공부문	18,495	207,498	225,993	공공부문	0.57%	6.42%	7.00%

IPCC. (2006). 2006 IPCC Guidelines for National Greenhouse Gas Inventories, Prepared by the National Greenhouse Gas Inventories Programme. IGES (Institute for Global Environmental Strategies).

KECO(한국환경공단). (2021). 제3차 계획기간 배출량 산정계획서 작성 가이드라인. 환경부.

KEEI. (2023). 2021년 기준 시군구 에너지통계. 에너지경제연구원(KEEI).

2021년 기초지자체 최종에너지 사용 기준 온실가스 배출량 (6)

2021년 대전 및 울산 기초지자체 부문별 온실가스 배출량(tCO$_2$-eq) 및 비율

기초지자체	직접배출량	간접배출량	합계	부문별 비율	직접배출량	간접배출량	합계
대전 대덕구	1,093,794	1,270,177	2,363,971	합계	46.27%	53.73%	100.00%
산업부문	537,840	852,522	1,390,362	산업부문	22.75%	36.06%	58.81%
수송부문	36,397	1,709	38,106	수송부문	1.54%	0.07%	1.61%
가정부문	441,711	110,867	552,579	가정부문	18.69%	4.69%	23.38%
상업부문	54,223	251,578	305,801	상업부문	2.29%	10.64%	12.94%
공공부문	23,622	53,501	77,123	공공부문	1.00%	2.26%	3.26%
대전 동구	857,732	426,108	1,283,840	합계	66.81%	33.19%	100.00%
산업부문	334,907	28,813	363,721	산업부문	26.09%	2.24%	28.33%
수송부문	39,232	6,016	45,248	수송부문	3.06%	0.47%	3.52%
가정부문	427,811	148,413	576,225	가정부문	33.32%	11.56%	44.88%
상업부문	43,693	205,744	249,437	상업부문	3.40%	16.03%	19.43%
공공부문	12,088	37,122	49,210	공공부문	0.94%	2.89%	3.83%
대전 서구	985,586	927,008	1,912,594	합계	51.53%	48.47%	100.00%
산업부문	278,540	11,921	290,461	산업부문	14.56%	0.62%	15.19%
수송부문	4,833	6,201	11,033	수송부문	0.25%	0.32%	0.58%
가정부문	557,436	354,827	912,262	가정부문	29.15%	18.55%	47.70%
상업부문	139,431	485,652	625,083	상업부문	7.29%	25.39%	32.68%
공공부문	5,346	68,408	73,755	공공부문	0.28%	3.58%	3.86%
대전 유성구	1,157,992	1,500,080	2,658,072	합계	43.57%	56.43%	100.00%
산업부문	456,280	201,747	658,027	산업부문	17.17%	7.59%	24.76%
수송부문	74,086	6,905	80,991	수송부문	2.79%	0.26%	3.05%
가정부문	532,036	288,511	820,547	가정부문	20.02%	10.85%	30.87%
상업부문	89,273	645,689	734,962	상업부문	3.36%	24.29%	27.65%
공공부문	6,318	357,228	363,546	공공부문	0.24%	13.44%	13.68%
대전 중구	716,791	444,160	1,160,952	합계	61.74%	38.26%	100.00%
산업부문	268,800	10,074	278,875	산업부문	23.15%	0.87%	24.02%
수송부문	5,103	3,212	8,315	수송부문	0.44%	0.28%	0.72%
가정부문	363,700	149,157	512,857	가정부문	31.33%	12.85%	44.18%
상업부문	63,934	243,356	307,290	상업부문	5.51%	20.96%	26.47%
공공부문	15,254	38,361	53,615	공공부문	1.31%	3.30%	4.62%

기초지자체	직접배출량	간접배출량	합계	부문별 비율	직접배출량	간접배출량	합계
울산 남구	44,202,206	7,447,519	51,649,724	합계	85.58%	14.42%	100.00%
산업부문	24,875,278	6,401,731	31,277,009	산업부문	48.16%	12.39%	60.56%
수송부문	17,566,582	894	17,567,476	수송부문	34.01%	0.00%	34.01%
가정부문	1,670,512	217,370	1,887,882	가정부문	3.23%	0.42%	3.66%
상업부문	68,576	753,289	821,865	상업부문	0.13%	1.46%	1.59%
공공부문	21,258	74,235	95,493	공공부문	0.04%	0.14%	0.18%
울산 동구	542,908	665,859	1,208,767	합계	44.91%	55.09%	100.00%
산업부문	253,904	433,935	687,839	산업부문	21.01%	35.90%	56.90%
수송부문	93,511	217	93,728	수송부문	7.74%	0.02%	7.75%
가정부문	165,443	99,956	265,399	가정부문	13.69%	8.27%	21.96%
상업부문	27,170	109,100	136,270	상업부문	2.25%	9.03%	11.27%
공공부문	2,880	22,651	25,531	공공부문	0.24%	1.87%	2.11%
울산 북구	1,217,074	1,110,187	2,327,261	합계	52.30%	47.70%	100.00%
산업부문	703,879	766,744	1,470,623	산업부문	30.24%	32.95%	63.19%
수송부문	60,479	652	61,131	수송부문	2.60%	0.03%	2.63%
가정부문	415,941	146,213	562,155	가정부문	17.87%	6.28%	24.16%
상업부문	31,109	159,661	190,769	상업부문	1.34%	6.86%	8.20%
공공부문	5,665	36,917	42,582	공공부문	0.24%	1.59%	1.83%
울산 울주군	39,394,983	5,882,041	45,277,024	합계	87.01%	12.99%	100.00%
산업부문	20,487,854	5,225,453	25,713,307	산업부문	45.25%	11.54%	56.79%
수송부문	17,444,224	2,021	17,446,245	수송부문	38.53%	0.00%	38.53%
가정부문	1,405,383	146,644	1,552,027	가정부문	3.10%	0.32%	3.43%
상업부문	43,433	354,297	397,730	상업부문	0.10%	0.78%	0.88%
공공부문	14,088	153,626	167,714	공공부문	0.03%	0.34%	0.37%
울산 중구	475,839	327,430	803,269	합계	59.24%	40.76%	100.00%
산업부문	156,113	6,559	162,671	산업부문	19.43%	0.82%	20.25%
수송부문	2,924	560	3,483	수송부문	0.36%	0.07%	0.43%
가정부문	280,652	142,667	423,319	가정부문	34.94%	17.76%	52.70%
상업부문	29,270	156,819	186,089	상업부문	3.64%	19.52%	23.17%
공공부문	6,880	20,826	27,706	공공부문	0.86%	2.59%	3.45%

IPCC. (2006). 2006 IPCC Guidelines for National Greenhouse Gas Inventories, Prepared by the National Greenhouse Gas Inventories Programme. IGES (Institute for Global Environmental Strategies).

KECO(한국환경공단). (2021). 제3차 계획기간 배출량 산정계획서 작성 가이드라인. 환경부.

KEEI. (2023). 2021년 기준 시군구 에너지통계. 에너지경제연구원(KEEI).

2021년 기초지자체 최종에너지 사용 기준 온실가스 배출량 (7)

2021년 경기도 기초지자체 부문별 온실가스 배출량(tCO$_2$-eq) 및 비율 (1)

기초지자체	직접배출량	간접배출량	합계	부문별 비율	직접배출량	간접배출량	합계
경기 가평군	467,861	323,196	791,057	합계	59.14%	40.86%	100.00%
산업부문	223,326	39,937	263,263	산업부문	28.23%	5.05%	33.28%
수송부문	16,728	2,136	18,864	수송부문	2.11%	0.27%	2.38%
가정부문	187,389	41,748	229,137	가정부문	23.69%	5.28%	28.97%
상업부문	23,122	201,052	224,174	상업부문	2.92%	25.42%	28.34%
공공부문	17,296	38,322	55,618	공공부문	2.19%	4.84%	7.03%
경기 고양시	3,411,510	2,793,690	6,205,200	합계	54.98%	45.02%	100.00%
산업부문	1,473,260	241,903	1,715,162	산업부문	23.74%	3.90%	27.64%
수송부문	108,957	6,349	115,306	수송부문	1.76%	0.10%	1.86%
가정부문	1,634,836	1,161,659	2,796,495	가정부문	26.35%	18.72%	45.07%
상업부문	166,574	1,143,826	1,310,400	상업부문	2.68%	18.43%	21.12%
공공부문	27,884	239,954	267,837	공공부문	0.45%	3.87%	4.32%
경기 과천시	151,325	214,767	366,092	합계	41.34%	58.66%	100.00%
산업부문	52,555	5,281	57,836	산업부문	14.36%	1.44%	15.80%
수송부문	19	306	325	수송부문	0.01%	0.08%	0.09%
가정부문	75,948	80,700	156,648	가정부문	20.75%	22.04%	42.79%
상업부문	22,674	69,109	91,783	상업부문	6.19%	18.88%	25.07%
공공부문	128	59,371	59,499	공공부문	0.03%	16.22%	16.25%
경기 광명시	833,450	562,691	1,396,141	합계	59.70%	40.30%	100.00%
산업부문	341,886	108,529	450,415	산업부문	24.49%	7.77%	32.26%
수송부문	35,522	3,150	38,673	수송부문	2.54%	0.23%	2.77%
가정부문	407,365	212,111	619,476	가정부문	29.18%	15.19%	44.37%
상업부문	45,601	201,542	247,142	상업부문	3.27%	14.44%	17.70%
공공부문	3,076	37,358	40,435	공공부문	0.22%	2.68%	2.90%
경기 광주시	1,909,145	1,266,261	3,175,406	합계	60.12%	39.88%	100.00%
산업부문	821,157	484,995	1,306,152	산업부문	25.86%	15.27%	41.13%
수송부문	73,836	9,906	83,742	수송부문	2.33%	0.31%	2.64%
가정부문	841,778	262,511	1,104,289	가정부문	26.51%	8.27%	34.78%
상업부문	116,033	443,309	559,342	상업부문	3.65%	13.96%	17.61%
공공부문	56,341	65,540	121,881	공공부문	1.77%	2.06%	3.84%
경기 구리시	607,778	391,021	998,799	합계	60.85%	39.15%	100.00%
산업부문	225,983	17,716	243,700	산업부문	22.63%	1.77%	24.40%
수송부문	1,281	18,768	20,050	수송부문	0.13%	1.88%	2.01%
가정부문	344,112	144,603	488,714	가정부문	34.45%	14.48%	48.93%
상업부문	32,186	171,464	203,650	상업부문	3.22%	17.17%	20.39%
공공부문	4,216	38,470	42,686	공공부문	0.42%	3.85%	4.27%
경기 군포시	512,282	801,270	1,313,551	합계	39.00%	61.00%	100.00%
산업부문	219,470	189,074	408,543	산업부문	16.71%	14.39%	31.10%
수송부문	29,603	1,256	30,859	수송부문	2.25%	0.10%	2.35%
가정부문	220,480	282,740	503,220	가정부문	16.79%	21.52%	38.31%
상업부문	37,185	226,049	263,234	상업부문	2.83%	17.21%	20.04%
공공부문	5,545	102,150	107,695	공공부문	0.42%	7.78%	8.20%
경기 김포시	1,535,898	1,984,985	3,520,883	합계	43.62%	56.38%	100.00%
산업부문	663,736	1,017,964	1,681,700	산업부문	18.85%	28.91%	47.76%
수송부문	60,054	13,426	73,479	수송부문	1.71%	0.38%	2.09%
가정부문	721,071	363,374	1,084,445	가정부문	20.48%	10.32%	30.80%
상업부문	73,866	518,317	592,183	상업부문	2.10%	14.72%	16.82%
공공부문	17,172	71,904	89,076	공공부문	0.49%	2.04%	2.53%

기초지자체	직접배출량	간접배출량	합계	부문별 비율	직접배출량	간접배출량	합계
경기 남양주시	2,348,356	1,690,264	4,038,620	합계	58.15%	41.85%	100.00%
산업부문	917,815	278,791	1,196,606	산업부문	22.73%	6.90%	29.63%
수송부문	136,676	25,275	161,951	수송부문	3.38%	0.63%	4.01%
가정부문	1,173,767	596,743	1,770,510	가정부문	29.06%	14.78%	43.84%
상업부문	90,047	614,042	704,090	상업부문	2.23%	15.20%	17.43%
공공부문	30,050	175,413	205,463	공공부문	0.74%	4.34%	5.09%
경기 동두천시	324,557	306,451	631,008	합계	51.43%	48.57%	100.00%
산업부문	126,280	86,336	212,617	산업부문	20.01%	13.68%	33.69%
수송부문	4,947	293	5,240	수송부문	0.78%	0.05%	0.83%
가정부문	164,638	62,836	227,475	가정부문	28.09%	9.96%	36.05%
상업부문	25,318	104,310	129,628	상업부문	4.01%	16.53%	20.54%
공공부문	3,373	52,676	56,048	공공부문	0.53%	8.35%	8.88%
경기 부천시	1,778,351	2,150,459	3,928,811	합계	45.26%	54.74%	100.00%
산업부문	625,476	642,037	1,267,513	산업부문	15.92%	16.34%	32.26%
수송부문	126,499	7,368	133,867	수송부문	3.22%	0.19%	3.41%
가정부문	897,816	710,218	1,608,034	가정부문	22.85%	18.08%	40.93%
상업부문	111,865	702,039	813,904	상업부문	2.85%	17.87%	20.72%
공공부문	16,697	88,797	105,494	공공부문	0.42%	2.26%	2.69%
경기 성남시	1,940,593	2,969,922	4,910,515	합계	39.52%	60.48%	100.00%
산업부문	636,411	184,957	821,368	산업부문	12.96%	3.77%	16.73%
수송부문	138,154	50,539	188,694	수송부문	2.81%	1.03%	3.84%
가정부문	949,349	1,007,736	1,957,084	가정부문	19.33%	20.52%	39.85%
상업부문	204,114	1,398,470	1,602,584	상업부문	4.16%	28.48%	32.64%
공공부문	12,565	328,220	340,785	공공부문	0.26%	6.68%	6.94%
경기 수원시	2,952,337	3,194,513	6,146,850	합계	48.03%	51.97%	100.00%
산업부문	1,122,553	278,203	1,400,756	산업부문	18.26%	4.53%	22.79%
수송부문	126,991	17,443	144,434	수송부문	2.07%	0.28%	2.35%
가정부문	1,411,588	1,226,105	2,637,694	가정부문	22.96%	19.95%	42.91%
상업부문	252,154	1,435,428	1,687,583	상업부문	4.10%	23.35%	27.45%
공공부문	39,050	237,334	276,384	공공부문	0.64%	3.86%	4.50%
경기 시흥시	2,333,058	2,307,460	4,640,518	합계	50.28%	49.72%	100.00%
산업부문	1,085,611	1,288,961	2,374,573	산업부문	23.39%	27.78%	51.17%
수송부문	84,115	11,803	95,918	수송부문	1.81%	0.25%	2.07%
가정부문	1,075,058	454,375	1,529,433	가정부문	23.17%	9.79%	32.96%
상업부문	74,150	498,060	572,211	상업부문	1.60%	10.73%	12.33%
공공부문	14,123	54,260	68,383	공공부문	0.30%	1.17%	1.47%
경기 안산시	2,414,979	3,862,866	6,277,845	합계	38.47%	61.53%	100.00%
산업부문	1,190,522	2,558,512	3,749,035	산업부문	18.96%	40.75%	59.72%
수송부문	183,519	1,542	185,061	수송부문	2.92%	0.02%	2.95%
가정부문	924,893	557,700	1,482,593	가정부문	14.73%	8.88%	23.62%
상업부문	102,466	592,125	694,591	상업부문	1.63%	9.43%	11.06%
공공부문	13,578	152,987	166,565	공공부문	0.22%	2.44%	2.65%
경기 안성시	1,871,359	1,580,195	3,451,553	합계	54.22%	45.78%	100.00%
산업부문	935,056	1,012,365	1,947,421	산업부문	27.09%	29.33%	56.42%
수송부문	95,073	1,232	96,306	수송부문	2.75%	0.04%	2.79%
가정부문	715,610	133,643	849,253	가정부문	20.73%	3.87%	24.60%
상업부문	84,286	384,719	469,005	상업부문	2.44%	11.15%	13.59%
공공부문	41,334	48,235	89,569	공공부문	1.20%	1.40%	2.60%

IPCC. (2006). 2006 IPCC Guidelines for National Greenhouse Gas Inventories, Prepared by the National Greenhouse Gas Inventories Programme. IGES (Institute for Global Environmental Strategies).

KECO(한국환경공단). (2021). 제3차 계획기간 배출량 산정계획서 작성 가이드라인. 환경부.

KEEI. (2023). 2021년 기준 시군구 에너지통계. 에너지경제연구원(KEEI).

2021년 기초지자체 최종에너지 사용 기준 온실가스 배출량 (8)

2021년 경기도 기초지자체 부문별 온실가스 배출량(tCO$_2$-eq) 및 비율 (2)

기초지자체	직접배출량	간접배출량	합계	부문별 비율	직접배출량	간접배출량	합계
경기 안양시	1,218,589	1,486,080	2,704,670	합계	45.06%	54.94%	100.00%
산업부문	456,902	161,874	618,777	산업부문	16.89%	5.98%	22.88%
수송부문	81,696	2,517	84,212	수송부문	3.02%	0.09%	3.11%
가정부문	555,131	516,783	1,071,914	가정부문	20.52%	19.11%	39.63%
상업부문	90,589	693,098	783,687	상업부문	3.35%	25.63%	28.98%
공공부문	34,272	111,809	146,080	공공부문	1.27%	4.13%	5.40%
경기 양주시	1,539,819	1,106,988	2,646,807	합계	58.18%	41.82%	100.00%
산업부문	776,828	545,456	1,322,284	산업부문	29.35%	20.61%	49.96%
수송부문	112,205	1,529	113,733	수송부문	4.24%	0.06%	4.30%
가정부문	567,875	195,033	762,908	가정부문	21.46%	7.37%	28.82%
상업부문	62,239	298,953	361,192	상업부문	2.35%	11.29%	13.65%
공공부문	20,672	66,017	86,689	공공부문	0.78%	2.49%	3.28%
경기 양평군	623,324	454,378	1,077,702	합계	57.84%	42.16%	100.00%
산업부문	295,756	74,001	369,757	산업부문	27.44%	6.87%	34.31%
수송부문	9,457	23,238	32,695	수송부문	0.88%	2.16%	3.03%
가정부문	261,832	82,171	344,003	가정부문	24.30%	7.62%	31.92%
상업부문	46,156	235,982	282,138	상업부문	4.28%	21.90%	26.18%
공공부문	10,123	38,987	49,110	공공부문	0.94%	3.62%	4.56%
경기 여주시	1,368,036	662,941	2,030,977	합계	67.36%	32.64%	100.00%
산업부문	676,201	306,907	983,108	산업부문	33.29%	15.11%	48.41%
수송부문	273,297	977	274,275	수송부문	13.46%	0.05%	13.50%
가정부문	344,753	72,332	417,084	가정부문	16.97%	3.56%	20.54%
상업부문	53,803	249,101	302,904	상업부문	2.65%	12.27%	14.91%
공공부문	19,982	33,624	53,605	공공부문	0.98%	1.66%	2.64%
경기 연천군	256,316	272,759	529,075	합계	48.45%	51.55%	100.00%
산업부문	130,734	105,239	235,973	산업부문	24.71%	19.89%	44.60%
수송부문	26,462	199	26,662	수송부문	5.00%	0.04%	5.04%
가정부문	76,831	25,660	102,491	가정부문	14.52%	4.85%	19.37%
상업부문	18,123	87,814	105,936	상업부문	3.43%	16.60%	20.02%
공공부문	4,167	53,846	58,013	공공부문	0.79%	10.18%	10.96%
경기 오산시	680,487	666,659	1,347,146	합계	50.51%	49.49%	100.00%
산업부문	285,289	240,398	525,687	산업부문	21.18%	17.84%	39.02%
수송부문	21,932	1,276	23,208	수송부문	1.63%	0.09%	1.72%
가정부문	334,682	170,287	504,970	가정부문	24.84%	12.64%	37.48%
상업부문	31,552	198,204	229,756	상업부문	2.34%	14.71%	17.06%
공공부문	7,031	56,494	63,525	공공부문	0.52%	4.19%	4.72%
경기 용인시	4,151,338	5,380,444	9,531,782	합계	43.55%	56.45%	100.00%
산업부문	1,914,257	2,234,067	4,148,324	산업부문	20.08%	23.44%	43.52%
수송부문	129,992	5,647	135,638	수송부문	1.36%	0.06%	1.42%
가정부문	1,839,158	1,189,028	3,028,187	가정부문	19.30%	12.47%	31.77%
상업부문	214,238	1,714,923	1,929,161	상업부문	2.25%	17.99%	20.24%
공공부문	53,692	236,780	290,472	공공부문	0.56%	2.48%	3.05%
경기 의왕시	616,548	418,253	1,034,801	합계	59.58%	40.42%	100.00%
산업부문	261,678	55,733	317,411	산업부문	25.29%	5.39%	30.67%
수송부문	26,842	731	27,573	수송부문	2.59%	0.07%	2.66%
가정부문	295,055	153,153	448,208	가정부문	28.51%	14.80%	43.31%
상업부문	30,705	182,259	212,964	상업부문	2.97%	17.61%	20.58%
공공부문	2,268	26,376	28,644	공공부문	0.22%	2.55%	2.77%
경기 의정부시	1,171,337	864,519	2,035,856	합계	57.54%	42.46%	100.00%
산업부문	392,867	29,600	422,467	산업부문	19.30%	1.45%	20.75%
수송부문	29,780	6,511	36,291	수송부문	1.46%	0.32%	1.78%
가정부문	660,020	356,544	1,016,564	가정부문	32.42%	17.51%	49.93%
상업부문	82,389	356,313	438,702	상업부문	4.05%	17.50%	21.55%
공공부문	6,282	115,550	121,832	공공부문	0.31%	5.68%	5.98%
경기 이천시	1,814,744	3,791,324	5,606,068	합계	32.37%	67.63%	100.00%
산업부문	1,016,184	3,124,532	4,140,716	산업부문	18.13%	55.73%	73.86%
수송부문	78,664	1,549	80,213	수송부문	1.40%	0.03%	1.43%
가정부문	627,728	148,316	776,044	가정부문	11.20%	2.65%	13.84%
상업부문	71,794	455,678	527,472	상업부문	1.28%	8.13%	9.41%
공공부문	20,374	61,250	81,624	공공부문	0.36%	1.09%	1.46%
경기 파주시	1,974,922	4,364,055	6,338,977	합계	31.16%	68.84%	100.00%
산업부문	938,907	3,205,421	4,144,328	산업부문	14.81%	50.57%	65.38%
수송부문	161,320	5,997	167,318	수송부문	2.54%	0.09%	2.64%
가정부문	722,984	429,038	1,152,022	가정부문	11.41%	6.77%	18.17%
상업부문	105,859	566,565	672,425	상업부문	1.67%	8.94%	10.61%
공공부문	45,851	157,034	202,885	공공부문	0.72%	2.48%	3.20%
경기 평택시	4,131,238	6,963,648	11,094,887	합계	37.24%	62.76%	100.00%
산업부문	2,203,824	5,186,081	7,389,905	산업부문	19.86%	46.74%	66.61%
수송부문	210,878	2,036	212,914	수송부문	1.90%	0.02%	1.92%
가정부문	1,531,946	508,723	2,040,668	가정부문	13.81%	4.59%	18.39%
상업부문	144,253	866,848	1,011,101	상업부문	1.30%	7.81%	9.11%
공공부문	40,338	399,960	440,298	공공부문	0.36%	3.60%	3.97%
경기 포천시	1,374,547	1,284,219	2,658,766	합계	51.70%	48.30%	100.00%
산업부문	665,899	787,879	1,453,778	산업부문	25.05%	29.63%	54.68%
수송부문	115,228	572	115,801	수송부문	4.33%	0.02%	4.36%
가정부문	476,020	92,001	568,021	가정부문	17.90%	3.46%	21.36%
상업부문	70,721	318,846	389,568	상업부문	2.66%	11.99%	14.65%
공공부문	46,679	84,921	131,599	공공부문	1.76%	3.19%	4.95%
경기 하남시	1,316,069	969,936	2,286,005	합계	57.57%	42.43%	100.00%
산업부문	571,431	55,721	627,152	산업부문	25.00%	2.44%	27.43%
수송부문	134,907	2,412	137,319	수송부문	5.90%	0.11%	6.01%
가정부문	552,619	333,390	886,009	가정부문	24.17%	14.58%	38.76%
상업부문	46,717	349,990	396,706	상업부문	2.04%	15.31%	17.35%
공공부문	10,395	228,424	238,819	공공부문	0.45%	9.99%	10.45%
경기 화성시	4,972,614	9,838,062	14,810,677	합계	33.57%	66.43%	100.00%
산업부문	2,697,688	7,329,404	10,027,092	산업부문	18.21%	49.49%	67.70%
수송부문	357,218	4,443	361,661	수송부문	2.41%	0.03%	2.44%
가정부문	1,653,734	980,832	2,634,566	가정부문	11.17%	6.62%	17.79%
상업부문	191,269	1,371,486	1,562,755	상업부문	1.29%	9.26%	10.55%
공공부문	72,705	151,898	224,602	공공부문	0.49%	1.03%	1.52%

IPCC. (2006). 2006 IPCC Guidelines for National Greenhouse Gas Inventories, Prepared by the National Greenhouse Gas Inventories Programme. IGES (Institute for Global Environmental Strategies).

KECO(한국환경공단). (2021). 제3차 계획기간 배출량 산정계획서 작성 가이드라인. 환경부.

KEEI. (2023). 2021년 기준 시군구 에너지통계. 에너지경제연구원(KEEI).

2021년 기초지자체 최종에너지 사용 기준 온실가스 배출량 (9)

2021년 강원도 기초지자체 부문별 온실가스 배출량(tCO₂-eq) 및 비율

기초지자체	직접배출량	간접배출량	합계	부문별 비율	직접배출량	간접배출량	합계
강원 강릉시	1,262,809	901,667	2,164,477	합계	58.34%	41.66%	100.00%
산업부문	596,878	331,478	928,356	산업부문	27.58%	15.31%	42.89%
수송부문	140,087	2,538	142,625	수송부문	6.47%	0.12%	6.59%
가정부문	430,251	146,801	577,053	가정부문	19.88%	6.78%	26.66%
상업부문	80,230	353,340	433,570	상업부문	3.71%	16.32%	20.03%
공공부문	15,363	67,511	82,874	공공부문	0.71%	3.12%	3.83%
강원 고성군	176,328	155,200	331,529	합계	53.19%	46.81%	100.00%
산업부문	88,283	28,350	116,633	산업부문	26.63%	8.55%	35.18%
수송부문	18,760	151	18,911	수송부문	5.66%	0.05%	5.70%
가정부문	49,607	17,712	67,319	가정부문	14.96%	5.34%	20.31%
상업부문	16,469	75,115	91,584	상업부문	4.97%	22.66%	27.62%
공공부문	3,210	33,872	37,081	공공부문	0.97%	10.22%	11.19%
강원 동해시	521,909	1,034,731	1,556,640	합계	33.53%	66.47%	100.00%
산업부문	266,442	810,902	1,077,344	산업부문	17.12%	52.09%	69.21%
수송부문	47,539	368	47,907	수송부문	3.05%	0.02%	3.08%
가정부문	181,130	61,515	242,645	가정부문	11.64%	3.95%	15.59%
상업부문	23,486	125,844	149,329	상업부문	1.51%	8.08%	9.59%
공공부문	3,311	36,103	39,414	공공부문	0.21%	2.32%	2.53%
강원 삼척시	542,731	674,152	1,216,883	합계	44.60%	55.40%	100.00%
산업부문	266,349	439,032	705,380	산업부문	21.89%	36.08%	57.97%
수송부문	67,570	549	68,120	수송부문	5.55%	0.05%	5.60%
가정부문	176,444	41,614	218,058	가정부문	14.50%	3.42%	17.92%
상업부문	25,652	121,463	147,115	상업부문	2.11%	9.98%	12.09%
공공부문	6,715	71,495	78,210	공공부문	0.55%	5.88%	6.43%
강원 속초시	331,911	283,006	614,918	합계	53.98%	46.02%	100.00%
산업부문	139,361	23,238	162,599	산업부문	22.66%	3.78%	26.44%
수송부문	6,377	743	7,120	수송부문	1.04%	0.12%	1.16%
가정부문	135,975	60,979	196,954	가정부문	22.11%	9.92%	32.03%
상업부문	37,407	180,016	217,423	상업부문	6.08%	29.27%	35.36%
공공부문	12,791	18,030	30,821	공공부문	2.08%	2.93%	5.01%
강원 양구군	82,093	97,139	179,232	합계	45.80%	54.20%	100.00%
산업부문	45,208	15,323	60,531	산업부문	25.22%	8.55%	33.77%
수송부문	1,083	99	1,182	수송부문	0.60%	0.06%	0.66%
가정부문	29,083	12,852	41,935	가정부문	16.23%	7.17%	23.40%
상업부문	5,029	43,828	48,857	상업부문	2.81%	24.45%	27.26%
공공부문	1,690	25,037	26,727	공공부문	0.94%	13.97%	14.91%
강원 양양군	190,451	147,077	337,528	합계	56.43%	43.57%	100.00%
산업부문	93,796	24,016	117,812	산업부문	27.79%	7.12%	34.90%
수송부문	8,998	209	9,207	수송부문	2.67%	0.06%	2.73%
가정부문	64,250	19,568	83,819	가정부문	19.04%	5.80%	24.83%
상업부문	16,560	83,577	100,138	상업부문	4.91%	24.76%	29.67%
공공부문	6,847	19,706	26,553	공공부문	2.03%	5.84%	7.87%
강원 영월군	319,025	529,030	848,055	합계	37.62%	62.38%	100.00%
산업부문	154,966	400,163	555,129	산업부문	18.27%	47.19%	65.46%
수송부문	50,916	143	51,059	수송부문	6.00%	0.02%	6.02%
가정부문	89,187	24,125	113,311	가정부문	10.52%	2.84%	13.36%
상업부문	18,817	82,285	101,102	상업부문	2.22%	9.70%	11.92%
공공부문	5,140	22,314	27,454	공공부문	0.61%	2.63%	3.24%
강원 원주시	1,661,425	1,174,686	2,836,112	합계	58.58%	41.42%	100.00%
산업부문	734,645	354,935	1,089,580	산업부문	25.90%	12.51%	38.42%
수송부문	58,826	2,231	61,057	수송부문	2.07%	0.08%	2.15%
가정부문	767,053	256,768	1,023,821	가정부문	27.05%	9.05%	36.10%
상업부문	83,947	462,978	546,925	상업부문	2.96%	16.32%	19.28%
공공부문	16,954	97,774	114,728	공공부문	0.60%	3.45%	4.05%

기초지자체	직접배출량	간접배출량	합계	부문별 비율	직접배출량	간접배출량	합계
강원 인제군	236,349	159,216	395,565	합계	59.75%	40.25%	100.00%
산업부문	129,831	19,292	149,123	산업부문	32.82%	4.88%	37.70%
수송부문	11,240	319	11,559	수송부문	2.84%	0.08%	2.92%
가정부문	83,117	20,572	103,689	가정부문	21.01%	5.20%	26.21%
상업부문	8,851	81,918	90,769	상업부문	2.24%	20.71%	22.95%
공공부문	3,311	37,113	40,425	공공부문	0.84%	9.38%	10.22%
강원 정선군	224,376	275,621	499,997	합계	44.88%	55.12%	100.00%
산업부문	100,068	110,847	210,915	산업부문	20.01%	22.17%	42.18%
수송부문	14,176	254	14,430	수송부문	2.84%	0.05%	2.89%
가정부문	57,525	23,137	80,661	가정부문	11.50%	4.63%	16.13%
상업부문	37,089	123,654	160,743	상업부문	7.42%	24.73%	32.15%
공공부문	15,519	17,729	33,247	공공부문	3.10%	3.55%	6.65%
강원 철원군	201,976	236,441	438,417	합계	46.07%	53.93%	100.00%
산업부문	110,682	70,163	180,845	산업부문	25.25%	16.00%	41.25%
수송부문	25,687	118	25,805	수송부문	5.86%	0.03%	5.89%
가정부문	44,782	25,336	70,118	가정부문	10.21%	5.78%	15.99%
상업부문	19,943	89,946	109,889	상업부문	4.55%	20.52%	25.07%
공공부문	882	50,878	51,760	공공부문	0.20%	11.60%	11.81%
강원 춘천시	1,064,272	850,213	1,914,486	합계	55.59%	44.41%	100.00%
산업부문	403,508	91,398	494,906	산업부문	21.08%	4.77%	25.85%
수송부문	31,002	11,886	42,888	수송부문	1.62%	0.62%	2.24%
가정부문	522,620	199,232	721,853	가정부문	27.30%	10.41%	37.70%
상업부문	93,927	431,690	525,617	상업부문	4.91%	22.55%	27.45%
공공부문	13,215	116,007	129,223	공공부문	0.69%	6.06%	6.75%
강원 태백시	159,960	142,058	302,019	합계	52.96%	47.04%	100.00%
산업부문	80,119	32,678	112,798	산업부문	26.53%	10.82%	37.35%
수송부문	4,367	116	4,483	수송부문	1.45%	0.04%	1.48%
가정부문	55,489	26,834	82,323	가정부문	18.37%	8.88%	27.26%
상업부문	14,556	58,708	73,264	상업부문	4.82%	19.44%	24.26%
공공부문	5,429	23,723	29,151	공공부문	1.80%	7.85%	9.65%
강원 평창군	374,954	293,660	668,614	합계	56.08%	43.92%	100.00%
산업부문	175,945	50,085	226,030	산업부문	26.31%	7.49%	33.81%
수송부문	10,114	7,587	17,701	수송부문	1.51%	1.13%	2.65%
가정부문	120,606	29,426	150,032	가정부문	18.04%	4.40%	22.44%
상업부문	51,118	178,766	229,884	상업부문	7.65%	26.74%	34.38%
공공부문	17,170	27,796	44,966	공공부문	2.57%	4.16%	6.73%
강원 홍천군	550,671	341,512	892,183	합계	61.72%	38.28%	100.00%
산업부문	279,547	83,967	363,514	산업부문	31.33%	9.41%	40.74%
수송부문	24,622	440	25,063	수송부문	2.76%	0.05%	2.81%
가정부문	210,838	43,657	254,495	가정부문	23.63%	4.89%	28.52%
상업부문	27,612	180,072	207,684	상업부문	3.09%	20.18%	23.28%
공공부문	8,051	33,376	41,427	공공부문	0.90%	3.74%	4.64%
강원 화천군	106,988	122,266	229,254	합계	46.67%	53.33%	100.00%
산업부문	63,985	17,765	81,751	산업부문	27.91%	7.75%	35.66%
수송부문	5,657	97	5,754	수송부문	2.47%	0.04%	2.51%
가정부문	27,815	14,154	41,969	가정부문	12.13%	6.17%	18.31%
상업부문	7,504	47,616	55,120	상업부문	3.27%	20.77%	24.04%
공공부문	2,026	42,634	44,661	공공부문	0.88%	18.60%	19.48%
강원 횡성군	330,729	306,980	637,709	합계	51.86%	48.14%	100.00%
산업부문	169,296	138,861	308,157	산업부문	26.55%	21.78%	48.32%
수송부문	9,040	5,695	14,735	수송부문	1.42%	0.89%	2.31%
가정부문	125,337	29,919	155,256	가정부문	19.65%	4.69%	24.35%
상업부문	23,005	109,756	132,761	상업부문	3.61%	17.21%	20.82%
공공부문	4,051	22,749	26,800	공공부문	0.64%	3.57%	4.20%

IPCC. (2006). 2006 IPCC Guidelines for National Greenhouse Gas Inventories, Prepared by the National Greenhouse Gas Inventories Programme. IGES (Institute for Global Environmental Strategies).

KECO(한국환경공단). (2021). 제3차 계획기간 배출량 산정계획서 작성 가이드라인. 환경부.

KEEI. (2023). 2021년 기준 시군구 에너지통계. 에너지경제연구원(KEEI).

2021년 기초지자체 최종에너지 사용 기준 온실가스 배출량 (10)

2021년 제주도 및 충청북도 기초지자체 부문별 온실가스 배출량(tCO₂-eq) 및 비율

기초지자체	직접배출량	간접배출량	합계	부문별 비율	직접배출량	간접배출량	합계
제주 서귀포시	1,623,109	1,052,785	2,675,894	합계	60.66%	39.34%	100.00%
산업부문	821,489	467,482	1,288,972	산업부문	30.70%	17.47%	48.17%
수송부문	122,966	12,528	135,494	수송부문	4.60%	0.47%	5.06%
가정부문	566,450	122,444	688,894	가정부문	21.17%	4.58%	25.74%
상업부문	84,004	361,450	445,454	상업부문	3.14%	13.51%	16.65%
공공부문	28,199	88,881	117,080	공공부문	1.05%	3.32%	4.38%
제주 제주시	1,727,358	1,560,219	3,287,576	합계	52.54%	47.46%	100.00%
산업부문	836,203	332,112	1,168,315	산업부문	25.44%	10.10%	35.54%
수송부문	27,730	24,003	51,732	수송부문	0.84%	0.73%	1.57%
가정부문	638,813	323,869	962,683	가정부문	19.43%	9.85%	29.28%
상업부문	155,425	730,660	886,085	상업부문	4.73%	22.22%	26.95%
공공부문	69,186	149,574	218,761	공공부문	2.10%	4.55%	6.65%

기초지자체	직접배출량	간접배출량	합계	부문별 비율	직접배출량	간접배출량	합계
충북 괴산군	343,116	262,676	605,792	합계	56.64%	43.36%	100.00%
산업부문	175,685	135,272	310,957	산업부문	29.00%	22.33%	51.33%
수송부문	18,334	328	18,661	수송부문	3.03%	0.05%	3.08%
가정부문	122,269	22,264	144,533	가정부문	20.18%	3.68%	23.86%
상업부문	24,766	76,139	100,905	상업부문	4.09%	12.57%	16.66%
공공부문	2,063	28,673	30,736	공공부문	0.34%	4.73%	5.07%
충북 단양군	347,162	833,656	1,180,818	합계	29.40%	70.60%	100.00%
산업부문	170,511	733,871	904,382	산업부문	14.44%	62.15%	76.59%
수송부문	52,784	333	53,117	수송부문	4.47%	0.03%	4.50%
가정부문	99,922	16,667	116,590	가정부문	8.46%	1.41%	9.87%
상업부문	20,509	65,459	85,967	상업부문	1.74%	5.54%	7.28%
공공부문	3,436	17,327	20,762	공공부문	0.29%	1.47%	1.76%
충북 보은군	205,239	187,421	392,661	합계	52.27%	47.73%	100.00%
산업부문	102,528	96,736	199,264	산업부문	26.11%	24.64%	50.75%
수송부문	23,445	211	23,656	수송부문	5.97%	0.05%	6.02%
가정부문	61,081	19,109	80,191	가정부문	15.56%	4.87%	20.42%
상업부문	14,917	57,594	72,511	상업부문	3.80%	14.67%	18.47%
공공부문	3,267	13,771	17,038	공공부문	0.83%	3.51%	4.34%
충북 영동군	250,183	205,460	455,643	합계	54.91%	45.09%	100.00%
산업부문	130,469	86,909	217,378	산업부문	28.63%	19.07%	47.71%
수송부문	28,036	260	28,297	수송부문	6.15%	0.06%	6.21%
가정부문	68,117	27,827	95,944	가정부문	14.95%	6.11%	21.06%
상업부문	20,637	68,880	89,516	상업부문	4.53%	15.12%	19.65%
공공부문	2,924	21,584	24,508	공공부문	0.64%	4.74%	5.38%

기초지자체	직접배출량	간접배출량	합계	부문별 비율	직접배출량	간접배출량	합계
충북 옥천군	338,137	300,735	638,872	합계	52.93%	47.07%	100.00%
산업부문	163,199	115,918	279,118	산업부문	25.54%	18.14%	43.69%
수송부문	32,135	411	32,545	수송부문	5.03%	0.06%	5.09%
가정부문	124,832	29,853	154,686	가정부문	19.54%	4.67%	24.21%
상업부문	14,442	73,187	87,629	상업부문	2.26%	11.46%	13.72%
공공부문	3,529	81,365	84,894	공공부문	0.55%	12.74%	13.29%
충북 음성군	1,231,069	1,450,055	2,681,125	합계	45.92%	54.08%	100.00%
산업부문	699,860	1,164,394	1,864,255	산업부문	26.10%	43.43%	69.53%
수송부문	78,740	719	79,458	수송부문	2.94%	0.03%	2.96%
가정부문	397,037	65,619	462,656	가정부문	14.81%	2.45%	17.26%
상업부문	32,807	188,187	220,993	상업부문	1.22%	7.02%	8.24%
공공부문	22,625	31,137	53,763	공공부문	0.84%	1.16%	2.01%
충북 제천시	811,312	747,146	1,558,458	합계	52.06%	47.94%	100.00%
산업부문	389,417	410,737	800,153	산업부문	24.99%	26.36%	51.34%
수송부문	48,642	739	49,381	수송부문	3.12%	0.05%	3.17%
가정부문	323,974	85,300	409,274	가정부문	20.79%	5.47%	26.26%
상업부문	38,883	196,867	235,750	상업부문	2.49%	12.63%	15.13%
공공부문	10,397	53,503	63,900	공공부문	0.67%	3.43%	4.10%
충북 증평군	258,894	269,373	528,267	합계	49.01%	50.99%	100.00%
산업부문	155,775	173,904	329,679	산업부문	29.49%	32.92%	62.41%
수송부문	7,147	138	7,285	수송부문	1.35%	0.03%	1.38%
가정부문	85,660	25,046	110,706	가정부문	16.22%	4.74%	20.96%
상업부문	8,531	50,340	58,870	상업부문	1.61%	9.53%	11.14%
공공부문	1,383	19,945	21,728	공공부문	0.26%	3.78%	4.11%
충북 진천군	812,688	1,331,961	2,144,648	합계	37.89%	62.11%	100.00%
산업부문	504,500	1,096,904	1,601,405	산업부문	23.52%	51.15%	74.67%
수송부문	51,813	573	52,386	수송부문	2.42%	0.03%	2.44%
가정부문	224,143	61,921	286,064	가정부문	10.45%	2.89%	13.34%
상업부문	26,271	146,335	172,606	상업부문	1.22%	6.82%	8.05%
공공부문	5,960	26,227	32,187	공공부문	0.28%	1.22%	1.50%
충북 청주시	3,895,359	6,372,328	10,267,687	합계	37.94%	62.06%	100.00%
산업부문	1,961,295	4,274,463	6,235,758	산업부문	19.10%	41.63%	60.73%
수송부문	130,542	5,488	136,030	수송부문	1.27%	0.05%	1.32%
가정부문	1,596,968	738,062	2,335,030	가정부문	15.55%	7.19%	22.74%
상업부문	179,956	973,307	1,153,263	상업부문	1.75%	9.48%	11.23%
공공부문	26,599	381,007	407,606	공공부문	0.26%	3.71%	3.97%
충북 충주시	1,417,183	1,236,678	2,653,861	합계	53.40%	46.60%	100.00%
산업부문	752,399	689,534	1,441,933	산업부문	28.35%	25.98%	54.33%
수송부문	49,615	6,354	55,969	수송부문	1.87%	0.24%	2.11%
가정부문	539,787	144,851	684,639	가정부문	20.34%	5.46%	25.80%
상업부문	59,391	299,725	359,117	상업부문	2.24%	11.29%	13.53%
공공부문	15,990	96,213	112,204	공공부문	0.60%	3.63%	4.23%

IPCC. (2006). 2006 IPCC Guidelines for National Greenhouse Gas Inventories, Prepared by the National Greenhouse Gas Inventories Programme. IGES (Institute for Global Environmental Strategies).

KECO(한국환경공단). (2021). 제3차 계획기간 배출량 산정계획서 작성 가이드라인. 환경부.

KEEI. (2023). 2021년 기준 시군구 에너지통계. 에너지경제연구원(KEEI).

2021년 기초지자체 최종에너지 사용 기준 온실가스 배출량 (11)

2021년 충청남도 기초지자체 부문별 온실가스 배출량(tCO$_2$-eq) 및 비율

기초지자체	직접배출량	간접배출량	합계	부문별 비율	직접배출량	간접배출량	합계
충남 계룡시	98,613	125,458	224,072	합계	44.01%	55.99%	100.00%
산업부문	29,620	15,089	44,710	산업부문	13.22%	6.73%	19.95%
수송부문	573	282	855	수송부문	0.26%	0.13%	0.38%
가정부문	51,994	29,111	81,104	가정부문	23.20%	12.99%	36.20%
상업부문	16,116	32,721	48,836	상업부문	7.19%	14.60%	21.80%
공공부문	310	48,256	48,566	공공부문	0.14%	21.54%	21.67%
충남 공주시	1,011,367	552,476	1,563,843	합계	64.67%	35.33%	100.00%
산업부문	490,531	259,455	749,986	산업부문	31.37%	16.59%	47.96%
수송부문	26,981	907	27,888	수송부문	1.73%	0.06%	1.78%
가정부문	436,216	67,371	503,587	가정부문	27.89%	4.31%	32.20%
상업부문	52,936	186,329	239,265	상업부문	3.39%	11.91%	15.30%
공공부문	4,703	38,415	43,118	공공부문	0.30%	2.46%	2.76%
충남 금산군	440,501	437,929	878,430	합계	50.15%	49.85%	100.00%
산업부문	252,244	316,938	569,182	산업부문	28.72%	36.08%	64.80%
수송부문	38,848	331	39,180	수송부문	4.42%	0.04%	4.46%
가정부문	119,188	29,092	148,280	가정부문	13.57%	3.31%	16.88%
상업부문	24,659	75,805	100,463	상업부문	2.81%	8.63%	11.44%
공공부문	5,562	15,763	21,325	공공부문	0.63%	1.79%	2.43%
충남 논산시	802,851	660,581	1,463,433	합계	54.86%	45.14%	100.00%
산업부문	405,593	352,806	758,399	산업부문	27.72%	24.11%	51.82%
수송부문	36,911	801	37,712	수송부문	2.52%	0.05%	2.58%
가정부문	290,357	74,103	364,460	가정부문	19.84%	5.06%	24.90%
상업부문	64,199	172,328	236,526	상업부문	4.39%	11.78%	16.16%
공공부문	5,792	60,544	66,336	공공부문	0.40%	4.14%	4.53%
충남 당진시	1,823,012	3,193,398	5,016,409	합계	36.34%	63.66%	100.00%
산업부문	1,159,027	2,749,161	3,908,188	산업부문	23.10%	54.80%	77.91%
수송부문	85,885	1,703	87,588	수송부문	1.71%	0.03%	1.75%
가정부문	514,515	124,930	639,444	가정부문	10.26%	2.49%	12.75%
상업부문	48,827	275,090	323,917	상업부문	0.97%	5.48%	6.46%
공공부문	14,758	42,513	57,271	공공부문	0.29%	0.85%	1.14%
충남 보령시	582,205	615,858	1,198,063	합계	48.60%	51.40%	100.00%
산업부문	276,196	280,742	556,938	산업부문	23.05%	23.43%	46.49%
수송부문	50,533	441	50,974	수송부문	4.22%	0.04%	4.25%
가정부문	204,556	66,775	271,331	가정부문	17.07%	5.57%	22.65%
상업부문	39,464	232,253	271,716	상업부문	3.29%	19.39%	22.68%
공공부문	11,455	35,648	47,103	공공부문	0.96%	2.98%	3.93%
충남 부여군	406,881	310,492	717,373	합계	56.72%	43.28%	100.00%
산업부문	200,832	163,652	364,484	산업부문	28.00%	22.81%	50.81%
수송부문	54,476	352	54,828	수송부문	7.59%	0.05%	7.64%
가정부문	118,155	39,367	157,522	가정부문	16.47%	5.49%	21.96%
상업부문	30,865	85,170	116,035	상업부문	4.30%	11.87%	16.17%
공공부문	2,554	21,951	24,505	공공부문	0.36%	3.06%	3.42%
충남 서산시	73,404,606	4,168,227	77,572,832	합계	94.63%	5.37%	100.00%
산업부문	37,037,102	3,725,801	40,762,903	산업부문	47.74%	4.80%	52.55%
수송부문	35,536,661	1,027	35,537,689	수송부문	45.81%	0.00%	45.81%
가정부문	775,714	129,924	905,638	가정부문	1.00%	0.17%	1.17%
상업부문	45,483	262,186	307,669	상업부문	0.06%	0.34%	0.40%
공공부문	9,645	49,289	58,934	공공부문	0.01%	0.06%	0.08%
충남 서천군	384,422	542,880	927,301	합계	41.46%	58.54%	100.00%
산업부문	208,921	334,830	543,751	산업부문	22.53%	36.11%	58.64%
수송부문	47,461	281	47,741	수송부문	5.12%	0.03%	5.15%
가정부문	104,106	32,731	136,837	가정부문	11.23%	3.53%	14.76%
상업부문	22,511	164,075	186,586	상업부문	2.43%	17.69%	20.12%
공공부문	1,423	10,962	12,386	공공부문	0.15%	1.18%	1.34%
충남 아산시	2,194,295	6,483,485	8,677,780	합계	25.29%	74.71%	100.00%
산업부문	1,263,669	5,634,614	6,898,283	산업부문	14.56%	64.93%	79.49%
수송부문	156,538	2,209	158,748	수송부문	1.80%	0.03%	1.83%
가정부문	667,719	271,030	938,749	가정부문	7.69%	3.12%	10.82%
상업부문	83,183	478,614	561,796	상업부문	0.96%	5.52%	6.47%
공공부문	23,186	97,018	120,204	공공부문	0.27%	1.12%	1.39%
충남 예산군	555,978	603,318	1,159,296	합계	47.96%	52.04%	100.00%
산업부문	293,427	403,401	696,828	산업부문	25.31%	34.80%	60.11%
수송부문	28,489	609	29,098	수송부문	2.46%	0.05%	2.51%
가정부문	185,387	52,691	238,078	가정부문	15.99%	4.55%	20.54%
상업부문	42,246	125,011	167,257	상업부문	3.64%	10.78%	14.43%
공공부문	6,430	21,606	28,036	공공부문	0.55%	1.86%	2.42%
충남 천안시	3,168,940	3,802,007	6,970,947	합계	45.46%	54.54%	100.00%
산업부문	1,505,264	2,420,826	3,926,090	산업부문	21.59%	34.73%	56.32%
수송부문	168,646	3,237	171,883	수송부문	2.42%	0.05%	2.47%
가정부문	1,340,410	472,522	1,812,932	가정부문	19.23%	6.78%	26.01%
상업부문	138,168	761,455	899,624	상업부문	1.98%	10.92%	12.91%
공공부문	16,451	143,968	160,419	공공부문	0.24%	2.07%	2.30%
충남 청양군	132,329	165,966	298,294	합계	44.36%	55.64%	100.00%
산업부문	65,859	91,680	157,539	산업부문	22.08%	30.73%	52.81%
수송부문	16,430	79	16,510	수송부문	5.51%	0.03%	5.53%
가정부문	35,675	17,435	53,109	가정부문	11.96%	5.84%	17.80%
상업부문	13,581	46,598	60,179	상업부문	4.55%	15.62%	20.17%
공공부문	784	10,174	10,958	공공부문	0.26%	3.41%	3.67%
충남 태안군	366,056	365,099	731,155	합계	50.07%	49.93%	100.00%
산업부문	177,042	77,620	254,662	산업부문	24.21%	10.62%	34.83%
수송부문	34,494	305	34,799	수송부문	4.72%	0.04%	4.76%
가정부문	121,077	37,741	158,818	가정부문	16.56%	5.16%	21.72%
상업부문	26,725	231,000	257,725	상업부문	3.66%	31.59%	35.25%
공공부문	6,717	18,433	25,151	공공부문	0.92%	2.52%	3.44%
충남 홍성군	562,817	485,525	1,048,342	합계	53.69%	46.31%	100.00%
산업부문	279,445	224,660	504,105	산업부문	26.66%	21.43%	48.09%
수송부문	38,831	568	39,399	수송부문	3.70%	0.05%	3.76%
가정부문	201,087	86,017	287,104	가정부문	19.18%	8.21%	27.39%
상업부문	35,097	133,294	168,391	상업부문	3.35%	12.71%	16.06%
공공부문	8,356	40,986	49,343	공공부문	0.80%	3.91%	4.71%

IPCC. (2006). 2006 IPCC Guidelines for National Greenhouse Gas Inventories, Prepared by the National Greenhouse Gas Inventories Programme. IGES (Institute for Global Environmental Strategies).

KECO(한국환경공단). (2021). 제3차 계획기간 배출량 산정계획서 작성 가이드라인. 환경부.

KEEI. (2023). 2021년 기준 시군구 에너지통계. 에너지경제연구원(KEEI).

2021년 기초지자체 최종에너지 사용 기준 온실가스 배출량 (12)

2021년 전라북도 기초지자체 부문별 온실가스 배출량(tCO$_2$-eq) 및 비율

기초지자체	직접배출량	간접배출량	합계	부문별 비율	직접배출량	간접배출량	합계
전북 고창군	**363,681**	**307,511**	**671,192**	합계	**54.18%**	**45.82%**	**100.00%**
산업부문	175,001	168,510	343,511	산업부문	26.07%	25.11%	51.18%
수송부문	30,021	326	30,347	수송부문	4.47%	0.05%	4.52%
가정부문	126,972	32,357	159,329	가정부문	18.92%	4.82%	23.74%
상업부문	27,790	89,623	117,413	상업부문	4.14%	13.35%	17.49%
공공부문	3,897	16,695	20,592	공공부문	0.58%	2.49%	3.07%
전북 군산시	**2,271,989**	**2,767,518**	**5,039,506**	합계	**45.08%**	**54.92%**	**100.00%**
산업부문	1,287,779	2,156,077	3,443,856	산업부문	25.55%	42.78%	68.34%
수송부문	278,453	1,519	279,972	수송부문	5.53%	0.03%	5.56%
가정부문	628,687	186,860	815,548	가정부문	12.48%	3.71%	16.18%
상업부문	57,384	339,243	396,627	상업부문	1.14%	6.73%	7.87%
공공부문	19,685	83,818	103,503	공공부문	0.39%	1.66%	2.05%
전북 김제시	**597,463**	**518,739**	**1,116,202**	합계	**53.53%**	**46.47%**	**100.00%**
산업부문	311,692	332,315	644,006	산업부문	27.92%	29.77%	57.70%
수송부문	40,536	262	40,798	수송부문	3.63%	0.02%	3.66%
가정부문	200,289	48,065	248,354	가정부문	17.94%	4.31%	22.25%
상업부문	37,795	116,119	153,914	상업부문	3.39%	10.40%	13.79%
공공부문	7,150	21,979	29,129	공공부문	0.64%	1.97%	2.61%
전북 남원시	**431,460**	**299,487**	**730,946**	합계	**59.03%**	**40.97%**	**100.00%**
산업부문	204,896	120,296	325,192	산업부문	28.03%	16.46%	44.49%
수송부문	34,110	9,900	44,010	수송부문	4.67%	1.35%	6.02%
가정부문	145,995	48,790	194,785	가정부문	19.97%	6.67%	26.65%
상업부문	39,566	100,884	140,450	상업부문	5.41%	13.80%	19.21%
공공부문	6,893	19,617	26,509	공공부문	0.94%	2.68%	3.63%
전북 무주군	**131,061**	**99,590**	**230,651**	합계	**56.82%**	**43.18%**	**100.00%**
산업부문	64,452	22,170	86,622	산업부문	27.94%	9.61%	37.56%
수송부문	8,353	162	8,514	수송부문	3.62%	0.07%	3.69%
가정부문	42,580	14,072	56,652	가정부문	18.46%	6.10%	24.56%
상업부문	12,080	51,355	63,435	상업부문	5.24%	22.27%	27.50%
공공부문	3,597	11,831	15,428	공공부문	1.56%	5.13%	6.69%
전북 부안군	**293,946**	**229,732**	**523,678**	합계	**56.13%**	**43.87%**	**100.00%**
산업부문	149,518	90,306	239,824	산업부문	28.55%	17.24%	45.80%
수송부문	37,311	210	37,521	수송부문	7.12%	0.04%	7.16%
가정부문	79,745	30,213	109,958	가정부문	15.23%	5.77%	21.00%
상업부문	21,279	84,351	105,629	상업부문	4.06%	16.11%	20.17%
공공부문	6,093	24,653	30,746	공공부문	1.16%	4.71%	5.87%
전북 순창군	**166,314**	**127,165**	**293,479**	합계	**56.67%**	**43.33%**	**100.00%**
산업부문	86,528	65,480	152,008	산업부문	29.48%	22.31%	51.80%
수송부문	7,993	177	8,171	수송부문	2.72%	0.06%	2.78%
가정부문	59,158	14,818	73,976	가정부문	20.16%	5.05%	25.21%
상업부문	12,447	38,049	50,496	상업부문	4.24%	12.96%	17.21%
공공부문	188	8,641	8,828	공공부문	0.06%	2.94%	3.01%
전북 완주군	**874,066**	**823,061**	**1,697,127**	합계	**51.50%**	**48.50%**	**100.00%**
산업부문	528,186	542,059	1,070,245	산업부문	31.12%	31.94%	63.06%
수송부문	59,310	657	59,968	수송부문	3.49%	0.04%	3.53%
가정부문	247,121	55,309	302,430	가정부문	14.56%	3.26%	17.82%
상업부문	33,159	157,189	190,348	상업부문	1.95%	9.26%	11.22%
공공부문	6,290	67,847	74,137	공공부문	0.37%	4.00%	4.37%

기초지자체	직접배출량	간접배출량	합계	부문별 비율	직접배출량	간접배출량	합계
전북 익산시	**1,395,850**	**1,438,807**	**2,834,657**	합계	**49.24%**	**50.76%**	**100.00%**
산업부문	672,211	841,842	1,514,053	산업부문	23.71%	29.70%	53.41%
수송부문	81,475	941	82,416	수송부문	2.87%	0.03%	2.91%
가정부문	549,422	183,188	732,611	가정부문	19.38%	6.46%	25.84%
상업부문	76,736	309,224	385,960	상업부문	2.71%	10.91%	13.62%
공공부문	16,006	103,612	119,618	공공부문	0.56%	3.66%	4.22%
전북 임실군	**268,456**	**144,231**	**412,687**	합계	**65.05%**	**34.95%**	**100.00%**
산업부문	145,679	76,751	222,430	산업부문	35.30%	18.60%	53.90%
수송부문	7,764	229	7,993	수송부문	1.88%	0.06%	1.94%
가정부문	98,902	13,713	112,615	가정부문	23.97%	3.32%	27.29%
상업부문	14,550	40,460	55,009	상업부문	3.53%	9.80%	13.33%
공공부문	1,562	13,078	14,639	공공부문	0.38%	3.17%	3.55%
전북 장수군	**115,869**	**102,151**	**218,020**	합계	**53.15%**	**46.85%**	**100.00%**
산업부문	58,008	45,362	103,370	산업부문	26.61%	20.81%	47.41%
수송부문	12,819	128	12,947	수송부문	5.88%	0.06%	5.94%
가정부문	35,786	11,822	47,609	가정부문	16.41%	5.42%	21.84%
상업부문	8,819	31,723	40,542	상업부문	4.05%	14.55%	18.60%
공공부문	436	13,116	13,553	공공부문	0.20%	6.02%	6.22%
전북 전주시	**2,422,408**	**2,082,936**	**4,505,344**	합계	**53.77%**	**46.23%**	**100.00%**
산업부문	949,113	782,735	1,731,848	산업부문	21.07%	17.37%	38.44%
수송부문	100,253	2,581	102,833	수송부문	2.23%	0.06%	2.28%
가정부문	1,222,443	469,821	1,692,264	가정부문	27.13%	10.43%	37.56%
상업부문	127,447	697,547	824,993	상업부문	2.83%	15.48%	18.31%
공공부문	23,153	130,253	153,405	공공부문	0.51%	2.89%	3.40%
전북 정읍시	**562,517**	**830,875**	**1,393,392**	합계	**40.37%**	**59.63%**	**100.00%**
산업부문	284,624	562,601	847,225	산업부문	20.43%	40.38%	60.80%
수송부문	33,532	561	34,093	수송부문	2.41%	0.04%	2.45%
가정부문	198,051	67,701	265,752	가정부문	14.21%	4.86%	19.07%
상업부문	41,714	159,381	201,096	상업부문	2.99%	11.44%	14.43%
공공부문	4,596	40,630	45,226	공공부문	0.33%	2.92%	3.25%
전북 진안군	**144,212**	**99,490**	**243,701**	합계	**59.18%**	**40.82%**	**100.00%**
산업부문	71,154	35,715	106,869	산업부문	29.20%	14.66%	43.85%
수송부문	9,015	172	9,188	수송부문	3.70%	0.07%	3.77%
가정부문	46,518	12,640	59,158	가정부문	19.09%	5.19%	24.27%
상업부문	15,559	38,706	54,265	상업부문	6.38%	15.88%	22.27%
공공부문	1,965	12,256	14,221	공공부문	0.81%	5.03%	5.84%

IPCC. (2006). 2006 IPCC Guidelines for National Greenhouse Gas Inventories, Prepared by the National Greenhouse Gas Inventories Programme. IGES (Institute for Global Environmental Strategies).

KECO(한국환경공단). (2021). 제3차 계획기간 배출량 산정계획서 작성 가이드라인. 환경부.

KEEI. (2023). 2021년 기준 시군구 에너지통계. 에너지경제연구원(KEEI).

2021년 기초지자체 최종에너지 사용 기준 온실가스 배출량 (13)

2021년 전라남도 및 경상북도 기초지자체 부문별 온실가스 배출량(tCO₂-eq) 및 비율 (1)

기초지자체	직접배출량	간접배출량	합계	부문별 비율	직접배출량	간접배출량	합계
전남 강진군	174,248	184,601	358,849	합계	48.56%	51.44%	100.00%
산업부문	84,567	104,738	189,304	산업부문	23.57%	29.19%	52.75%
수송부문	10,092	108	10,200	수송부문	2.81%	0.03%	2.84%
가정부문	58,278	20,517	78,795	가정부문	16.24%	5.72%	21.96%
상업부문	18,670	43,910	62,580	상업부문	5.20%	12.24%	17.44%
공공부문	2,642	15,328	17,969	공공부문	0.74%	4.27%	5.01%
전남 고흥군	343,750	257,466	601,216	합계	57.18%	42.82%	100.00%
산업부문	169,552	119,650	289,202	산업부문	28.20%	19.90%	48.10%
수송부문	62,069	187	62,257	수송부문	10.32%	0.03%	10.36%
가정부문	82,235	38,886	121,121	가정부문	13.68%	6.47%	20.15%
상업부문	27,550	75,594	103,143	상업부문	4.58%	12.57%	17.16%
공공부문	2,344	23,149	25,493	공공부문	0.39%	3.85%	4.24%
전남 곡성군	232,055	192,823	424,878	합계	54.62%	45.38%	100.00%
산업부문	133,910	133,332	267,242	산업부문	31.52%	31.38%	62.90%
수송부문	6,318	162	6,480	수송부문	1.49%	0.04%	1.53%
가정부문	75,732	15,240	90,973	가정부문	17.82%	3.59%	21.41%
상업부문	15,330	35,326	50,657	상업부문	3.61%	8.31%	11.92%
공공부문	764	8,762	9,527	공공부문	0.18%	2.06%	2.24%
전남 광양시	4,173,969	1,899,655	6,073,624	합계	68.72%	31.28%	100.00%
산업부문	3,470,137	1,571,067	5,041,204	산업부문	57.13%	25.87%	83.00%
수송부문	55,575	1,008	56,583	수송부문	0.92%	0.02%	0.93%
가정부문	605,623	96,751	702,374	가정부문	9.97%	1.59%	11.56%
상업부문	36,318	176,892	213,210	상업부문	0.60%	2.91%	3.51%
공공부문	6,316	53,936	60,252	공공부문	0.10%	0.89%	0.99%
전남 구례군	107,134	82,345	189,479	합계	56.54%	43.46%	100.00%
산업부문	52,176	20,120	72,296	산업부문	27.54%	10.62%	38.16%
수송부문	8,425	124	8,549	수송부문	4.45%	0.07%	4.51%
가정부문	31,286	14,593	45,880	가정부문	16.51%	7.70%	24.21%
상업부문	11,645	40,253	51,897	상업부문	6.15%	21.24%	27.39%
공공부문	3,602	7,255	10,857	공공부문	1.90%	3.83%	5.73%
전남 나주시	657,046	659,964	1,317,010	합계	49.89%	50.11%	100.00%
산업부문	360,643	331,601	692,070	산업부문	27.37%	25.18%	52.55%
수송부문	56,984	1,430	58,414	수송부문	4.33%	0.11%	4.44%
가정부문	193,860	103,590	297,450	가정부문	14.72%	7.87%	22.59%
상업부문	40,381	180,916	221,296	상업부문	3.07%	13.74%	16.80%
공공부문	5,352	42,428	47,779	공공부문	0.41%	3.22%	3.63%
전남 담양군	266,526	248,255	514,782	합계	51.77%	48.23%	100.00%
산업부문	143,008	132,428	275,436	산업부문	27.78%	25.73%	53.51%
수송부문	19,026	306	19,332	수송부문	3.70%	0.06%	3.76%
가정부문	82,403	23,141	105,544	가정부문	16.01%	4.50%	20.50%
상업부문	19,594	75,795	95,389	상업부문	3.81%	14.72%	18.53%
공공부문	2,494	16,586	19,081	공공부문	0.48%	3.22%	3.71%
전남 목포시	898,226	487,809	1,386,035	합계	64.81%	35.19%	100.00%
산업부문	378,233	33,437	411,670	산업부문	27.29%	2.41%	29.70%
수송부문	58,444	600	59,044	수송부문	4.22%	0.04%	4.26%
가정부문	403,843	158,337	562,180	가정부문	29.14%	11.42%	40.56%
상업부문	54,411	249,906	304,317	상업부문	3.93%	18.03%	21.96%
공공부문	3,296	45,529	48,825	공공부문	0.24%	3.28%	3.52%

기초지자체	직접배출량	간접배출량	합계	부문별 비율	직접배출량	간접배출량	합계
전남 무안군	357,030	330,381	687,410	합계	51.94%	48.06%	100.00%
산업부문	165,143	103,380	268,523	산업부문	24.02%	15.04%	39.06%
수송부문	23,386	1,173	24,559	수송부문	3.40%	0.17%	3.57%
가정부문	137,144	62,730	199,873	가정부문	19.95%	9.13%	29.08%
상업부문	29,775	127,204	156,979	상업부문	4.33%	18.50%	22.84%
공공부문	1,583	35,893	37,476	공공부문	0.23%	5.22%	5.45%
전남 보성군	271,679	145,566	417,245	합계	65.11%	34.89%	100.00%
산업부문	134,867	56,264	191,130	산업부문	32.32%	13.48%	45.81%
수송부문	27,335	177	27,512	수송부문	6.55%	0.04%	6.59%
가정부문	83,628	23,754	107,381	가정부문	20.04%	5.69%	25.74%
상업부문	22,523	53,791	76,313	상업부문	5.40%	12.89%	18.29%
공공부문	3,327	11,581	14,908	공공부문	0.80%	2.78%	3.57%
전남 순천시	1,490,291	984,517	2,474,809	합계	60.22%	39.78%	100.00%
산업부문	799,951	407,850	1,207,802	산업부문	32.32%	16.48%	48.80%
수송부문	98,352	2,038	100,391	수송부문	3.97%	0.08%	4.06%
가정부문	512,417	190,543	702,960	가정부문	20.71%	7.70%	28.40%
상업부문	69,832	289,345	359,177	상업부문	2.82%	11.69%	14.51%
공공부문	9,739	94,740	104,479	공공부문	0.39%	3.83%	4.22%
전남 신안군	141,777	148,917	290,694	합계	48.77%	51.23%	100.00%
산업부문	71,958	60,243	132,201	산업부문	24.75%	20.72%	45.48%
수송부문	17,063	45	17,108	수송부문	5.87%	0.02%	5.89%
가정부문	36,876	17,417	54,293	가정부문	12.69%	5.99%	18.68%
상업부문	15,804	61,939	77,744	상업부문	5.44%	21.31%	26.74%
공공부문	75	9,273	9,349	공공부문	0.03%	3.19%	3.22%
전남 여수시	89,647,349	6,887,597	96,534,946	합계	92.87%	7.13%	100.00%
산업부문	45,053,441	6,086,311	51,139,752	산업부문	46.87%	6.30%	52.98%
수송부문	42,342,437	1,081	42,343,519	수송부문	43.86%	0.00%	43.86%
가정부문	2,174,050	188,203	2,362,253	가정부문	2.25%	0.19%	2.45%
상업부문	70,497	528,641	599,138	상업부문	0.07%	0.55%	0.62%
공공부문	6,924	83,361	90,285	공공부문	0.01%	0.09%	0.09%
전남 영광군	223,352	392,844	616,197	합계	36.25%	63.75%	100.00%
산업부문	107,196	112,548	219,744	산업부문	17.40%	18.26%	35.66%
수송부문	28,157	643	28,800	수송부문	4.57%	0.10%	4.67%
가정부문	65,933	31,409	97,342	가정부문	10.70%	5.10%	15.80%
상업부문	19,586	79,910	99,495	상업부문	3.18%	12.97%	16.15%
공공부문	2,480	168,335	170,815	공공부문	0.40%	27.32%	27.72%
전남 영암군	630,336	570,011	1,200,347	합계	52.51%	47.49%	100.00%
산업부문	337,310	431,831	769,140	산업부문	28.10%	35.98%	64.08%
수송부문	66,222	200	66,422	수송부문	5.52%	0.02%	5.53%
가정부문	194,452	34,835	229,287	가정부문	16.20%	2.90%	19.10%
상업부문	27,369	78,447	105,816	상업부문	2.28%	6.54%	8.82%
공공부문	4,984	24,698	29,682	공공부문	0.42%	2.06%	2.47%
전남 완도군	274,730	509,061	783,791	합계	35.05%	64.95%	100.00%
산업부문	137,759	374,749	512,508	산업부문	17.58%	47.81%	65.39%
수송부문	91,312	113	91,425	수송부문	11.65%	0.01%	11.66%
가정부문	31,246	29,231	60,477	가정부문	3.99%	3.73%	7.72%
상업부문	13,249	91,548	104,796	상업부문	1.69%	11.68%	13.37%
공공부문	1,164	13,420	14,584	공공부문	0.15%	1.71%	1.86%

IPCC. (2006). 2006 IPCC Guidelines for National Greenhouse Gas Inventories, Prepared by the National Greenhouse Gas Inventories Programme. IGES (Institute for Global Environmental Strategies).

KECO(한국환경공단). (2021). 제3차 계획기간 배출량 산정계획서 작성 가이드라인. 환경부.

KEEI. (2023). 2021년 기준 시군구 에너지통계. 에너지경제연구원(KEEI).

2021년 기초지자체 최종에너지 사용 기준 온실가스 배출량 (14)

2021년 전라남도 및 경상북도 기초지자체 부문별 온실가스 배출량(tCO₂-eq) 및 비율 (2)

기초지자체	직접배출량	간접배출량	합계	부문별 비율	직접배출량	간접배출량	합계
전남 장성군	**406,879**	**303,883**	**710,762**	합계	57.25%	42.75%	100.00%
산업부문	208,138	187,012	395,150	산업부문	29.28%	26.31%	55.60%
수송부문	34,882	240	35,121	수송부문	4.91%	0.03%	4.94%
가정부문	146,865	23,551	170,416	가정부문	20.66%	3.31%	23.98%
상업부문	15,182	64,103	79,285	상업부문	2.14%	9.02%	11.15%
공공부문	1,813	28,977	30,790	공공부문	0.26%	4.08%	4.33%
전남 장흥군	**205,649**	**172,237**	**377,886**	합계	54.42%	45.58%	100.00%
산업부문	101,807	77,733	179,540	산업부문	26.94%	20.57%	47.51%
수송부문	22,646	139	22,785	수송부문	5.99%	0.04%	6.03%
가정부문	61,557	21,960	83,518	가정부문	16.29%	5.81%	22.10%
상업부문	18,967	56,004	74,971	상업부문	5.02%	14.82%	19.84%
공공부문	671	16,401	17,073	공공부문	0.18%	4.34%	4.52%
전남 진도군	**181,039**	**165,141**	**346,180**	합계	52.30%	47.70%	100.00%
산업부문	91,051	83,737	174,787	산업부문	26.30%	24.19%	50.49%
수송부문	40,792	57	40,849	수송부문	11.78%	0.02%	11.80%
가정부문	33,798	18,970	52,768	가정부문	9.76%	5.48%	15.24%
상업부문	14,753	54,020	68,772	상업부문	4.26%	15.60%	19.87%
공공부문	645	8,358	9,003	공공부문	0.19%	2.41%	2.60%
전남 함평군	**341,444**	**190,711**	**532,155**	합계	64.16%	35.84%	100.00%
산업부문	176,105	111,143	287,248	산업부문	33.09%	20.89%	53.98%
수송부문	16,868	273	17,141	수송부문	3.17%	0.05%	3.22%
가정부문	122,995	16,414	139,409	가정부문	23.11%	3.08%	26.20%
상업부문	21,545	51,674	73,219	상업부문	4.05%	9.71%	13.76%
공공부문	3,932	11,207	15,139	공공부문	0.74%	2.11%	2.84%
전남 해남군	**386,411**	**351,617**	**738,028**	합계	52.36%	47.64%	100.00%
산업부문	189,078	157,538	346,616	산업부문	25.62%	21.35%	46.97%
수송부문	32,678	200	32,878	수송부문	4.43%	0.03%	4.45%
가정부문	128,187	39,758	167,945	가정부문	17.37%	5.39%	22.76%
상업부문	34,637	134,539	169,176	상업부문	4.69%	18.23%	22.92%
공공부문	1,832	19,581	21,413	공공부문	0.25%	2.65%	2.90%
전남 화순군	**349,835**	**247,886**	**597,721**	합계	58.53%	41.47%	100.00%
산업부문	163,509	113,449	276,958	산업부문	27.36%	18.98%	46.34%
수송부문	19,992	203	20,195	수송부문	3.34%	0.03%	3.38%
가정부문	139,581	37,027	176,608	가정부문	23.35%	6.19%	29.55%
상업부문	25,624	80,941	106,565	상업부문	4.29%	13.54%	17.83%
공공부문	1,129	16,266	17,395	공공부문	0.19%	2.72%	2.91%

기초지자체	직접배출량	간접배출량	합계	부문별 비율	직접배출량	간접배출량	합계
경북 경산시	**1,375,008**	**1,260,065**	**2,635,073**	합계	52.18%	47.82%	100.00%
산업부문	627,606	728,950	1,356,557	산업부문	23.82%	27.66%	51.48%
수송부문	89,035	4,607	93,643	수송부문	3.38%	0.17%	3.55%
가정부문	585,019	187,444	772,463	가정부문	22.20%	7.11%	29.31%
상업부문	56,584	258,877	315,461	상업부문	2.15%	9.82%	11.97%
공공부문	16,763	80,186	96,950	공공부문	0.64%	3.04%	3.68%
경북 경주시	**1,757,968**	**1,861,325**	**3,619,292**	합계	48.57%	51.43%	100.00%
산업부문	862,289	917,410	1,779,699	산업부문	23.82%	25.35%	49.17%
수송부문	68,123	7,132	75,255	수송부문	1.88%	0.20%	2.08%
가정부문	713,131	177,218	890,348	가정부문	19.70%	4.90%	24.60%
상업부문	99,075	681,001	780,076	상업부문	2.74%	18.82%	21.55%
공공부문	15,350	78,563	93,914	공공부문	0.42%	2.17%	2.59%
경북 고령군	**205,608**	**609,228**	**814,836**	합계	25.23%	74.77%	100.00%
산업부문	100,231	526,807	627,038	산업부문	12.30%	64.65%	76.95%
수송부문	20,637	244	20,882	수송부문	2.53%	0.03%	2.56%
가정부문	69,337	16,997	86,334	가정부문	8.51%	2.09%	10.60%
상업부문	10,475	52,312	62,787	상업부문	1.29%	6.42%	7.71%
공공부문	4,927	12,867	17,794	공공부문	0.60%	1.58%	2.18%
경북 구미시	**2,120,668**	**4,501,387**	**6,622,055**	합계	32.02%	67.98%	100.00%
산업부문	1,195,186	3,642,818	4,838,004	산업부문	18.05%	55.01%	73.06%
수송부문	60,719	1,750	62,469	수송부문	0.92%	0.03%	0.94%
가정부문	774,932	275,203	1,050,135	가정부문	11.70%	4.16%	15.86%
상업부문	77,381	498,038	575,419	상업부문	1.17%	7.52%	8.69%
공공부문	12,449	83,579	96,028	공공부문	0.19%	1.26%	1.45%
경북 군위군	**414,024**	**153,615**	**567,639**	합계	72.94%	27.06%	100.00%
산업부문	209,767	93,534	303,301	산업부문	36.95%	16.48%	53.43%
수송부문	17,191	360	17,551	수송부문	3.03%	0.06%	3.09%
가정부문	162,843	11,568	174,411	가정부문	28.69%	2.04%	30.73%
상업부문	16,709	38,019	54,728	상업부문	2.94%	6.70%	9.64%
공공부문	7,513	10,134	17,647	공공부문	1.32%	1.79%	3.11%
경북 김천시	**922,543**	**1,104,311**	**2,026,855**	합계	45.52%	54.48%	100.00%
산업부문	492,397	737,392	1,229,789	산업부문	24.29%	36.38%	60.67%
수송부문	38,326	619	38,945	수송부문	1.89%	0.03%	1.92%
가정부문	327,877	88,837	416,714	가정부문	16.18%	4.38%	20.56%
상업부문	57,308	186,054	243,362	상업부문	2.83%	9.18%	12.01%
공공부문	6,635	91,409	98,044	공공부문	0.33%	4.51%	4.84%
경북 문경시	**473,545**	**276,895**	**750,440**	합계	63.10%	36.90%	100.00%
산업부문	230,433	103,094	333,528	산업부문	30.71%	13.74%	44.44%
수송부문	20,765	528	21,293	수송부문	2.77%	0.07%	2.84%
가정부문	187,868	42,449	230,317	가정부문	25.03%	5.66%	30.69%
상업부문	29,501	104,964	134,465	상업부문	3.93%	13.99%	17.92%
공공부문	4,978	25,860	30,838	공공부문	0.66%	3.45%	4.11%
경북 봉화군	**192,073**	**858,430**	**1,050,502**	합계	18.28%	81.72%	100.00%
산업부문	94,948	778,711	873,659	산업부문	9.04%	74.13%	83.17%
수송부문	23,931	4,080	28,011	수송부문	2.28%	0.39%	2.67%
가정부문	53,285	17,361	70,646	가정부문	5.07%	1.65%	6.72%
상업부문	16,976	47,531	64,507	상업부문	1.62%	4.52%	6.14%
공공부문	2,933	10,747	13,679	공공부문	0.28%	1.02%	1.30%

IPCC. (2006). 2006 IPCC Guidelines for National Greenhouse Gas Inventories, Prepared by the National Greenhouse Gas Inventories Programme. IGES (Institute for Global Environmental Strategies).

KECO(한국환경공단). (2021). 제3차 계획기간 배출량 산정계획서 작성 가이드라인. 환경부.

KEEI. (2023). 2021년 기준 시군구 에너지통계. 에너지경제연구원(KEEI).

2021년 기초지자체 최종에너지 사용 기준 온실가스 배출량 (15)

2021년 전라남도 및 경상북도 기초지자체 부문별 온실가스 배출량(tCO₂-eq) 및 비율 (3)

기초지자체	직접배출량	간접배출량	합계	부문별 비율	직접배출량	간접배출량	합계
경북 상주시	596,808	361,510	958,318	합계	62.28%	37.72%	100.00%
산업부문	295,149	143,066	438,215	산업부문	30.80%	14.93%	45.73%
수송부문	41,644	718	42,362	수송부문	4.35%	0.07%	4.42%
가정부문	209,576	57,627	267,203	가정부문	21.87%	6.01%	27.88%
상업부문	41,894	132,723	174,617	상업부문	4.37%	13.85%	18.22%
공공부문	8,546	27,376	35,921	공공부문	0.89%	2.86%	3.75%
경북 성주군	476,842	494,819	971,661	합계	49.07%	50.93%	100.00%
산업부문	241,036	400,015	641,051	산업부문	24.81%	41.17%	65.97%
수송부문	15,573	519	16,092	수송부문	1.60%	0.05%	1.66%
가정부문	200,494	21,737	222,231	가정부문	20.63%	2.24%	22.87%
상업부문	14,623	59,551	74,174	상업부문	1.50%	6.13%	7.63%
공공부문	5,117	12,996	18,113	공공부문	0.53%	1.34%	1.86%
경북 안동시	822,035	541,383	1,363,418	합계	60.29%	39.71%	100.00%
산업부문	382,231	142,722	524,954	산업부문	28.03%	10.47%	38.50%
수송부문	15,864	815	16,679	수송부문	1.16%	0.06%	1.22%
가정부문	334,283	102,595	436,878	가정부문	24.52%	7.52%	32.04%
상업부문	81,965	211,719	293,685	상업부문	6.01%	15.53%	21.54%
공공부문	7,692	83,530	91,222	공공부문	0.56%	6.13%	6.69%
경북 영덕군	252,771	137,593	390,363	합계	64.75%	35.25%	100.00%
산업부문	123,933	32,218	156,151	산업부문	31.75%	8.25%	40.00%
수송부문	24,620	266	24,886	수송부문	6.31%	0.07%	6.38%
가정부문	86,823	20,321	107,144	가정부문	22.24%	5.21%	27.45%
상업부문	16,047	71,838	87,885	상업부문	4.11%	18.40%	22.51%
공공부문	1,348	12,949	14,297	공공부문	0.35%	3.32%	3.66%
경북 영양군	75,311	53,803	129,115	합계	58.33%	41.67%	100.00%
산업부문	37,672	11,596	49,268	산업부문	29.18%	8.98%	38.16%
수송부문	11,939	46	11,986	수송부문	9.25%	0.04%	9.28%
가정부문	15,235	9,410	24,645	가정부문	11.80%	7.29%	19.09%
상업부문	9,010	24,090	33,100	상업부문	6.98%	18.66%	25.64%
공공부문	1,455	8,662	10,117	공공부문	1.13%	6.71%	7.84%
경북 영주시	631,704	773,122	1,404,825	합계	44.97%	55.03%	100.00%
산업부문	384,493	543,146	927,640	산업부문	27.37%	38.66%	66.03%
수송부문	18,204	2,557	20,761	수송부문	1.30%	0.18%	1.48%
가정부문	177,154	64,678	241,832	가정부문	12.61%	4.60%	17.21%
상업부문	42,292	132,460	174,751	상업부문	3.01%	9.43%	12.44%
공공부문	9,560	30,281	39,842	공공부문	0.68%	2.16%	2.84%
경북 영천시	820,044	724,758	1,544,802	합계	53.08%	46.92%	100.00%
산업부문	433,043	494,918	927,961	산업부문	28.03%	32.04%	60.07%
수송부문	37,350	659	38,009	수송부문	2.42%	0.04%	2.46%
가정부문	290,309	60,801	351,109	가정부문	18.79%	3.94%	22.73%
상업부문	45,075	137,613	182,688	상업부문	2.92%	8.91%	11.83%
공공부문	14,267	30,767	45,034	공공부문	0.92%	1.99%	2.92%
경북 예천군	215,521	178,782	394,303	합계	54.66%	45.34%	100.00%
산업부문	98,736	52,179	150,915	산업부문	25.04%	13.23%	38.27%
수송부문	14,102	268	14,371	수송부문	3.58%	0.07%	3.64%
가정부문	78,992	38,797	117,789	가정부문	20.03%	9.84%	29.87%
상업부문	21,498	67,587	89,085	상업부문	5.45%	17.14%	22.59%
공공부문	2,193	19,950	22,143	공공부문	0.56%	5.06%	5.62%

기초지자체	직접배출량	간접배출량	합계	부문별 비율	직접배출량	간접배출량	합계
경북 울릉군	28,268	31,207	59,475	합계	47.53%	52.47%	100.00%
산업부문	14,828	3,676	18,504	산업부문	24.93%	6.18%	31.11%
수송부문	1,173	162	1,335	수송부문	1.97%	0.27%	2.24%
가정부문	8,037	4,380	12,417	가정부문	13.51%	7.36%	20.88%
상업부문	3,348	17,970	21,318	상업부문	5.63%	30.22%	35.84%
공공부문	882	5,019	5,900	공공부문	1.48%	8.44%	9.92%
경북 울진군	245,339	326,074	571,412	합계	42.94%	57.06%	100.00%
산업부문	121,215	27,972	149,187	산업부문	21.21%	4.90%	26.11%
수송부문	25,938	246	26,184	수송부문	4.54%	0.04%	4.58%
가정부문	78,457	34,696	113,152	가정부문	13.73%	6.07%	19.80%
상업부문	14,671	247,212	261,883	상업부문	2.57%	43.26%	45.83%
공공부문	5,057	15,949	21,006	공공부문	0.89%	2.79%	3.68%
경북 의성군	320,225	204,733	524,958	합계	61.00%	39.00%	100.00%
산업부문	158,347	89,813	248,160	산업부문	30.16%	17.11%	47.27%
수송부문	24,429	293	24,722	수송부문	4.65%	0.06%	4.71%
가정부문	111,931	28,944	140,874	가정부문	21.32%	5.51%	26.84%
상업부문	22,498	70,559	93,057	상업부문	4.29%	13.44%	17.73%
공공부문	3,020	15,124	18,145	공공부문	0.58%	2.88%	3.46%
경북 청도군	282,825	226,089	508,914	합계	55.57%	44.43%	100.00%
산업부문	139,147	126,879	266,026	산업부문	27.34%	24.93%	52.27%
수송부문	10,141	1,295	11,436	수송부문	1.99%	0.25%	2.25%
가정부문	112,288	24,128	136,416	가정부문	22.06%	4.74%	26.81%
상업부문	18,397	62,556	80,953	상업부문	3.61%	12.29%	15.91%
공공부문	2,852	11,230	14,082	공공부문	0.56%	2.21%	2.77%
경북 청송군	152,089	93,571	245,661	합계	61.91%	38.09%	100.00%
산업부문	76,275	20,957	97,233	산업부문	31.05%	8.53%	39.58%
수송부문	6,600	144	6,744	수송부문	2.69%	0.06%	2.75%
가정부문	51,008	14,425	65,434	가정부문	20.76%	5.87%	26.64%
상업부문	16,783	44,784	61,566	상업부문	6.83%	18.23%	25.06%
공공부문	1,423	13,261	14,684	공공부문	0.58%	5.40%	5.98%
경북 칠곡군	1,471,981	928,134	2,400,115	합계	61.33%	38.67%	100.00%
산업부문	719,273	622,440	1,341,713	산업부문	29.97%	25.93%	55.90%
수송부문	176,813	1,137	177,950	수송부문	7.37%	0.05%	7.41%
가정부문	524,640	72,643	597,283	가정부문	21.86%	3.03%	24.89%
상업부문	40,168	176,029	216,197	상업부문	1.67%	7.33%	9.01%
공공부문	11,087	55,885	66,972	공공부문	0.46%	2.33%	2.79%
경북 포항시	4,153,135	4,656,680	8,809,815	합계	47.14%	52.86%	100.00%
산업부문	2,931,374	3,583,088	6,514,462	산업부문	33.27%	40.67%	73.95%
수송부문	129,784	5,224	135,008	수송부문	1.47%	0.06%	1.53%
가정부문	955,495	345,798	1,301,293	가정부문	10.85%	3.93%	14.77%
상업부문	125,787	508,842	634,629	상업부문	1.43%	5.78%	7.20%
공공부문	10,695	213,728	224,423	공공부문	0.12%	2.43%	2.55%

IPCC. (2006). 2006 IPCC Guidelines for National Greenhouse Gas Inventories, Prepared by the National Greenhouse Gas Inventories Programme. IGES (Institute for Global Environmental Strategies).

KECO(한국환경공단). (2021). 제3차 계획기간 배출량 산정계획서 작성 가이드라인. 환경부.

KEEI. (2023). 2021년 기준 시군구 에너지통계. 에너지경제연구원(KEEI).

2021년 기초지자체 최종에너지 사용 기준 온실가스 배출량 (16)

2021년 경상남도 기초지자체 부문별 온실가스 배출량(tCO$_2$-eq) 및 비율

기초지자체	직접배출량	간접배출량	합계	부문별 비율	직접배출량	간접배출량	합계
경남 거제시	1,013,634	927,567	1,941,201	합계	52.22%	47.78%	100.00%
산업부문	474,894	467,617	942,511	산업부문	24.46%	24.09%	48.55%
수송부문	103,167	606	103,773	수송부문	5.31%	0.03%	5.35%
가정부문	368,417	172,318	540,735	가정부문	18.98%	8.88%	27.86%
상업부문	45,003	252,674	297,677	상업부문	2.32%	13.02%	15.33%
공공부문	22,154	34,352	56,505	공공부문	1.14%	1.77%	2.91%
경남 거창군	302,648	217,520	520,168	합계	58.18%	41.82%	100.00%
산업부문	141,701	87,743	229,444	산업부문	27.24%	16.87%	44.11%
수송부문	21,757	243	22,000	수송부문	4.18%	0.05%	4.23%
가정부문	115,174	36,684	151,858	가정부문	22.14%	7.05%	29.19%
상업부문	22,294	73,729	96,023	상업부문	4.29%	14.17%	18.46%
공공부문	1,721	19,121	20,843	공공부문	0.33%	3.68%	4.01%
경남 고성군	310,747	395,321	706,068	합계	44.01%	55.99%	100.00%
산업부문	152,974	154,036	307,010	산업부문	21.67%	21.82%	43.48%
수송부문	25,444	215	25,659	수송부문	3.60%	0.03%	3.63%
가정부문	110,181	31,017	141,198	가정부문	15.60%	4.39%	20.00%
상업부문	19,091	196,602	215,693	상업부문	2.70%	27.84%	30.55%
공공부문	3,057	13,452	16,509	공공부문	0.43%	1.91%	2.34%
경남 김해시	2,664,867	2,551,535	5,216,402	합계	51.09%	48.91%	100.00%
산업부문	1,243,269	1,464,052	2,707,321	산업부문	23.83%	28.07%	51.90%
수송부문	152,133	4,810	156,943	수송부문	2.92%	0.09%	3.01%
가정부문	1,129,998	415,168	1,545,166	가정부문	21.66%	7.96%	29.62%
상업부문	107,460	530,361	637,821	상업부문	2.06%	10.17%	12.23%
공공부문	32,007	137,145	169,151	공공부문	0.61%	2.63%	3.24%
경남 남해군	119,841	127,910	247,751	합계	48.37%	51.63%	100.00%
산업부문	60,807	28,733	89,541	산업부문	24.54%	11.60%	36.14%
수송부문	7,066	185	7,251	수송부문	2.85%	0.07%	2.93%
가정부문	33,127	23,311	56,438	가정부문	13.37%	9.41%	22.78%
상업부문	14,998	62,512	77,510	상업부문	6.05%	25.23%	31.29%
공공부문	3,842	13,169	17,011	공공부문	1.55%	5.32%	6.87%
경남 밀양시	524,972	600,014	1,124,986	합계	46.66%	53.34%	100.00%
산업부문	253,818	361,333	615,151	산업부문	22.56%	32.12%	54.68%
수송부문	50,158	11,589	61,747	수송부문	4.46%	1.03%	5.49%
가정부문	166,393	66,026	232,419	가정부문	14.79%	5.87%	20.66%
상업부문	48,855	133,553	182,408	상업부문	4.34%	11.87%	16.21%
공공부문	5,748	27,512	33,260	공공부문	0.51%	2.45%	2.96%
경남 사천시	672,183	648,275	1,320,458	합계	50.91%	49.09%	100.00%
산업부문	339,718	405,107	744,825	산업부문	25.73%	30.68%	56.41%
수송부문	24,515	365	24,879	수송부문	1.86%	0.03%	1.88%
가정부문	263,771	71,952	335,723	가정부문	19.98%	5.45%	25.42%
상업부문	38,183	125,857	164,040	상업부문	2.89%	9.53%	12.42%
공공부문	5,997	44,993	50,990	공공부문	0.45%	3.41%	3.86%
경남 산청군	314,821	165,529	480,350	합계	65.54%	34.46%	100.00%
산업부문	157,602	83,815	241,417	산업부문	32.81%	17.45%	50.26%
수송부문	21,717	249	21,966	수송부문	4.52%	0.05%	4.57%
가정부문	114,552	18,472	133,024	가정부문	23.85%	3.85%	27.69%
상업부문	18,339	50,012	68,352	상업부문	3.82%	10.41%	14.23%
공공부문	2,610	12,981	15,591	공공부문	0.54%	2.70%	3.25%
경남 양산시	2,442,938	1,830,596	4,273,534	합계	57.16%	42.84%	100.00%
산업부문	1,240,511	992,534	2,233,045	산업부문	29.03%	23.23%	52.25%
수송부문	509,026	55,496	564,522	수송부문	11.91%	1.30%	13.21%
가정부문	626,763	315,347	942,109	가정부문	14.67%	7.38%	22.05%
상업부문	52,290	345,811	398,101	상업부문	1.22%	8.09%	9.32%
공공부문	14,349	121,407	135,757	공공부문	0.34%	2.84%	3.18%

기초지자체	직접배출량	간접배출량	합계	부문별 비율	직접배출량	간접배출량	합계
경남 의령군	111,065	186,978	298,043	합계	37.26%	62.74%	100.00%
산업부문	53,775	127,061	180,836	산업부문	18.04%	42.63%	60.67%
수송부문	16,837	94	16,931	수송부문	5.65%	0.03%	5.68%
가정부문	28,865	14,998	43,863	가정부문	9.68%	5.03%	14.72%
상업부문	10,039	34,878	44,916	상업부문	3.37%	11.70%	15.07%
공공부문	1,550	9,947	11,497	공공부문	0.52%	3.34%	3.86%
경남 진주시	1,307,656	1,262,903	2,570,559	합계	50.87%	49.13%	100.00%
산업부문	575,862	556,105	1,131,966	산업부문	22.40%	21.63%	44.04%
수송부문	71,292	1,738	73,030	수송부문	2.77%	0.07%	2.84%
가정부문	542,146	241,305	783,451	가정부문	21.09%	9.39%	30.48%
상업부문	103,367	359,237	462,604	상업부문	4.02%	13.98%	18.00%
공공부문	14,989	104,519	119,508	공공부문	0.58%	4.07%	4.65%
경남 창녕군	603,267	482,285	1,085,552	합계	55.57%	44.43%	100.00%
산업부문	333,399	332,673	666,073	산업부문	30.71%	30.65%	61.36%
수송부문	31,898	281	32,179	수송부문	2.94%	0.03%	2.96%
가정부문	198,987	36,044	235,031	가정부문	18.33%	3.32%	21.65%
상업부문	29,844	96,085	125,929	상업부문	2.75%	8.85%	11.60%
공공부문	9,138	17,202	26,340	공공부문	0.84%	1.58%	2.43%
경남 창원시	3,988,916	4,880,820	8,869,736	합계	44.97%	55.03%	100.00%
산업부문	1,938,950	2,882,903	4,821,862	산업부문	21.86%	32.50%	54.36%
수송부문	208,757	11,323	220,081	수송부문	2.35%	0.13%	2.48%
가정부문	1,611,798	695,443	2,307,242	가정부문	18.17%	7.84%	26.01%
상업부문	197,441	1,027,297	1,224,738	상업부문	2.23%	11.58%	13.81%
공공부문	31,961	263,854	295,815	공공부문	0.36%	2.97%	3.34%
경남 통영시	733,922	437,946	1,171,868	합계	62.63%	37.37%	100.00%
산업부문	339,417	79,872	419,289	산업부문	28.96%	6.82%	35.78%
수송부문	39,863	322	40,185	수송부문	3.40%	0.03%	3.43%
가정부문	315,350	86,910	402,260	가정부문	26.91%	7.42%	34.33%
상업부문	28,848	247,135	275,983	상업부문	2.46%	21.09%	23.55%
공공부문	10,444	23,707	34,151	공공부문	0.89%	2.02%	2.91%
경남 하동군	263,082	184,640	447,722	합계	58.76%	41.24%	100.00%
산업부문	129,513	66,561	196,074	산업부문	28.93%	14.87%	43.79%
수송부문	24,173	741	24,914	수송부문	5.40%	0.17%	5.56%
가정부문	88,176	23,103	111,279	가정부문	19.69%	5.16%	24.85%
상업부문	18,602	84,284	102,886	상업부문	4.15%	18.83%	22.98%
공공부문	2,617	9,950	12,567	공공부문	0.58%	2.22%	2.81%
경남 함안군	748,264	1,314,254	2,062,518	합계	36.28%	63.72%	100.00%
산업부문	407,681	1,143,042	1,550,723	산업부문	19.77%	55.42%	75.19%
수송부문	40,665	340	41,005	수송부문	1.97%	0.02%	1.99%
가정부문	260,995	39,146	300,141	가정부문	12.65%	1.90%	14.55%
상업부문	20,800	85,629	106,429	상업부문	1.01%	4.15%	5.16%
공공부문	18,124	46,097	64,220	공공부문	0.88%	2.23%	3.11%
경남 함양군	233,358	133,859	367,217	합계	63.55%	36.45%	100.00%
산업부문	113,759	46,223	159,982	산업부문	30.98%	12.59%	43.57%
수송부문	16,558	427	16,985	수송부문	4.51%	0.12%	4.63%
가정부문	82,651	22,836	105,486	가정부문	22.51%	6.22%	28.73%
상업부문	18,064	53,045	71,109	상업부문	4.92%	14.45%	19.36%
공공부문	2,326	11,329	13,655	공공부문	0.63%	3.08%	3.72%
경남 합천군	191,392	192,842	384,234	합계	49.81%	50.19%	100.00%
산업부문	95,734	87,723	183,457	산업부문	24.92%	22.83%	47.75%
수송부문	18,332	179	18,511	수송부문	4.77%	0.05%	4.82%
가정부문	55,214	23,908	79,122	가정부문	14.37%	6.22%	20.59%
상업부문	21,032	66,476	87,507	상업부문	5.47%	17.30%	22.77%
공공부문	1,080	14,556	15,636	공공부문	0.28%	3.79%	4.07%

IPCC. (2006). 2006 IPCC Guidelines for National Greenhouse Gas Inventories, Prepared by the National Greenhouse Gas Inventories Programme. IGES (Institute for Global Environmental Strategies).

KECO(한국환경공단). (2021). 제3차 계획기간 배출량 산정계획서 작성 가이드라인. 환경부.

KEEI. (2023). 2021년 기준 시군구 에너지통계. 에너지경제연구원(KEEI).

58 기초지자체의 2022년 주민 일인당 재생에너지 생산량 순위

- 2022년 우리나라 인구 일인당 최종에너지 소비량은 174,778MJ이었습니다. 229개 기초지자체 중 이것보다 많이 재생에너지를 생산한 기초지자체는 단 세 곳(경북 영양군, 전북 군산시, 전남 신안군)입니다.

- 2022년 우리나라 인구 일인당 전력소비량은 10,689kWh이었습니다. 이것보다 많이 재생에너지 전력을 생산한 기초지자체는 11곳(경북 영양군, 전남 신안군, 전북 군산시, 전남 영광군, 강원 화천군, 전북 장수군, 전남 해남군, 전남 영암군, 강원 평창군, 전북 진안군, 충남 당진시)에 불과합니다.

- 2022년 기준으로 전국 평균 일인당 재생에너지 생산량은 약 11,545MJ로 소비량의 7%에 미치지 못하고, 전국 평균 1인당 재생에너지 발전량은 약 983kWh로 소비량의 9% 남짓 수준입니다. 재생에너지 외의 에너지는 원료를 모두 수입해서 공급합니다. 우리나라의 에너지안보를 위해서 재생에너지 보급 확대가 필수적입니다.

에너지경제연구원. (2023). 에너지통계월보, 2023년 12월.
한국전력공사. (2023). 전력통계월보, 2023년 12월.

기초지자체의 2022년 주민 1인당 재생에너지 생산량 순위 (1)

광역	기초	일인당 생산량(MJ)	순위	일인당 발전량(kWh)	순위
서울		1,096		41	
서울	종로구	1,048	197	50	180
서울	중구	1,130	192	26	220
서울	용산구	548	227	14	229
서울	성동구	762	214	39	193
서울	광진구	685	220	37	194
서울	동대문구	629	223	29	208
서울	중랑구	629	222	30	204
서울	성북구	614	224	27	218
서울	강북구	541	228	26	219
서울	도봉구	689	219	28	211
서울	노원구	1,669	174	71	167
서울	은평구	695	218	30	206
서울	서대문구	647	221	29	209
서울	마포구	2,996	154	51	179
서울	양천구	1,372	181	27	215
서울	강서구	1,460	178	95	160
서울	구로구	752	216	29	210
서울	금천구	875	207	36	196
서울	영등포구	825	212	27	216
서울	동작구	526	229	19	226
서울	관악구	556	226	29	207
서울	서초구	872	208	27	214
서울	강남구	3,378	151	93	161
서울	송파구	933	203	31	202
서울	강동구	781	213	45	187
부산		2,102		110	
부산	중구	1,361	182	36	197
부산	서구	844	211	39	192
부산	동구	1,113	193	58	175
부산	영도구	1,156	191	69	170
부산	부산진구	606	225	18	227
부산	동래구	954	202	28	212
부산	남구	1,598	176	49	182
부산	북구	725	217	30	205
부산	해운대구	1,043	199	28	213
부산	사하구	3,307	152	89	162
부산	금정구	1,245	186	82	165
부산	강서구	19,365	101	1,397	101
부산	연제구	880	205	24	224
부산	수영구	896	204	25	223

광역	기초	일인당 생산량(MJ)	순위	일인당 발전량(kWh)	순위
부산	사상구	1,050	196	47	184
부산	기장군	2,852	158	211	144
대구		3,127		118	
대구	중구	1,111	194	22	225
대구	동구	1,677	173	85	163
대구	서구	1,240	187	53	177
대구	남구	859	210	45	186
대구	북구	1,678	172	69	169
대구	수성구	868	209	34	201
대구	달서구	5,433	139	119	157
대구	달성군	9,055	122	470	128
인천		4,269		192	
인천	중구	6,404	133	349	134
인천	동구	877	206	35	198
인천	미추홀구	7,724	128	62	171
인천	연수구	2,959	157	59	174
인천	남동구	1,833	170	62	172
인천	부평구	759	215	16	228
인천	계양구	1,175	190	30	203
인천	서구	7,213	129	477	127
인천	강화군	9,152	120	753	117
인천	옹진군	42,704	55	4,406	48
광주		3,350		284	
광주	동구	2,132	166	170	150
광주	서구	2,180	165	143	154
광주	남구	1,913	169	134	156
광주	북구	2,250	162	166	151
광주	광산구	6,321	134	611	121
대전		2,791		97	
대전	동구	1,316	184	70	168
대전	중구	1,045	198	51	178
대전	서구	1,030	200	53	176
대전	유성구	4,097	145	140	155
대전	대덕구	8,923	123	211	143
울산		16,341		425	
울산	중구	1,377	180	50	181
울산	남구	20,391	100	291	139
울산	동구	1,222	189	43	189
울산	북구	2,223	164	162	152
울산	울주군	49,121	47	1,488	99
세종		9,057		342	

광역	기초	일인당 생산량(MJ)	순위	일인당 발전량(kWh)	순위
세종	세종	9,057	121	342	135
경기		4,507		276	
경기	수원시	1,481	177	40	190
경기	성남시	2,242	163	34	199
경기	의정부시	1,350	183	40	191
경기	안양시	1,238	188	25	222
경기	부천시	1,078	195	25	221
경기	광명시	1,728	171	37	195
경기	평택시	8,918	124	657	120
경기	동두천시	17,404	104	223	142
경기	안산시	11,758	113	772	115
경기	고양시	1,612	175	61	173
경기	과천시	2,015	168	34	200
경기	구리시	3,482	150	47	185
경기	남양주시	5,576	136	521	125
경기	오산시	3,299	153	74	166
경기	시흥시	4,486	143	106	159
경기	군포시	1,387	179	27	217
경기	의왕시	996	201	43	188
경기	하남시	1,272	185	49	183
경기	용인시	2,991	155	85	164
경기	파주시	3,924	149	229	141
경기	이천시	10,354	117	845	114
경기	안성시	10,074	118	927	113
경기	김포시	2,413	161	172	149
경기	화성시	3,980	148	305	137
경기	광주시	2,610	160	155	153
경기	양주시	5,838	135	209	146
경기	포천시	26,165	82	1,643	96
경기	여주시	22,194	95	2,243	90
경기	연천군	47,589	49	4,226	50
경기	가평군	57,586	36	5,883	32
경기	양평군	7,942	126	502	126
강원		45,704		4,051	
강원	춘천시	32,484	72	3,494	64
강원	원주시	6,555	131	554	122
강원	강릉시	94,929	16	8,875	17
강원	동해시	57,257	37	3,041	72
강원	태백시	95,080	15	10,454	13
강원	속초시	2,984	156	203	147
강원	삼척시	62,155	29	3,482	66

단위 설명: MJ = 10^6 Joule

신·재생에너지센터. (2023). 2022년 신·재생에너지 보급통계. 한국에너지공단.

통계청. (2023). 인구동향조사: 시군구/성/연령(1세)별 주민등록연앙인구. KOSIS.

기초지자체의 2022년 주민 1인당 재생에너지 생산량 순위 (2)

행정구역		재생에너지 생산		재생에너지 발전	
광역	기초	일인당 생산량(MJ)	순위	일인당 발전량(kWh)	순위
강원	홍천군	29,073	79	2,652	79
강원	횡성군	39,227	60	3,900	55
강원	영월군	111,357	13	3,862	57
강원	평창군	124,125	7	12,598	9
강원	정선군	49,541	46	4,856	44
강원	철원군	51,750	43	5,191	38
강원	화천군	132,034	5	13,969	5
강원	양구군	54,274	38	5,217	37
강원	인제군	52,926	41	4,543	47
강원	고성군	59,433	34	6,102	30
강원	양양군	17,000	105	1,328	103
충북		21,255		1,621	
충북	충주시	40,816	57	4,359	49
충북	제천시	21,405	98	1,021	111
충북	청주시	9,964	119	542	124
충북	보은군	53,005	40	5,393	35
충북	옥천군	33,216	71	3,356	70
충북	영동군	29,501	78	2,777	76
충북	진천군	21,441	97	1,712	95
충북	괴산군	46,223	53	4,009	54
충북	음성군	22,416	93	1,954	94
충북	단양군	118,711	10	3,491	65
충북	증평군	11,282	116	1,102	109
충남		32,493		3,108	
충남	천안시	4,754	141	297	138
충남	공주시	24,521	87	2,331	86
충남	보령시	35,007	70	3,621	62
충남	아산시	13,239	109	760	116
충남	서산시	80,179	23	7,954	21
충남	논산시	35,808	68	3,676	60
충남	계룡시	2,039	167	112	158
충남	당진시	121,261	9	12,213	11
충남	금산군	46,340	52	4,796	45
충남	부여군	51,299	44	5,106	40
충남	서천군	45,545	54	4,656	46
충남	청양군	30,787	76	2,806	75
충남	홍성군	23,171	91	2,313	87
충남	예산군	24,460	88	2,232	91
충남	태안군	60,518	31	6,358	28
전북		59,439		5,797	
전북	전주시	8,158	125	681	118

행정구역		재생에너지 생산		재생에너지 발전	
광역	기초	일인당 생산량(MJ)	순위	일인당 발전량(kWh)	순위
전북	군산시	187,937	2	18,500	3
전북	익산시	35,765	69	2,826	73
전북	정읍시	65,406	27	6,797	25
전북	남원시	72,170	24	7,504	22
전북	김제시	83,224	21	8,661	20
전북	완주군	36,297	66	3,531	63
전북	진안군	118,223	11	12,271	10
전북	무주군	30,444	77	2,496	82
전북	장수군	130,624	6	13,474	6
전북	임실군	101,936	14	10,612	12
전북	순창군	38,445	62	3,454	67
전북	고창군	90,465	17	9,700	14
전북	부안군	60,641	30	6,397	27
전남		38,935		3,950	
전남	목포시	4,379	144	402	132
전남	여수시	17,777	103	1,153	107
전남	순천시	14,075	107	1,445	100
전남	나주시	36,568	65	3,800	58
전남	광양시	13,222	110	1,335	102
전남	담양군	21,255	99	1,586	98
전남	곡성군	31,747	75	3,292	71
전남	구례군	11,324	115	967	112
전남	고흥군	70,866	25	7,391	23
전남	보성군	53,405	39	5,593	33
전남	화순군	40,585	59	4,038	53
전남	장흥군	49,668	45	5,161	39
전남	강진군	88,235	18	8,827	18
전남	해남군	123,231	9	13,303	7
전남	영암군	118,211	12	12,993	8
전남	무안군	47,294	50	4,880	42
전남	함평군	41,302	56	4,180	52
전남	영광군	133,170	4	14,534	4
전남	장성군	38,312	63	3,892	56
전남	완도군	39,227	61	3,405	68
전남	진도군	48,466	48	4,945	41
전남	신안군	186,761	3	20,343	2
경북		20,610		2,029	
경북	포항시	4,494	142	362	133
경북	경주시	12,771	111	1,246	105
경북	김천시	25,267	86	2,276	88
경북	안동시	26,881	81	2,715	77

행정구역		재생에너지 생산		재생에너지 발전	
광역	기초	일인당 생산량(MJ)	순위	일인당 발전량(kWh)	순위
경북	구미시	7,854	127	679	119
경북	영주시	25,720	85	2,681	78
경북	영천시	22,377	94	2,154	92
경북	상주시	52,773	42	5,544	34
경북	문경시	24,308	89	2,381	84
경북	경산시	6,511	132	554	123
경북	군위군	86,513	19	9,233	15
경북	의성군	68,956	26	7,372	24
경북	청송군	37,313	64	3,766	59
경북	영양군	364,924	1	40,308	1
경북	영덕군	62,623	28	6,722	26
경북	청도군	13,370	108	1,124	108
경북	고령군	18,263	102	1,606	97
경북	성주군	25,850	84	2,481	83
경북	칠곡군	16,286	106	1,260	104
경북	예천군	40,745	58	4,205	51
경북	봉화군	59,491	33	6,080	31
경북	울진군	25,985	83	2,528	81
경북	울릉군	6,682	130	320	136
경남		9,887		864	
경남	진주시	5,564	137	420	130
경남	통영시	5,441	138	441	129
경남	사천시	11,778	112	1,174	106
경남	김해시	4,023	147	269	140
경남	밀양시	11,744	114	1,035	110
경남	거제시	2,777	159	192	148
경남	양산시	5,319	140	409	131
경남	창원시	4,069	146	210	145
경남	의령군	59,087	35	5,392	36
경남	함안군	31,749	74	2,647	80
경남	창녕군	22,099	96	2,123	93
경남	고성군	47,089	51	4,867	43
경남	남해군	23,616	90	2,343	85
경남	하동군	60,349	32	6,351	29
경남	산청군	36,113	67	3,628	61
경남	함양군	22,817	92	2,257	89
경남	거창군	32,309	73	3,393	69
경남	합천군	84,563	20	9,183	16
제주도		42,217		4,447	
제주도	제주시	27,174	80	2,825	74
제주도	서귀포시	82,278	22	8,776	19

단위 설명: MJ = 10^6 Joule

신·재생에너지센터. (2023). 2022년 신·재생에너지 보급통계. 한국에너지공단.

통계청. (2023). 인구동향조사: 시군구/성/연령(1세)별 주민등록연앙인구. KOSIS.

59 재생에너지 전력 판매수입을 생산지 주민에게 배분한다면?

● 국제에너지기구 통계 기준으로 2022년 우리나라의 순발전량 중 재생에너지 전력의 비율은 8.95%로 OECD에서 꼴찌였습니다. 만약 우리나라의 재생에너지 순발전량 비율이 OECD 평균 수준(32.81%)으로 상승한다면 어떻게 될까요? 재생에너지 전력 판매수입을 생산지 주민에게 배분한다면, 국민 1인당 약 41만 5,000원, 가구당 90만 원의 연소득을 기대할 수 있습니다. 제주도민은 1인당 513만 5,000원, 가구당 1,119만 원의 소득이 발생합니다. 태양광 발전에 주로 의존하는 전남도민도 1인당 171만 9,000원, 가구당 344만 원 정도의 수입이 지역 내 재생에너지를 통해 발생할 수 있습니다.

● 참고: '한국전력과의 전력수급계약(Power Purchasing Agreement, PPA) 거래금액'이 '전력거래소(KPX)와의 전력거래정산금'과 같은 비율로 시도별로 나뉜다고 가정.

IEA. (2023). Monthly Electricity Statistics: Data up to December 2022. International Energy Agency.

재생에너지 전력 판매수입을 생산지 주민에게 배분한다면?

● 재생에너지는 주로 생산지에서 원료를 공급받습니다. (바이오매스와 같이 수입이 상당 부분을 차지하는 에너지원은 약간 애매할 수 있습니다만) 재생에너지가 생산지의 원료를 사용하므로, 재생에너지 전력 판매수입을 지역 주민에게 배분한다면, 주민소득(일인당, 가구당)이 얼마나 되는지 계산해 봤습니다. 2022년 기준으로, 대한민국 국적 주민 1인당 11만 3,115원, 가구당 24만 5,447원의 소득이 예상됩니다. 단, 지역별로 편차가 있습니다.

지역	2022년 전력거래정산금 + PPA 거래금액(원/yr)		재생에너지 발전원별 소득 기여율							
	한국인 주민 일인당	한국인 주민 가구당	태양광	바이오매스	수력	바이오중유	풍력	해양에너지	바이오가스	매립가스
전국	113,115	245,447	39.32%	22.44%	12.39%	11.73%	11.04%	1.35%	1.09%	0.64%
제주	1,400,033	3,049,397	13.85%	0.22%	0.07%	71.88%	13.86%	0.00%	0.07%	0.05%
강원	597,262	1,214,712	20.04%	31.69%	26.33%	0	18.79%	0.00%	3.15%	0.00%
전북	485,098	1,003,018	32.67%	57.17%	4.51%	0	3.51%	0.00%	2.15%	0.00%
전남	468,740	938,655	85.87%	0.00%	1.20%	0	12.83%	0.00%	0.03%	0.06%
충남	349,047	727,156	36.73%	61.82%	1.30%	0	0.05%	0.00%	0.09%	0.00%
충북	174,938	361,518	36.64%	0.00%	62.96%	0	0.00%	0.00%	0.37%	0.03%
경북	169,331	342,180	51.50%	0.00%	10.52%	0	37.74%	0.00%	0.24%	0.00%
경남	68,736	148,648	65.27%	4.44%	18.86%	0	10.88%	0.00%	0.55%	0.00%
세종	28,214	67,902	80.38%	19.62%	0.00%	0	0.00%	0.00%	0.00%	0.00%
경기	27,273	62,673	26.09%	12.37%	39.53%	0	0.22%	21.13%	0.66%	0.00%
인천	23,737	53,255	22.70%	8.15%	7.49%	0	10.18%	0.00%	2.64%	48.83%
광주	15,803	34,666	92.47%	0	5.05%	0	0.00%	0.00%	0.00%	2.47%
울산	12,045	27,520	99.13%	0	0.57%	0	0.31%	0.00%	0.00%	0.00%
부산	9,346	19,930	93.59%	0	0.00%	0	0	0.00%	2.58%	3.83%
대구	8,904	19,653	81.85%	0	13.36%	0	0	0.00%	4.79%	0.00%
대전	3,104	6,665	100.00%	0	0	0.00%	0	0.00%	0.00%	0.00%
서울	1,124	2,383	51.32%	0	0	0.00%	0	0.00%	48.68%	0.00%

통계청. (2023). 시도별 주민등록 인구현황. KOSIS.
KEPCO. (2023). 2022년 12월 전력통계월보. 한국전력공사.
KPX. (2023). 2022년도 전력시장통계. 전력거래소.

60

파리협정의 전 지구 이행점검(GST) 결과와 반성

- 코로나바이러스감염증-19 팬데믹은 2023년까지 700만여 명의 목숨을 앗아갔습니다. 역사상 유례가 몇 번 없는 비극입니다만, 팬데믹은 2020년에 온실가스 배출량 감소로 인류가 2050년까지 탄소중립으로 가는 경로의 실마리를 찾을 기회를 주었습니다. 그러나 파리협정에 따른 첫 번째 전 지구 이행점검(Global Stocktake, GSK)과 파리협정 이행규칙(일명 'Paris Rulebook')에 따른 2022년 온실가스 배출량 추산치를 보면, 우리는 더 푸른 재건(Build Back Greener)이나 더 나은 재건(Build Back Better)이라는 팬데믹 당시의 구호를 실현하는 데 어려움을 겪고 있음을 확인합니다.

- 그러나 우리나라를 포함하는 G20 지도자들은 GST 기술대화 종합보고서가 발표된 다음 날인 2023년 9월 9일에 2030년까지 전 세계 재생에너지 설비용량을 지금의 3배로 증가하도록 노력을 추구하고 장려하는 데 합의했습니다. 이를 위해서는 매년 4천억 달러 이상 투자해서, 2030년 재생에너지 설비용량이 적어도 11TW가 되어야 합니다. 11TW는 2023년 9월 13일 현재 우리나라 전체 발전설비용량(143.5GW)의 약 77배, 우리나라 재생에너지 발전설비(27.3GW)의 약 405배에 해당합니다. 엄청난 숫자 같지만, G20이 합의했고, 그 근거를 제시한 국제재생에너지기구의 보고서도 7년 안에 달성할 수 있는 목표라고 확인해줍니다. 파리협정의 지구온난화 억제 목표가 점점 멀어지고 있지만, 포기하지 않고 지금 우리가 할 일을 하다가 불확실성 속에 보이지 않았던 또 다른 가능성을 발견할 수 있으면 좋겠습니다.

G20. (2023). G20 New Delhi Leaders' Declaration. New Delhi, India, September 9–10, 2023.
IRENA. (2023, September 11). G20 Leaders Endorse IRENA Recommendations for Global Renewable Energy Adoption. Press Releases.
KPX. (2023). 2023년 9월 13일 적용 발전설비 용량변경. EPSIS(전력통계정보시스템).
WHO. (2023). WHO Coronavirus (COVID-19) Dashboard.

파리협정의 전 지구 이행점검(GST) 결과와 반성 (1)

- 2015년 전 지구가 합의하고 2016년 공식 발효된 파리협정(Paris Agreement)에 따라, 2023년 말까지 전 세계의 기후변화 대응 현황을 확인하는 **전 지구 이행점검(Global Stocktake, GST)**을 실시했습니다. 2023년 11~12월에 두바이에서 열린 제5차 파리협정 당사국회의(CMA5; 유엔기후변화협약 당사국총회 COP28의 일부)에 '제1차 전 지구 이행점검 기술대화 종합보고서'가 제출되었습니다.

- 전 지구 평균 표면온도 상승을 산업화 이전 수준보다 **1.5°C 이내에서 억제하는 목표**(2030년까지 2019년 배출량보다 43% 감축해야 함; 달성 가능성 50% 기준)와 GST 결과를 비교해 보겠습니다. 개발도상국이 선진국의 도움을 전제로 추가 온실가스 감축을 약속한 **조건부 국가결정기여(NDCs)가 모두 실현되어도 2030년 기준으로 감축량이 203억 이산화상당량톤 모자랍니다. 조건부 추가 감축량 없이는 2030년 감축량이 239억 톤 모자랍니다.**

- 지구온난화를 **2°C 이내에서 억제하는 목표**(2030년까지 2019년 배출량보다 21% 감축해야 함; 달성 가능성 67% 기준)와 GST 결과를 비교해 보겠습니다. 조건부 NDCs(국가결정기여)가 모두 실현될 때는 2030년 기준으로 감축량이 125억 이산화상당량톤 부족합니다. 조건부 추가 감축량 없이는 2030년 감축량이 160억 톤 부족합니다.

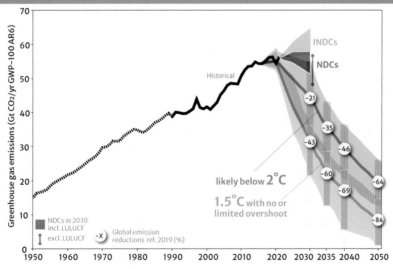

**전 세계 온실가스 배출량 추이(~2020년) 및 NDCs 기준 2030년 예상 배출량(십억 tCO₂-eq/yr);
+ IPCC의 6차 평가보고서의 기후변화 완화를 위한 배출량 감축 비율(%)**

SBSTA, & SBI. (2023). Technical dialogue of the first global stocktake: Synthesis report by the co-facilitators on the technical dialogue. (FCCC/SB/2023/9). United Nations Climate Change.

파리협정의 전 지구 이행점검(GST) 결과와 반성 (2)

- IPCC는 전 지구가 2019년을 시점으로 온실가스 배출량을 감축하는 것을 전제로 2030년까지 43%(CO$_2$는 48%) 감축하고 2050년까지 84%(CO$_2$는 99%) 감축하면 파리협정의 지구온난화 억제 목표를 달성할 수 있다고 예측했습니다. 그런데 2019년 이후의 변화는 기대대로 일어나지 않았습니다. 2020년 코로나바이러스감염증-19 팬데믹으로 전 지구가 온실가스 배출량이 상당히 감소했지만, 그 효과는 오래 가지 않았습니다.
- 2023년 9월 8일, 유럽연합 공동연구센터(JRC)가 2022년 전 지구 온실가스 배출량 보고서를 공개했습니다. 이 보고서는 전 지구 온실가스 배출량에 관한 주요 통계 중에서 아마도 처음으로 파리협정 이행규칙(격년투명성보고서[BTR] 제출기준인 IPCC AR5 지구온난화지수[GWP-100] 적용)을 따랐습니다. 그런데 2022년에 전 세계는 감축은커녕 2019년보다 온실가스를 2.3% 더 배출했습니다.

2022년 기준 온실가스 총배출량 상위 25개국의 배출량 변화(백만 tCO$_2$-eq/yr)

순위	국가/부문	1970	1980	1990	2000	2005	2010	2015	2016	2017	2018	2019	2020	2021	2022	[2022]-[2019] / [2019]
1	중국	2,143	2,989	4,074	5,426	8,432	11,565	13,480	13,447	13,710	14,297	14,606	14,880	15,633	15,685	7.4%
2	미국	5,750	5,998	6,164	7,188	7,102	6,686	6,289	6,167	6,111	6,288	6,153	5,616	5,923	6,017	-2.2%
3	인도	818	998	1,437	1,919	2,203	2,840	3,390	3,443	3,590	3,755	3,731	3,519	3,755	3,943	5.7%
	EU27	4,611	5,368	4,915	4,513	4,597	4,276	3,922	3,927	3,952	3,871	3,713	3,427	3,618	3,588	-3.4%
4	러시아	1,911	2,635	3,053	2,134	2,222	2,245	2,295	2,281	2,339	2,444	2,530	2,433	2,607	2,580	2.0%
5	브라질	365	592	696	935	1,067	1,178	1,308	1,285	1,298	1,275	1,281	1,278	1,343	1,310	2.3%
6	인도네시아	218	314	428	602	694	827	961	957	1,020	1,110	1,162	1,105	1,128	1,241	6.8%
7	일본	1,022	1,161	1,322	1,392	1,403	1,327	1,336	1,322	1,307	1,266	1,227	1,162	1,175	1,183	-3.6%
8	이란	213	188	333	526	684	807	857	905	938	951	916	902	937	952	3.9%
9	멕시코	218	384	466	634	708	769	790	799	803	781	791	739	765	820	3.7%
10	사우디아라비아	76	256	238	355	466	619	772	777	775	758	761	755	780	811	6.4%
11	독일	1,322	1,378	1,235	1,032	984	941	908	910	894	865	810	751	792	784	-3.2%
12	캐나다	464	578	582	710	745	726	765	759	773	788	775	711	733	757	-2.4%
	국제 해운	376	380	395	534	607	700	702	720	748	751	735	672	710	751	2.2%
13	대한민국	103	191	330	545	583	673	719	735	746	750	731	700	731	726	-0.8%
14	튀르키예	102	151	228	323	337	425	522	552	598	604	593	614	667	688	15.8%
15	호주	315	377	457	543	577	602	594	594	601	598	596	573	562	571	-4.1%
16	파키스탄	105	138	215	297	351	400	456	487	513	511	517	527	561	546	5.6%
17	남아프리카 공화국	244	321	412	457	555	588	590	590	603	606	611	551	548	535	-12.5%
18	베트남	94	99	112	175	240	309	358	380	386	442	494	499	497	489	-0.9%
19	태국	120	156	222	306	381	427	447	450	449	446	454	449	456	464	2.3%
20	프랑스(모나코 포함)	638	674	535	544	546	515	465	467	470	456	446	406	443	430	-3.6%
21	영국	880	821	786	701	682	595	505	485	471	464	447	408	426	427	-4.5%
	국제 항공	171	205	262	356	423	465	533	556	591	617	627	299	345	426	-32.1%
22	나이지리아	187	305	287	420	400	367	404	401	409	419	435	408	409	408	-6.2%
23	폴란드	487	661	515	413	412	418	390	400	414	411	392	374	407	401	2.2%
24	이탈리아(산마리노/바티칸 포함)	396	485	514	546	580	504	430	425	423	418	405	367	393	395	-2.6%
25	아르헨티나	223	257	263	304	345	346	375	376	379	378	374	359	378	383	2.5%
	전 지구 합계	24,498	29,642	33,268	36,992	42,318	46,992	50,134	50,343	51,195	52,398	52,557	50,632	53,057	53,786	2.3%

Crippa, M. et al. (2023). GHG emissions of all world countries. (JRC134504). Publications Office of the European Union.

파리협정의 전 지구 이행점검(GST) 결과와 반성 (3)

- 부문별로 보면, '수송'은 2022년에도 2019년보다 적게(–3.6%) 배출했습니다. 특히 국제 항공 부문은 배출량이 32% 감소했습니다. '연료 개발' 부문도 2019년과 별 차이가 없습니다(–0.1%).

- 그러나 전환(+4.1%), 산업용 연소(+5.3%), 산업 공정(+5.3%), 폐기물(+4.8%), 농업(+2.7%), 건물(+1.9%) 부문은 온실가스 배출이 확연한 증가세로 돌아섰습니다. 우리가 당연하게 생각했던 것들을 계속 추구할수록 우리의 미래와 건강이 파괴된다는 사실을 되새기고 생활양식과 경제·사회의 운용방식을 급속히 탈탄소화해야 하겠습니다.

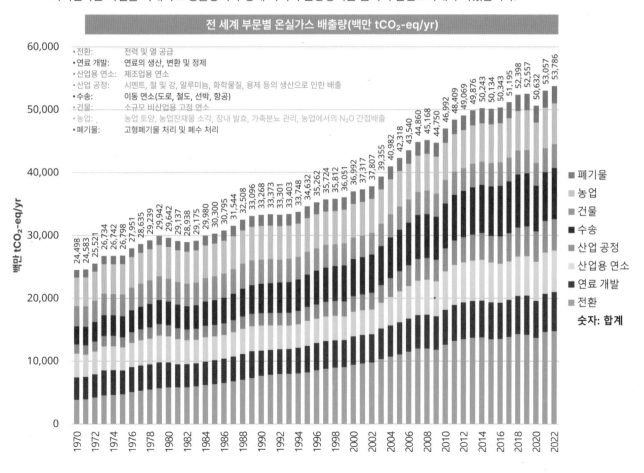

Crippa, M. et al. (2023). GHG emissions of all world countries. (JRC134504). Publications Office of the European Union.

파리협정의 전 지구 이행점검(GST) 결과와 반성 (4)

- 참고로, 우리나라의 온실가스 배출량은 2021년에 반등했었으나 2022년에는 다시 감소하여, 2019년보다는 여전히 적습니다. 부문별로 보면, 무엇보다도 전환(전력 및 열 공급) 부문이 2019년보다 7.7% 감소했습니다. 석탄화력발전 사용을 줄인 덕입니다. '연료 개발' 부문도 2.3% 감소했고, 산업용 연소도 0.3% 감소했습니다.

- 반면, 산업 공정(+12.4%), 폐기물(+19.2%), 건물(+7.6%), 농업(+6.4%) 부문 등은 2022년에도 2019년보다 온실가스 배출량이 상당히 증가하여, 감축 목표와 반대 방향으로 변했습니다. 특히 폐기물 배출량이 1/5 가까이 증가했다는 것은, 우리가 함부로 쓰고 버리는 생활에 익숙해지고 있는 것은 아닌지 고민하게 합니다.

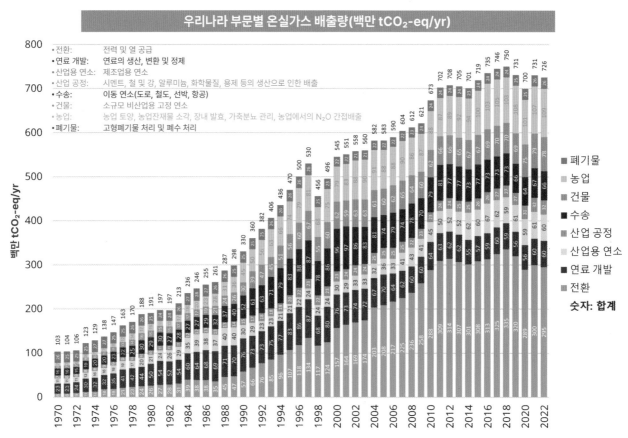

Crippa, M. et al. (2023). GHG emissions of all world countries. (JRC134504). Publications Office of the European Union.

61 화석연료와 자원 채굴로부터 생물다양성 지키기: 심해에 사는 '우산 문어'를 아시나요?

- 공해와 심해저로 구성되는 '국가관할권 이원지역 해양생물다양성(marine Biological diversity of ABNJ)'의 보전과 지속가능사용을 법적으로 규제하는 국제협약(BBNJ Agreement; 일명 'High Seas Treaty')이 2023년 3월 4일 타결되고 6월 19일에 공식 채택되었습니다. 그래서 지금까지 관심을 덜 받았던 심해저의 생물다양성에 대한 연구가 중요해졌습니다. BBNJ 협약이 60개국이 비준하고 120일 후에 실제로 발효되면 기대되는 효과 중 하나는 ABNJ에서 해양보호구역(Marine Protected Areas, MPAs)을 설치하고 지속가능한 보전을 위해 기존의 국제기구와 협력한다는 합의 조항입니다. MPAs의 국제법 명문화는 쿤밍-몬트리올 글로벌 생물다양성 프레임워크(Global Biodiversity Framework, GBF)의 한계를 보완해 줄 것으로 기대됩니다. 생물다양성협약(CBD) 회원국 만장일치로 2022년 말 타결된 쿤밍-몬트리얼 GBF는 육지와 해양의 30%를 보호구역으로 확보하겠다고 합의했지만, 법적인 구속력이 부족했기 때문입니다.

- 우리나라도 동해는 심해저가 있으며, 심해저를 조사하면 미기록 생물이 곧잘 발견됩니다. 여기서는 심해저 생물에 대한 관심을 불러일으키기 위해 심해 서식 문어의 한 과(family)를 소개하려고 합니다. 영어로는 '우산 문어'(umbrella octopus)로 불리는 우무문어과(Opisthoteuthidae)입니다. 종에 따라 해저 4,000m에서도 서식합니다. 아직 우리나라에서는 발견되지 않았지만 이미 동해에 살고 있을지도 모릅니다.

United Nations. (2023). Certified True Copy of the Agreement under the United Nations Convention on the Law of the Sea on the conservation and sustainable use of marine biological diversity of areas beyond national jurisdiction. https://treaties.un.org/doc/Publication/CTC/Ch_XXI_10.pdf
정찬욱. (2023, 5월 30일). 동해 심해서 해양생물 47종 발굴...4종은 국내 미기록종. 연합뉴스.

화석연료와 자원 채굴로부터 생물다양성 지키기

- 해양법에 관한 국제연합 협약(United Nations Convention on the Law of the Sea, UNCLOS)은 한 나라의 영유권은 기점(썰물 때의 해안선)으로부터 12해리(海里, nautical mile*; 22.224km)까지 인정하여 **영해**라고 부르며, 기점으로부터 200해리(370.4km)까지는 배타적 경제활동 권리를 인정해서 **배타적 경제 수역(Exclusive Economic Zone, EEZ)**이라고 부릅니다. 수면의 기준은 그렇게 끝납니다만, 해저지형은 기점에서 200해리를 넘어가도 대륙붕 경계가 끝나지 않는 경우가 많아서 '기점부터 350해리(648.2km)까지' 또는 '지형 깊이가 2,500m인 지점부터 100해리(185.2km)까지'를 그 나라의 확장 대륙붕으로 인정합니다(EEZ는 아님).
- 수면 기준으로 EEZ를 넘어서는 바다를 **공해(公海, High Seas)**라고 부르고, 해저지형 기준으로 확장 대륙붕을 넘어서는 해저를 **심해저(deep sea)**로 구분합니다. '해안선에서의 거리 기준으로 국가의 영향이 미치지 않는 공해'와 '해저지형 기준으로 국가의 영향이 미치지 않는 심해저'를 합해서 **국가관할권 이원지역(Areas Beyond National Jurisdiction, ABNJ)**이라고 부릅니다.

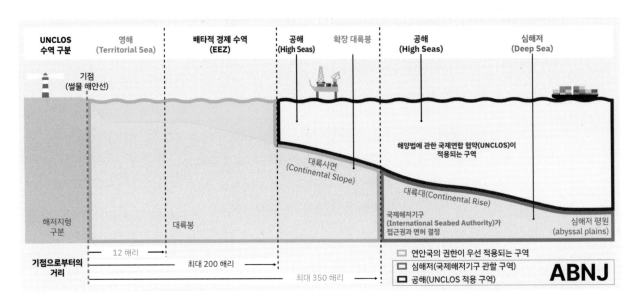

* 1해리(海里, nautical mile) = 1.852km
Wikimedia Commons. (2020). How the Lawyers Think—Maritime Zones and the International Law of the Sea.

화석연료와 자원 채굴로부터 생물다양성 지키기

● 국가관할권 이원지역 해양생물다양성(marine **B**iological diversity of **ABNJ**)의 보전과 지속가능사용을 법적으로 규제하는 국제협약(**BBNJ** Agreement)이 2023년 3월 4일 타결되었고, 6월 19일에 공식 채택되었습니다. BBNJ 협약이 적용되는 해양(공해 및 심해저를 합한 ABNJ)의 표면적은 전체의 60%에 달합니다(FAO & UNDP, 2023).

● 심해저는 압력이 너무 높아서 일부 선진국만 연구할 수 있었습니다. 그래서 어디에 어떤 생물이 사는지도 제대로 파악하지 못했습니다. 그러나 일부 심해저에서 유용한 자원(희토류, 비철금속, 가스 하이드레이트 등)이 발견되면서 심해저 채굴(deep seabed mining)이 전 세계에서 검토되고 있습니다. BBNJ 협약이 아직 발효되지도 않았는데, 수천 미터 해저 생물종의 미래가 불확실해지고 있습니다. 화석연료와 자원 채굴을 위해 미지의 심해저를 함부로 개발하는 일은 매우 위험합니다. 우리는 이미, 법적으로 심해저는 아니었지만 2010년 미국 멕시코만 해저 1,500m의 유정에 만든 딥워터 허라이즌(Deepwater Horizon) 굴착기의 폭발로 발생한 엄청난 기름 유출이 광범위한 해양생태계를 심각하게 파괴한 사고를 알고 있습니다.

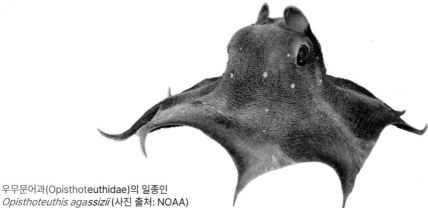

우무문어과(Opisthoteuthidae)의 일종인
Opisthoteuthis agassizii (사진 출처: NOAA)

FAO, & UNDP. (2023). Common Oceans Program. Global Environment Facility (GEF).

Miller, K. A., et al. (2018). An Overview of Seabed Mining Including the Current State of Development, Environmental Impacts, and Knowledge Gaps. Frontiers in Marine Science, 4, 418.

NOAA. (2020). Opisthoteuthis agassizii. 2019 Southeastern U.S. Deep-sea Exploration

심해에 사는 '우산 문어'를 아시나요?

- 심해저 생물에 대한 관심을 불러일으키기 위해 심해에 서식하는 우무문어과(Opisthoteuthidae) 문어를 소개합니다. 오리 물갈퀴 비슷하게 8개의 촉수 사이를 잇는 산막(web)이 매우 넓어서 쫙 펴면 '우산'처럼 보이는 것이 특징인 우무문어과의 심해 서식 문어들은 특히 귀엽기로 유명합니다. 그래서 디즈니 애니메이션 '니모를 찾아서'의 펄(Opisthoteuthis 속), 어린이 TV 만화영화 '바다탐험대 옥토넛'의 잉클링 교수님(Grimpoteuthis 속) 등 캐릭터로 이미 유명해진 문어들도 있습니다.

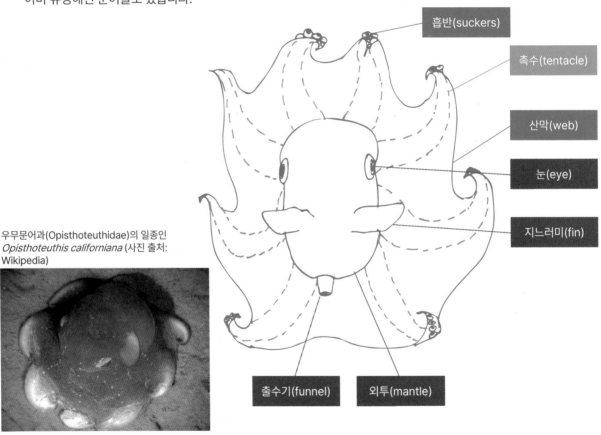

우무문어과(Opisthoteuthidae)의 일종인 *Opisthoteuthis californiana* (사진 출처: Wikipedia)

- 흡반(suckers)
- 촉수(tentacle)
- 산막(web)
- 눈(eye)
- 지느러미(fin)
- 출수기(funnel)
- 외투(mantle)

NOAA. (2020). Opisthoteuthis agassizii. 2019 Southeastern U.S. Deep-sea Exploration.
국립수산과학원. (2006). 세계 유용 두족류 도감(제2판). 해양수산부.
https://en.wikipedia.org/wiki/Umbrella_octopus

마이클 맨의 책, 『새로운 기후 전쟁』 요약

- 마이클 맨(Michael E. Mann)은 대기과학 분야에서 가장 많이 인용되는 학자 중 한 명으로 선정될 정도로 학문적으로 성과를 쌓고 있고, 웹사이트와 SNS를 통해 대중이 대기과학을 이해하는 데도 공헌하고 있습니다. 맨은 그러한 업적을 인정받아 2019년 타일러 환경공로상(Tyler Prize for Environmental Achievement)을 받았습니다.

- 이 책은 기후변화 대응을 무력화하려는 화석연료 산업과 그 이해관계자들의 전략을 분류해서 비전문가도 이해하기 쉽게 설명하고 그 대응책을 제시합니다. 저자는 오랜 세월 기후 전쟁의 전면에 있었지만(Tollefson, 2024), 감정에 휘둘리지 않고 정확한 사실을 제시하면서 독자를 설득합니다. 특히 기후변화 해결에 핵심이 될 정책이 5장에 나오고, 도움되지 않는 지엽적 해결책이 7장에서 자세히 논박됩니다.

- 마이클 맨은 자신의 SNS를 통해 대중들과 활발히 소통하면서 자신의 책에 항상 최신 과학과 최근 사례를 담습니다. 한 가지 아쉬운 점이라면, 3장의 조직적 왜곡 사례가 기후변화와 직접적으로 관련되어 있지 않고 특히 미국의 대중문화에 익숙하지 않으면 공감하기 어렵습니다.

마이클 맨 웹사이트(www.realclimate.org), SNS(twitter.com/MichaelEMann)

Tollefson, J. (2024). Climatologist Michael Mann wins defamation case: what it means for scientists. Nature, 626, 698–699.

마이클 맨의 책, 『새로운 기후 전쟁』

- 마이클 맨(Michael E. Mann)은 미국의 대기과학자로, 펜실베이니아 주립대학교 지구과학과와 지구·환경시스템 연구소에 재직 중입니다. 1999년 논문에서 지난 1,000년 동안의 북반구 육지 평균기온 변화를 복원했는데, 20세기 후반의 온도 곡선이 급격히 상승하는 모양이 하키 채를 닮았다고 해서 **'하키 스틱 곡선'**이란 별명을 붙였습니다.

- 2021년 1월 12일 발간된 맨 교수의 책 내용을 간단히 소개합니다.

  원제 **The New Climate War: The Fight to Take Back Our Planet**
  우리말 제목 **새로운 기후 전쟁: 지구를 되찾으려는 싸움**
  출판사 **Public Affairs**

THE NEW CLIMATE WAR shows how fossil fuel companies have waged a thirty-year campaign to deflect blame and responsibility and delay action on climate change, and offers a battle plan for how we can save the planet.

Mann, M. E. (2021). The New Climate War: The Fight to Take Back Our Planet. PublicAffairs.

마이클 맨의 책, 『새로운 기후 전쟁』

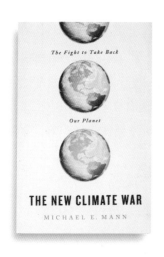

서론

우리는 인류 최대의 위기를 직면해 있다. 전쟁 상황이나 다름없지만, 이익단체의 부인(否認)과 지연으로 전쟁에서 이길 수 있는 기후행동이 일어나지 않고 있다. 이 책에서 저자는 그들의 거짓 내러티브를 깨고, 독자가 우리 행성 지구를 보전하는 길로 가는 방법을 알려 주려고 한다. 본론에 들어가기 전에 네 가지 전투 계획, 즉 비관론자 무시, 미래세대의 전투력, 교육의 힘, 화석연료 중심 사회구조 탈피를 소개하고 있다.

1장 거짓 정보와 오도(誤導)의 설계자들

기득권 세력은 기후과학의 발견이 자신들의 이해와 충돌하기 때문에 거짓 정보를 퍼뜨려 왔다. 기후과학자들을 개인적으로 공격하기도 했다. 그들의 활동은 일반인이 기후과학을 의심하게 했고, 기후과학자들은 이에 맞서 전사(戰士)로 변했다.

Mann, M. E. (2021). The New Climate War: The Fight to Take Back Our Planet. PublicAffairs.

마이클 맨의 책, 『새로운 기후 전쟁』

2장 기후 전쟁

화석연료 업계는 수십 년 전부터 화석연료 연소가 지구를 온난화한다는 사실을 알고 있었다. 그런데도 업계는 세계기후동맹(Global Climate Coalition) 등의 조직을 결성해 의심을 파는 상인(Merchants of Doubt)이 되었다. 코크(Koch) 형제와 같이 자신의 재산을 동원해 기후변화를 부정하는 관계자들도 있었다. 그러나 1995년 IPCC(기후변화에 관한 정부 간 협의체)의 2차 평가보고서(SAR)는 기후변화에 인간이 미친 영향을 인식할 수 있는(discernible) 증거가 있다고 결론 냈다. 그러나 그 이후에도 IPCC의 보고서와 그 저자들(IPCC의 3차 평가보고서에 그 유명한 '하키 스틱 곡선'을 실은 저자 포함)은 사우디아라비아 등의 국가와 여러 이해관계자의 공격과 거짓말에 시달렸다.

3장 '눈물 흘리는 아메리카 원주민'과 조직적 왜곡의 시작

기득권 세력은 종종 조직적 왜곡을 저질렀다. 대중의 관심을 딴 데로 돌려 규제개혁을 방해하고, 그 대신 건강과 환경의 문제는 개개인에게 책임을 전가했다. 버려지는 병과 깡통으로 눈물 흘리는 아메리카 원주민의 영상이 불러일으킨 환경에 대한 관심도, 병과 깡통의 규제 강화보다는 그런 폐기물을 개인이 줍는 운동으로 변질시켰다. 우리는 개인의 행동변화도 장려해야 하지만, 환경 문제 해결에는 구조적 변화가 동반되어야 함을 명심해야 한다.

Mann, M. E. (2021). The New Climate War: The Fight to Take Back Our Planet. PublicAffairs.

마이클 맨의 책, 『새로운 기후 전쟁』

4장 이것은 당신의 잘못이다

화석연료 관계자들은 대중이 환경 문제가 구조적 결함이나 업계의 잘못에서 비롯된 것이 아니라 소비자 개개인의 행동 때문이라고 받아들이게 선동한다. 여기에는 이들이 만들어 낸 의제에, 관련 기사를 만들어 내는 언론이나 특정 환경 문제를 이슈화하는 환경단체의 비자발적 협조까지 더해져 문제를 악화시킨다. 또 이들은 기후운동 내부에 균열을 일으키고, 심지어 환경 대응 방해에 도움이 된다면 다른 나라의 선거에도 관여한다. 기후변화 대응 이외의 다른 환경 문제를 더 부각해 대중의 관심을 분산하거나, 기후운동 지도자의 특정 생활 방식을 부각해 위선자로 몰아세우기도 한다.

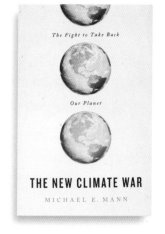

5장 그것에 가격을 매겨라. 싫으면 말고.

화석연료 산업은 아무 대가를 지불하지 않고 온실가스를 대기 중에 버리고 있다. 배출권거래제나 탄소세로 그런 산업이 기후에 끼친 피해를 배상하게 해야 한다. 반대로 대기에서 탄소를 제거하거나 저장하여 탄소 배출량을 상쇄하는 활동에는 보상해야 한다. 그러나 이런 정책에는 화석연료 관계 단체와 화석연료 의존 국가의 반대가 엄청나고, 시장메커니즘을 싫어하는 진보 진영도 배출권거래제를 싫어한다. 지금 기후 긴급사태에 대응할 시간이 너무 없다. 정치경제학적 고려를 하지 말고, 시장메커니즘을 동원하더라도 국제통화기금의 온건한 탄소가격(이산화탄소 톤당 75달러)을 도입해야 한다.

Mann, M. E. (2021). The New Climate War: The Fight to Take Back Our Planet. PublicAffairs.

마이클 맨의 책, 『새로운 기후 전쟁』

6장 경쟁자를 파멸시키기

기후행동을 무력화하려는 세력은 화석연료에 유리하고 재생에너지에는 불리한 정책을 조장한다. 그들은 화석연료에 대한 보조금과 유인책을 끌어내고, 재생에너지와 관련해 어떤 사건이 일어나면 그 원인을 재생에너지 산업에 돌린다. 재생에너지 보급정책을 펼치면 빈곤층이 불리해지고 일자리가 줄어든다는 논리까지 동원하며, 사실상 기후변화 문제를 해결할 방법이 없다는 절망감을 불러일으킨다.

Mann, M. E. (2021). The New Climate War: The Fight to Take Back Our Planet. PublicAffairs.

마이클 맨의 책, 『새로운 기후 전쟁』

7장 아무 쓸모 없는 해결책

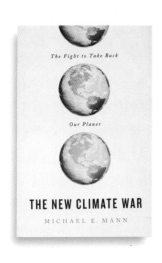

화석연료 관계자들은 또한 기후변화 대응에 도움이 안 되는 방책들을 '해결책'으로 제시한다. 천연가스, 탄소 포집, 지구공학 등이 그 예이다. 그들은 천연가스가 석탄을 임시로 대체할 징검다리 연료라고 하지만, 메탄 누출이 급증하고 있다. 청정 석탄은 전혀 깨끗하지 않다. 지구공학은 동반하는 위험이 어떤지는 잘 알려져 있지 않지만, 일단 환경파괴를 일으킨 후 다른 기술로 해결하겠다는 도덕적 해이가 더 문제다. 무한정 나무를 심는 방법은 의도하지 않은 환경 문제를 초래할 가능성이 크다. 원자력은 예측 불가능한 기후변화가 심화할수록 안전성이 의심스럽다. 기후변화에 적응하고 회복탄력성을 키우자는 주장도, 그 자체가 중요하기는 하지만, 구조적인 변화에 대한 요구를 누그러뜨리는 효과를 불러온다. 진정한 해결책은 에너지효율화, (최종에너지의) 전기화, 재생에너지를 통한 전력망의 탈탄소화다.

Mann, M. E. (2021). The New Climate War: The Fight to Take Back Our Planet. PublicAffairs.

마이클 맨의 책, 『새로운 기후 전쟁』

8장 진실은 이미 몹시 나쁘다

객관적인 과학적 증거는 당장 협력해서 기후행동에 나서는 데 충분한 동인을 제공한다. 과장하거나 절망에 빠질 필요가 없다. 저자는 기후변화가 일으킨 오스트레일리아의 환경 재앙 때문에 그곳의 안식년도 다 누리지 못하고 미국으로 돌아가야 했다. 기후행동을 마비시키려는 이해관계자들은 기후변화에 대응할 수 있는 정치·문화·기술의 변화를 일으킬 수 없다고 세뇌시킨다. 새로운 과학적 발견을 소개할 때는 여전히 해결책이 있다는 표현은 생략하고 '생태적 파멸'이 일어날 수 있다는 이야기만 전달해서 독자를 절망으로 이끈다. 장기간에 걸쳐 일어날 기후변화가 마치 금방 현실화할 것처럼 오해하게 하거나 정확하지 않은 정보를 연결해서 기후변화를 과장함으로써 사람들이 대응할 의지를 잃게 하는 실수는 기후과학자나 환경을 중시하는 언론에서도 일어난다. 이에 대응해, 우리는 신중한 낙관주의로 무장해 정확한 과학적 근거에 따라 희망을 품어야 한다.

Mann, M. E. (2021). The New Climate War: The Fight to Take Back Our Planet. PublicAffairs.

마이클 맨의 책, 『새로운 기후 전쟁』

9장 문제에 대처하기

저자는 객관적인 사실을 근거로 희망한다. 앞으로 수년 안으로 기후위기에 맞설 수 있다. 단, 기득권 세력에 맞서려면 시민이 적극적으로 싸움에 나서야 한다. 최근 일어난 기후 재앙들은 기후변화를 부정하는 세력의 입지를 좁히고 있다. 과거의 기후변화 부정론자가 기후변화를 인정하는 일도 일어난다. 강력한 기후변화 대응을 촉구하는 정치인이 당선되기도 한다. 기후급변점은 기후변화에 대응하는 사회급변행동을 통해 회피할 수 있을지도 모른다. 코로나19는 이미 오래전 인수공통감염병을 예고한 과학자들을 재조명하면서, 그 과학자들이 경고하는 기후변화도 미리 대비하지 않으면 큰 재앙을 가져온다는 인식을 대중에게 심어 주고 있다. 반대로, 과학을 무시한 정치가와 선동가들은 신뢰를 잃고 있다. 코로나19로 시장 전망이 어두워진 석유 기업들이 재생에너지 투자를 늘리기도 한다. 이에 반해 그레타 툰베리 같은 미래세대가 희망을 품고 이끄는 기후행동은 기성세대에게도 새로운 운동의 기회를 제공하고 있다. 저자는 서두에서 제시했던 네 가지 전투계획을 다시 풀어서 설명한다. 첫째, 비관론자를 무시하라. 기후변화는 긴급사태이지만 해결할 수 있다. 둘째, 미래세대가 기후운동을 이끌 것이다. 미래세대는 윤리적인 투명성으로 반박할 수 없는 요구를 한다. 셋째, 교육이 중요하다. 온라인에서 정확한 지식을 습득하고, 열린 자세로 당신의 주변 사람들이 기후변화를 제대로 이해하고 대응행동에 나서도록 도우라. 넷째, 화석연료 중심 사회구조를 탈피하라. 사회구조의 탈탄소화 없이 기후재난을 피할 방법은 절대로 없다.

Mann, M. E. (2021). The New Climate War: The Fight to Take Back Our Planet. PublicAffairs.

- 2023년 외국 언론이 관심을 보였던(서평을 썼거나 올해의 도서로 선정) 기후 관련 도서를 정리했습니다. 책은 저자 성(姓)의 알파벳 순으로 나열했고, 각 도서에 주목한 언론을 함께 표기했습니다. 20권의 도서 중 비소설 18권, 소설 2권입니다.

1. **Birnam Wood**

   장르: 소설 / 저자: Eleanor Catton
   추천 언론: CBC(Canadian Broadcasting Corporation)

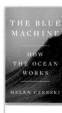

2. **The Blue Machine: How the Ocean Works**

   장르: 비소설 / 저자: Helen Czerski
   추천 언론: Scientific American

3. **Eight Bears: Mythic Past and Imperiled Future**

   장르: 비소설 / 저자: Gloria Dickie
   추천 언론: Mongabay

4. **Minding the Climate: How Neuroscience Can Help Solve Our Environmental Crisis**

   장르: 비소설 / 저자: Ann-Christine Duhaime
   추천 언론: The New York Times

5. **Wasteland: The Secret World of Waste and the Urgent Search for a Cleaner Future**

   장르: 비소설 / 저자: Oliver Franklin-Wallis
   추천 언론: The New York Times

6. **The Three Ages of Water: Prehistoric Past, Imperiled Present, and a Hope for the Future**

   장르: 비소설 / 저자: Peter Gleick
   추천 언론: Time

7. **The Dawn of a Mindful Universe: A Manifesto for Humanity's Future**

   장르: 비소설 / 저자: Marcelo Gleiser
   추천 언론: Nautilus Magazine

8. **Crossings: How Road Ecology Is Shaping the Future of Our Planet**

   장르: 비소설 / 저자: Ben Goldfarb
   추천 언론: Financial Times

9. **The Deadly Rise of Anti-science: A Scientist's Warning**

　장르: 비소설 / 저자: Peter J. Hotez
　추천 언론: New Scientist

10. **Cobalt Red: How the Blood of the Congo Powers Our Lives**

　장르: 비소설 / 저자: Siddharth Kara
　추천 언론: Down To Earth

11. **The Deluge**

　장르: 소설 / 저자: Stephen Markley
　추천 언론: Wired

12. **Wounded Tigris: A River Journey Through the Cradle of Civilization**

　장르: 비소설 / 저자: Leon McCarron
　추천 언론: The Daily Beast

13. **Democracy in a Hotter Time: Climate Change and Democratic Transformation**

　장르: 비소설 / 저자: David W. Orr
　추천 언론: The New York Times

14. **Elemental: How Five Elements Changed Earth's Past and Will Shape Our Future**

　장르: 비소설 / 저자: Stephen Porder
　추천 언론: Science Friday

15. **Five Times Faster: Rethinking the Science, Economics, and Diplomacy of Climate Change**

　장르: 비소설 / 저자: Simon Sharpe
　추천 언론: Financial Times

16. **Not Too Late: Changing the Climate Story from Despair to Possibility**

　장르: 비소설 / 저자: Rebecca Solnit and Thelma Young Lutunatabua
　추천 언론: Vogue

17. **Entangled Life: The Illustrated Edition: How Fungi Make Our Worlds**

　장르: 비소설 / 저자: Sofi Thanhauser
　추천 언론: The Times

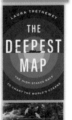

18. **The Deepest Map: The High-Stakes Race to Chart the World's Oceans**

　장르: 비소설 / 편저자: Laura Trethewey
　추천 언론: NZ Herald

19. **Fire Weather: A True Story from a Hotter World**

　장르: 비소설 / 저자: John Vaillant
　추천 언론: Smithsonian Magazine

20. **The End of Eden: Wild Nature in the Age of Climate Breakdown**

　장르: 비소설 / 저자: Adam Welz
　추천 언론: The New Yorker

64 기후급변점 대 사회급변행동(Climate Tipping Points vs. Social Tipping Interventions)

- IPCC 제1실무그룹의 6차 평가보고서와 최신 연구는 인류가 지구 온난화 1.5°C라는 최후 방어선을 넘어서면 어떤 일이 일어날 수 있는지 더 구체적으로 알려 줍니다. 기후급변을 막을 사회급변행동을 바로 실천해야 하는 이유가 더 분명합니다.

Climate Tipping Points vs. Social Tipping Interventions
기후급변점 대 사회급변행동

- 돌이킬 수 없는 기후변화 연쇄작용을 일으키는 **기후급변점들(climate tipping points)**이 있습니다(Schellnhuber et al., 2016). 최근의 연구(Wunderling et al., 2021)에 따르면, 그중 일부는 **지구온난화 1.6°C**에 촉발될 수도 있다고 합니다.

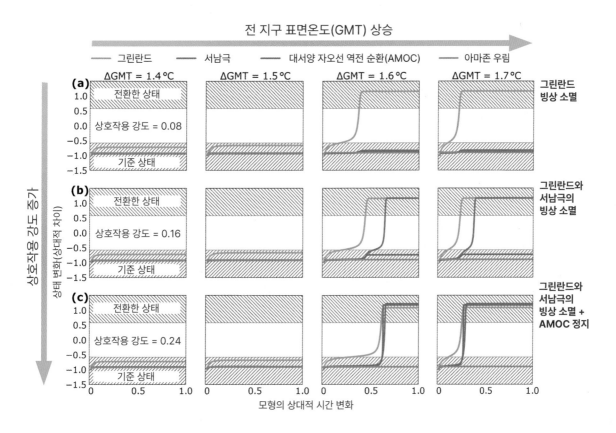

Schellnhuber, H. J., Rahmstorf, S., & Winkelmann, R. (2016). Why the right climate target was agreed in Paris. Nature Climate Change, 6(7), 649–653.

Wunderling, N., Donges, J. F., Kurths, J., & Winkelmann, R. (2021). Interacting tipping elements increase risk of climate domino effects under global warming. Earth System Dynamics, 12(2), 601–619.

Climate Tipping Points vs. Social Tipping Interventions
기후급변점 대 사회급변행동

● 기후급변점들의 도미노 현상은 지구온난화 1.6°C에 북극 해빙(arctic sea ice)의 소멸(Lenton et al., 2019)로 얼음이 녹는 속도가 더 빨라지는 **그린란드에서 시작**할 가능성이 큽니다. 그런데 IPCC 제1실무그룹의 6차 평가보고서에서 인류가 온실가스를 가장 적게 배출하는 시나리오**(SSP1-1.9)**를 실현해도, 전 지구 평균표면기온은 **21세기 중반**에 산업화 이전보다 1.6°C 상승할 것으로 전망됩니다.

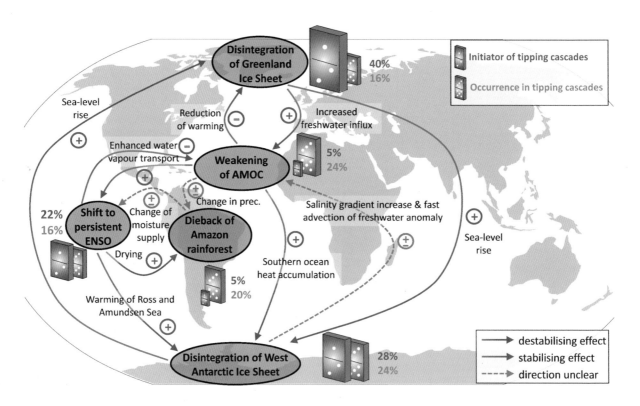

IPCC. (2021). Climate Change 2021: The Physical Science Basis. Contribution of Working Group I to the Sixth Assessment Report of the Intergovernmental Panel on Climate Change. Cambridge University Press.

Lenton, T. M., Rockström, J., Gaffney, O., Rahmstorf, S., Richardson, K., Steffen, W., & Schellnhuber, H. J. (2019). Climate tipping points — too risky to bet against. Nature, 575, 592–595.

Wunderling, N., Donges, J. F., Kurths, J., & Winkelmann, R. (2021). Interacting tipping elements increase risk of climate domino effects under global warming. Earth System Dynamics, 12(2), 601–619.

Climate Tipping Points vs. Social Tipping Interventions
기후급변점 대 사회급변행동

● 지구가 기후급변점을 넘어서지 않도록 하는 기후행동을 **사회급변행동(Social Tipping Interventions)**이라고 부릅니다. 그 중에서도 효과(온실가스 배출량 감축 효과)가 큰 행동은 시간이 많이 걸리고, **시민의 실천**이 우선적으로 요구됩니다.

사회급변 요소	사회급변 행동	제어 조건	주요 행위자	온실가스 배출량 감축 잠재력	지배적인 사회 구조 수준	급변 촉발에 소요되는 시간
STE 1: 에너지 생산 및 저장	STI 1.1: 보조금 제도	화석연료를 쓰지 않는 에너지의 상대가격	정부, 에너지 부처, 에너지 공급 대기업	세계적으로 매년 최대 21%	국가 정책	10~20년 (정책 형성 기간 포함)
	STI 1.2: 분산에너지 생산		시민, 공동체, 지방정부, 정책 결정자, 에너지 계획 담당자	에너지 공급 부문에서 최대 100%	공동체/읍·면 협치	10년 이내
STE 2: 인간 정주	STI 2.2: 탄소중립 도시	화석연료를 쓰지 않는 에너지의 수요	도시 행정기관, 시민, 시민단체	14년 내에 최대 32%	도시 협치	대략 10년
STE 3: 금융시장	STI 3.1: 투자철회 운동	화석연료 채굴의 수익성	금융 투자자	대규모 캐나다 대학 투자대상 배출량의 26%	시장 거래, 기업	매우 빠름, 수 시간 안에 발생
STE 4: 규범과 가치 체계	STI 4.1: 화석연료의 비윤리적 특성 인식	화석연료의 비윤리성 인식	또래집단, 환경단체, 청소년, 여론 주도층	전례가 없음	비공식 제도, 또래집단의 압력	30~40년
STE 5: 교육 제도	STI 5.1: 기후 교육과 참여	기후변화와 그 영향에 대한 인식 수준	교사, 기후 교육가, 청소년	이탈리아 사례 연구에서는 대상 가구의 온실가스 배출량이 2년 동안 30% 감소	국가 정책	10~20년
STE 6: 정보 피드백	STI 6.1: 온실가스 배출량 정보 공개	온실가스 배출량을 공개하는 상품과 서비스의 개수	기업과 생산자; 정부(공개 기준과 규제 설정)	영국 사례 연구에서는 대상 가구의 식료품 소비에 따른 온실가스 배출량이 1년 동안 최대 10% 감소	시장 거래, 기업	수년

Otto, I. M. et al. (2020). Social tipping dynamics for stabilizing Earth's climate by 2050. Proceedings of the National Academy of Sciences, 117(5), 2354–2365.